回首我們的時代

尉天驄

目次

附錄

寂寞的時光與靈光

陳芳明

記憶總是靈光一閃，迸發出來的色澤與情調，漫漶在無法確定的泛黃時間裡。那絕對是無與倫比的真切，也絕對是難以捕捉的光影；但可以感知它黏附在流動的血液，緊密與心臟一起跳動。

發生過於久遠的台灣文壇舊事，即使出現在一九六〇與七〇年代，只要化成文字留存下來，必然較諸肉體還要生動，還要持久。跨過七十歲以後，尉天驄老師完成的這部《回首我們的時代》，重新描繪消失已久的風景，容許年輕世代窺見曾經浮現的盛況與蕭瑟。落寞的學者，孤寂的作家，又從蒼茫的歷史迷霧中走出。不為人知的感情，不易察覺的思考，再次湧動。那種力道，在回首時，產生一種重量。來回行走在他的文字之間，簡直是穿越一部戰後台灣的人文精神史。

在二十一世紀全球化浪潮席捲之際，人文精神似乎是過時的一個名詞。在舉世滔滔的資本主義化過程中，或許更需要注意到人的價值與氣質。所謂人文，絕對不可能屬於魅惑的神學，更不能屬於精確的科學，而應歸諸於與生俱來的情感與思想。它永遠充滿彈性，也是一種難以定義的心靈狀態。生而為人，自然會帶有貪念，而且也充滿私慾。人文精神在於講求人格的鍛鍊與改造，為的是更勇敢強悍地面對不斷變動的世界。它不可能是僵化頑固的態度，而是在不同社會條件，不同歷史階段，表達深切而溫暖的關懷。尉老師的這冊人物誌，對台灣文壇的重要學者與作家投以深情回眸，也是戰後人文精神的一個雄辯。在生命中浮現的前輩與朋輩，所表現出來的藝術追求與社會關懷，都歷歷在目，完整保留在這本很精采的散文作品。

在他溫潤的文字裡，釋放出一種慈悲，截然不同於他年少時期的脾性。曾經批判過現代主義文學的尉老師，經過長期思考的辯證轉化，慢慢培養更為從容的審美觀念。當他轉身回看歷史的成長與成熟，似乎也變得慈眉善目。如果時光回流到一九七〇年代，當他還在主編《文季》的時期，可以發現他抱持著對峙與對抗的態度，毫不留情，嚴厲剖析現代主義作家的小說。那時他還未到達四十歲，曾經發表過一篇〈幔幕掩飾不了汙垢——對現代主義的考察兼評歐陽子的「秋葉」〉，充分流露他強烈的批判態度。曾經站在現代詩與現代小說的對立面，他不能接受文學揭開人性的黑暗與墮落，即使到今天為止，他的評價還是有所保留。但是當他訴諸文字時，許多憤懣之氣逐漸收束起來。

一九七七年鄉土文學論戰爆發，他是重要的旗手。但是比起朋友陳映真與王拓，他出手的力道，還是相當節制。三十餘年過去了，曾經飄揚的論戰硝煙，完全歸於平靜。尉老師從未表示有任何意見的改變，不過他與現代小說家、現代詩人又重修舊好。那種情誼，無需任何文字來解釋。在平日言談中，他仍然尊重五四以降的文學傳統，對自由主義與民主精神，從未偏離他的理想。二〇〇六年出版的《棗與石榴》，恰如其分可以解釋那種開放、平等、寬容的思維方式。他的文字，經過時間的淘洗，讓許多雜質沉澱下來，浮現一種前所未有的澄明清澈。沒有遭遇思想上的風暴，沒有經過情感上的過濾，就不可能使狂飆的語法與句式獲得昇華。

對於後現代的新世代而言，他或許被視為一個保守主義的據點，或是一個懷舊思想的剩餘。凡是親近他的人，當可理解他的心靈向整個社會、整個家國敞開。若是要定位他的思想光譜，七十歲的他，應該還是相當激進。當資本主義的生活成為一種風尚，他對於權力在握者，有頗多微詞。對於台灣這小小海島，他懷有無比的信心，永遠堅持民主改革的立場，不會因為早年閱讀過社會主義書籍，而幻想著烏托邦式的革命。台灣漸進式的民主過程，使他看見潛藏在社會底層的文化能量不斷釋放出來。自私的政客耽溺於權力爭奪，卻無法善用民氣，使台灣走向更為理想的境界。痛心於意識形態的對決，扼腕於藍綠鬥爭的內耗，他總是擔心台灣社會可能失去翻轉的可貴機會。歷史改造的契機一旦錯失，極有可能使這小小海島萬劫不復。常懷憂心的他，總是感嘆最好的時代遲遲不能降臨。

他比任何一位知識分子，還更具有深沉的台灣感情。對岸中國的不斷崛起，並不會使他感到恐懼。他非常清楚社會主義並不等於中國，而真正背叛理想的反而是中國共產黨。他總是密切觀察，慘絕人寰的文化大革命與天安門事件何時能夠獲得平反。對他來說，念茲在茲，無非是從基本人權的觀念出發。一個有力的當權者，竟然沒有勇氣面對歷史的錯誤。在拒絕面對歷史真相之餘，還繼續干涉知識分子的思想，檢查作家的文字，阻擋資訊的開放。強悍的黨，表現出來的竟是一個弱者。表面上看起來是巨人，實際上的行動是侏儒。他總是相信，知識分子不能因為意識形態而捨棄真理。所有的理想都是必須經過真正的實踐，也經過落實的追求，如果只是蹈空地迷信政治信仰或立場，最後都無可避免走向悲劇。像他這樣與時俱進，不僅不是保守主義者，而是在這時代瀕臨絕種的進步分子。

必須理解他的思想狀態，才能夠清楚看見這本作品的用心良苦。生命中的每一個時期，他從未虛擲。台灣戰後史上的重要時刻，他也沒有輕易放過。從五〇年代末期創辦《筆匯》開始，就比任何一位朋輩還更早熟地涉入現代主義運動。在那段時期，他並不只是參與，而是率先領導。他未嘗虛矯地燃燒熱情，做為一個理想主義者，絕對不容許自己沉溺於幻想或夢境，而是訴諸實踐與行動，真正勇敢去追求。台灣現代主義運動的先驅者，如紀弦、何欣、姚一葦、劉國松、陳映真，都是與他一起出發的重要作家。他們橫跨現代詩、現代畫、現代小說、現代批評，預告了一個更為成熟的時代就要到來。沒有經過實踐，他不可能當作信仰。必須看見，而且介入，他才有可能建立信心。一場文學運動的展開，形成於思想條件與歷史環境未能配合的階段，但他還是堅持走出來，甚至還造成無可抵禦的風潮。

如果從輩分來看，他應該是與創辦《現代文學》的白先勇、王文興屬於同一世代。從起步的時間來看，他竟是提早三年出發。發展出來的路數，也與外文系出身的現代主義者截然不同。《現代文學》因為有夏濟安的引導，很早就有系統地汲取西方文學的養分，《筆匯》則是以中國文學傳統為基礎，慢慢建立起與西洋文學的對話。他們的老師是王夢鷗，頗具古典文學的修養，同時暗藏強烈的民族主義立場。書中他所懷念的前輩，如臺靜農、高陽、子于、俞大綱、楊逵、程兆熊、何欣、王夢鷗、姚一葦、無名氏，幾乎是一個時代的重要人格。這是尉老師平生最幸運，也最幸福的時期。他們的地位與學養，代表那蒼涼年代的精神象徵。整個社會還未脫離蕭條而殘酷的階段，卻已經釀造後代無盡追索的思想指標。從年少歲月開始，他就已經與如此珍貴的人文風景相遇。很少有人能像他那樣，能夠與一代的最佳心靈對話，交談，請益。那種文化洗禮，可遇而不可求。

尉老師表現出來的風範若是值得學習，應該是一個世代學術與藝術的價值，直接間接灌注到他的生命。他以如此龐大的文字，去描摩前人的智慧結晶與行事風格，似乎是在定位前輩文人的歷史座標，同時也是在定義他所接受的歷史意識。回到前面所說的人文精神，那不僅僅是抽象的存在，而是可以觸摸、可以感覺的生動魂魄。它並不會因為社會變遷或政治改造，就永遠一去不復返。尉老師企圖要證明的是，人的學術，人的文學，從來就是可以傳承，甚至可以用精緻的文字去追索。當他寫到俞大綱的喪禮，那是由俞大維主持，拒收任何輓聯。尉老師的這篇散文做了相當漂亮的結尾：「期間有人報告：『經國先生送來了喪幛！』大維先生坐在那裡，嚴肅地揮揮手，說：『收起，不掛！』於是在寧靜中，大綱先生走完了他的人生。」這是非常乾淨俐落的回憶，也是不拖泥帶水的行文。不這樣寫，就不足以彰顯俞氏家族的情操風格。

對於朋輩，他精確掌握彼此過從的情誼。幾乎傳說中的作家，都在他的文字裡又重新回到青春歲月。他所寫的唐文標、王禎和、黃春明、陳映真、葉笛、紀弦、梅新、大荒、商禽、楚戈、逯耀東、奚淞、聶華苓，幾乎構成一個世代的感覺；而這樣的感覺，又構成尉老師人格的重要部分。沒有這些作家，六〇、七〇年代的批判精神，恐怕會出現缺口。他們被記錄下來，是因為在曲折的命運中，倒影著蒼白時期的飛揚與挫折。當他寫到葉笛，簡直就是寫到骨髓深處。其中的哭與笑，只有真性情的男人才會表露無遺。他容許我們看到一個沉默日文翻譯者的內心世界，也看到一位芥川龍之介崇拜者的藝術奧祕。挺著一支靈動的筆，他寫活了台灣文壇感到陌生的燃燒靈魂。這種處理友誼的方式，顯然也是尉老師人格的一種延伸。有幸與他相遇，有幸與他交往，也有幸受到他這樣的追念，使那些遠逝的人，從此不再遠逝。

其中最令人感傷的一篇文章，莫過於〈理想主義者的蘋果樹——瑣記陳映真〉。他不憚其煩，細膩地追憶一位左翼知識分子是如何誕生。在他筆下，陳映真可能不是一位社會主義者，而是有血有肉的浪漫主義者。他們之間如今已是音信全無，但是長年建立起來的感情，無論如何是不能切斷。寫到最後一次見面，他委婉暗示，兩人之間的思想取向已經背道而馳。當陳映真說：「這些年來，大家都把文化大革命批評得體無完膚，這是不公平的。——文革是有它莊嚴的意義的。」他刻意插入這一段話，等於是表明一條路已經走向兩頭。他與黃春明面面相覷，簡直不知如何回應。這是思想的分歧點，也是情感的斷裂點。在時間的無情沖刷之下，這篇文字還是勾起了無盡的懷念。這當然是一場令人無法忘懷的離別，也是一個永遠回不去的記憶。在字裡行間，沒有絲毫的譴責，更沒有細微的感嘆，然而一字一句，彰顯了他們之間的友情是何等親密，何等相知，又何等疏離。讀完之後，不免使人欲淚。

七十歲後的尉老師，仍然還是性情中人。他的回首，其實是不堪回首。當他轉身回望，恐怕不是驚鴻一瞥，而是投以深情的凝視。二十年如一夢，此身雖在堪驚。經歷過那麼多的生生死死，那麼複雜的分分合合，他還是勇敢寫下靈魂深處無可磨滅的身影。寂寞的時光，竟是充滿奇異的靈光。一個時代的人文精神，是這樣那樣分散在各種不同的人格特質身上，他耗費心神，重新拼圖思想的斷片，藝術的碎片，使一個時代的風貌又再度降臨。浩浩蕩蕩二十萬字，為台灣歷史築起一塊豐碑。舊時代欲逝未逝，新時代欲至未至，其中的微言大義，帶來無窮的意志，以及無盡的悲懷。

書前的話

二〇〇七年初安民先生和季季小姐約我為《印刻文學生活誌》寫一專欄，並為之取名為「回首我們的時代」。這當然是指一九四九年以後的事，因為在那之前，我還只是個十三歲的少年，對世事即使有所認識，也一定是跡近模糊。十三歲那年，我飄泊到了台灣，沒想到一轉眼之間，時間已經超過了六十年。原來的世界，完全變了樣子。

記得不久之前，朋友間有一場聚會，其中有些人當年曾是左派，也有人曾是右派；有人曾是統派，也有些人曾是獨派，現在雖然好幾位已經滿頭白髮，頭開天窗，老友相會總不免「偷閒學少年」那樣唱起年輕時唱過的歌來，不過多少平添了嘲諷的意味而已；不知是嘲諷自己，還是嘲諷已經過去的那個時代。那天，有人三杯酒下肚，就扯開嗓子大唱「東方紅，太陽昇，中國出了一個毛澤東……」，接著就有人唱「總統蔣公，您是民族的救星……」。唱來唱去，毫無當年的嚴正氣象，於是其中有人就說了：「管他們那類人物是甚麼，如果我要蓋個人民紀念碑，第一件要做的事，一定要塑一群只爭個人名位、不顧人民死活的政黨人物的群像，要他們一個一個碗在碑前懺悔。……」更有一位舉起酒杯說：「你們這批人真是不知好歹——今天我們能夠這樣放肆，不被抓去坐牢，真是莫大的幸福……。」他連喝三杯，與猶未盡。這顯示一個時代已經進入了歷史。

事實也是如此。但這幾十年的日子雖然已經不再像我們童年時代那樣，幾乎每天都流徙在戰火動亂之間，然而隨著年歲的增長卻經常也會不時地向已經走過的歲月提出質問。質問甚麼，卻也不甚了了，這證明成長於我們這一環境的一代不是長於深思的人；在過往的日子裡人們經常被一些動人的、屬於意識形態的語言鼓動著；有時激昂慷慨，有時一片沮喪。我自己和一些朋友就是一些經過這樣遭遇的人。那一個時代過去了，但是由於自己的大半生都是過著教書匠的生活，每當碰到一些歷史的問題苦思不得其解的時候，便也往往會在前人的智慧中尋求答案，卻也經常感到惘然。其所以如此，大部分是由於面對那些前賢對近一個多世紀所作的判斷時，經常會感到他們所作的論斷過於嚴肅，而其所作的動人的揭示也距離我們太遠。像美國籍的西班牙哲人桑塔亞納（G. Santayana），一生中寫了那麼多有關生命和真理的大書，臨死的時候，只對二十世紀說了一句評定的話：「絕望」。又如德國哲人洛維特（K. Löwith）身歷兩次世界大戰，卻認為自己所經歷的世紀是一個「一無所成的時代」。他們的悲憤和焦慮是那樣悲壯和崇高，絕不是我們這般活在平凡之中、苟安於世俗中的人所敢或所能望其項背的。尤其在我們這樣長時期處於殺伐、鬥爭和相互迫害的國家，一個人或一家人能夠在最低條件下不虞匱乏、能夠活在無恐懼的日子裡做點自己可以做的事，就已經是心滿意足了，哪裡還會有著像他們那樣莊嚴的憂心和思考呢？

既然如此，現在輪到自己要回首我們的時代，一時之間便不知道應該從哪裡說起。猶疑之際，忽然想到：從小以來雖然教育給予我們的大都是一些「救國救民」或「犧牲小我，完成大我」冠冕堂皇的「大話」，但一落到實際的生活，最後讓我們為之心動的卻仍然是些平常而又平凡的小事。這些小事，雖然看來沒有甚麼大不得了，其中所蘊涵的意義卻往往會成為我們思辨的基礎，幫助我們成長。譬如小學的時候老師要大家背誦〈木蘭辭〉，同學們「唧唧復唧唧，木蘭當戶織，不聞機杼聲，唯聞女嘆息」地唸著，並各自編構一幅女英雄的形象，但是在後來的流亡途中，經常見到抓兵的殘暴，有時連個子長得高的兒童和婦女都不放過。看多了，〈木蘭辭〉早先給人的感受便隨之變了樣子。又如，少年時看戲，看到岳母在兒子背上刺上「精忠報國」，心中覺得非常氣節凜然，但在自己有了兒子以後，才感到那種母愛真是人世間最大的荒唐。至於〈趙氏孤兒〉中的那種拿自己嬰兒為主子的兒子替死效忠的作為，再怎樣解說，都無法令人看得下去。而相反的，歷經了大半個人生，倒覺得苦難中一聲從千里外傳來的安慰、口袋中保有很多年的一封舊的家書、臨終病房中親人的一聲叮嚀，卻往往成為生命中最有力的支持。這樣一想，便覺得：在整個人世、整個歷史、整個從古到今的爭爭奪奪、殺殺砍砍、富貴貧賤的幻滅生死中，到頭來最讓人念念不忘的可能並不是那些名大位高人物的訓誡，而是一些看來微不足道的人與人間相互關懷的瑣事。它們是那樣平凡地存在於我們的現實生活之中，卻又與我們的一言一行緊密地纏在一起，讓人無法擺脫得掉，而且，日子久了，便不知不覺地融入自己的血肉中，成為生命的養分和力量。

由於有了這樣的涉想，我便決定在這個專欄中，與其去思考、探索那些自己無能為力的世紀大事，不如藉著自己經歷過的點點滴滴對那個即將逝去或逝去不久的時代，作一平實的重溫。這樣想著，第一個出現在我心中的人物便是臺靜農先生，他雖然生活在一個如莊子所說的「無可奈何」（甚或過之）的時代，卻依然保持著他的自在和誠懇，無論從哪一方面來說，都是一代的典範。特別在一九四九年以後，經由生活的陶鎔，他的思想和寫作都提升到他的同輩作家所未達到的高度。古人所說的「不以物喜，不以己悲」，就在他的書藝的純淨境界中也讓人見得出來。就此而言，他所顯示的風格便有了時代的意義。

因之，他在中國文學史、特別是魏晉、晚明等大變動之際的認識，也就有了前人未及的深刻。這些即使在他平日的點點滴滴的言談中，也會讓人有所領會。

在這個專欄中，我就是循著這樣的道路寫下來的。我希望，經由我的追憶，讓人不再把它們當作是出土文物，而是在那些歷史的重現中認出：不管那些過往的日子是多麼令人感到沮喪，而我們自己當年又如何衝動、幼稚，甚至盲從過；想起來讓人不勝唏噓。但追根究柢，卻可從另外某些人的有形或無形的所作所為中體認出：那並不是一段只是空白的歲月。不管這世界上的事多麼令人失望，令人難堪，在艱困之中，總依然有無數向上的力量在運作著；「野火燒不盡，春風吹又生。」

這些文章在當初書寫時，有的稍嫌簡略，現在一一校定，予以增刪，除了這些篇外，也把這些年在別處發表的同類作品一併收了進去，使得原來的專欄成了目前這樣的樣子。

在寫作和整理這些作品時，我已經年過七十；回想舊事，便不時出現事件散亂、引證重複一類錯誤，在這方面，我的兒子任之（可可）替我幫了大忙。他擔心老爸年紀大了，語言瑣碎、敘事顛倒，經常在我初稿後，提出意見。有時我也執著自己的筆法，倚老賣老，兩個人有時就會爭吵起來。當時也許會心有不豫，到了後來卻使我在再次檢討中學會謹慎小心，而不至於早點走上老人痴呆的道路，因此不記上一筆，也就真的不夠意思嘍。

二〇一一年三月五日於台北木柵

百年冰雪身猶在

記臺靜農先生

那是一個難以自處的時代。到現在似乎依然如此。在某些政治需求和意識形態的操作下，人與人的種種關係往往會成為現實生活的負擔：稍一不慎就會因某種牽連而遭到嚴酷的傷害和糾纏。在一九四九年前後來台的前輩作家和學者中，臺靜農先生就是這樣的一位。由於他是魯迅的弟子，是魯迅領導的「未名社」和「左翼作家聯盟」的一員，又與五四新文化運動領導人、中國共產黨創建者陳獨秀有著深厚的友誼，在現實政治的鬥爭中，他便一直遭到不同方面的層層困擾；但也因為如此而顯現出他獨特的氣度和風格。

在上世紀的五〇年代，我從一些粗淺的新文學知識裡認識了臺靜農先生，知道他出版過《地之子》和《建塔者》兩本小說集。但並沒有真正讀過。一九五八年，也就是我就讀大三那年，我接辦了《筆匯》雜誌，經由何欣先生和我在政大中文系的老師王夢鷗先生而認識了老一輩的作家臺靜農和黎烈文先生。臺老是我五姑的老師，又是何欣先生的前輩，不久也就有了交往。從此以後，我便隨著大家恭敬地稱之為「臺老師」，而私下裡則尊稱之為「臺老」。但何欣先生說：「可惜我們不能向他們約稿，處在這樣的日子，他們寫甚麼恐怕都不方便。」

那時候，王老師的一些朋友，不時會有小聚，王老師常帶我參加，多次以後，也就成了他們熟識的晚輩。這小聚經常參加的有臺靜農先生、屈萬里先生、莊嚴先生、夏德儀先生、孔德成先生。地點都是在台北的會賓樓飯館。這館子是山東人開的，宴會如有孔德成先生參加，老闆聞聲必親自到大門口迎接。雖然他的年齡比孔先生大好幾歲，卻每次都小心翼翼地攙扶著孔先生，而且酒筵時奉送一兩道特製的小菜，安排一位小姐隨桌伺候。大家都直呼孔先生為「聖人」，想些點子對之戲謔。孔先生溫厚誠樸，風趣又幽默，一點也不讓人感到「聖人」的氣象。

臺老則被大家尊為酒仙，但他並不飄飄然。他的仙是穩重的，自然而親切，而且充滿了灑脫，就像他菸斗裡飄出的煙，帶給人一種高雅的自在。然而在他與朋友們相互嘲謔時，卻讓人感受到一種上一代人所具有的溫馨。有一次，莊老喝多了，散席時我要送他去車站搭車，臺老說：「不用，不用，天驄你千萬不要殺老莊的風景，讓他自由自在地去逛花街柳巷吧！」起先我真以為莊老有夜遊之癖，莊老走遠後他才對我：「你不知道，老莊這個人的拘謹是有名的，我們這些老朋友互相取鬧，他還可以應付自如，一碰到你們晚輩，他就會緊張得不知所措了。所以他很少接受邀請去大學裡教書，偶然一兩次被拉上台去講話，也都像綁赴刑場那樣渾身不自在。」

臺老表面這樣灑脫，某些時候內心裡其實也有他悲悽的一面。他的老友中，來台後最早過世的是黎烈文先生，因為中風，受盡折磨而死。黎先生為了過重的家庭負擔，一直過著譯稿和兼課的忙碌生活，中風後經常要接受教會的救助。他過世後，喪禮之淒涼，真是讓人落淚。我為抗議這種社會的無情，寫過一篇〈黎烈文先生喪禮所見〉在一家報上發表。在黎先生的靈堂上，臺老緊繃著臉，一言不發，好像一出聲就會造成天崩地裂，我跟在他的後面，深深領會了他的痛苦。另一次，是唐文標之死，我去看他，他只低沉地對我說：「文標的喪禮，我不能去，我不能去，我受不了！」我只好在無聲中向他道別。

我第一次拜訪臺老，是在他坐落於台北市溫州街十八巷六號那座日式房子、也就是他名之為「歇腳盦」的家裡。上了玄關，一間用拉門隔著的小起坐間，是他的小客廳，也是他的書房。一張老舊的書桌，是臺老工作的地方。靠牆的一方，擺著四張矮籐椅，來客坐在那裡，臺老則坐在書桌邊的椅子上，一面抽著菸斗，一面舒坦地談話。這間斗室，擺設得很簡樸，除了兩座仿製的唐三彩婦人像，就只有壁上的一幅莊靈攝影的臺老與莊老的合照，和一幅張大千特為臺老生日畫的一幅仙桃。大千先生的作品我也見過一些，但這幅小品最讓人有著清新親切之感。

每一次我去拜訪臺老，都是他親自開門。招呼坐定，他就到裡間端出一杯茶出來。整個屋子是寧靜的，似乎很少從裡間傳來任何聲音，時間靜靜地流逝，和臺老的談話也是在寧靜中度過的。雖然如此，有幾次談話卻在我的心上留下深刻印象，而且由此而感到沉重、嚴肅起來。

一次是關於楊凝式的。

那次是因齊益壽兄送我一本臺老的論文抽印本，題目是〈書道由唐入宋的樞紐人物楊凝式〉，益壽說：「我不懂書道，還是送給你一讀吧！」這篇論文附刊了兩張楊凝式書法真跡的影印本，與臺老的書法極為相近。這馬上引起我的疑問：其所以如此，會不會是二人在心靈上有著相通之處？

臺靜農攝於台北大安區龍坡里龍坡文室。 攝影／王信

楊凝式為唐末五代人，人稱之為楊少師。他的父親楊涉曾在唐哀宗時出任宰相，朱溫篡唐，他被迫傳送國璽，後來被歐陽修批為「庸懦不肖，傾險獪猾，趨利賣國之徒」。楊凝式活在這樣的際遇之中，也就因為無法擺脫家族的汙穢，而就愈加努力自清；在生活中，他遠離利祿鄙陋，日遂佯狂經常寄居於寺廟之中；於是在筆墨中便自然地散發出不落流俗的、被人稱之為「險絕」的「逸氣」。這在當時是有時代意義的。清代的包世臣說得好：「書至唐季，非詭異即軟媚，軟媚如鄉愿，詭異如素隱，非少師之險絕，斷無以挽其頹波。」所以，不了解的人把楊凝式當成瘋子，懂得他的人便深知他內心深處藏有無限悲苦。其所以如此，正是臺老師所說的：「皆由當時政治環境的險惡，為保家保身，不得不如此爾」。也因為這樣，在那「詭異」、「軟媚」、「不知廉恥為何物」、一切都可以被人稱之為「嗚呼哀哉」的時代，就使得他的悲苦更加堅定他的處世態度，於是他在藝術上的境界也隨之愈高。他留世的作品雖然不多，對於後人卻有極大的影響。原因何在？主要的還是他的人生態度。北宋開國以後的幾位大家如黃山谷、蘇東坡等人，都是在這方面受到了啟發。臺老在論文中說：

凝式當「詭異」、「軟媚」的時代，以「險絕」挽頹波，又以「險絕」樹立自己的風格。總之，以自家筆墨寫個人的胸襟，走別人未走的道路，創別人所未曾有的境界。

……

而這些人（北宋諸賢）都是高才博學，品行高潔者，而能傾服於五代官僚中打滾的楊凝式，這固因楊凝式有不可及處，亦因楊凝式的道路是北宋諸賢所要走的。

讀了臺老的這篇文章後，我受到大的啟發。想到他來台這些年來的處境，實在不下於「身仕五代，周旋於豺狼狐鼠間」的楊凝式，於是就對這篇文章生出無比的親切感。而且自問：這難道不是臺老的「夫子自道」嗎？

過了幾天，我去拜見臺老。當我說出自己的讀後感時，他沒有肯定，也沒有否定，只愉快地笑了笑。我不懂書道，他卻津津有味地談著一些有關書道的話。他說他很喜歡自己常在文章中引用的黃山谷的話，認為那是習字的基礎態度：

學書要胸中有道義，又廣之以聖哲之學，書乃可貴。若其靈府無程政，使筆墨不減元常、逸少，只是俗人耳，余嘗為少年言：士大夫處世可以百為，唯不可俗，俗便不可醫耳。或問不俗之狀，老夫曰：難言也，視其平居無以異於俗人，臨大節而不奪，此不俗人也。平居終日，如含瓦石，臨事不籌一畫，此俗人也。

他還說：豈止寫字如此，作詩作文也是如此；只要技巧，勾奇鬥豔，也只似電視上的耍嘴皮子；做人做事，誠最重要，不誠則無物，不誠之人雖然一時鋒頭甚健，最後還是成不了大器。

由於我的孩子喜歡寫字，我就請教他從何處入手，他說：這也不一定，要看人而定。學習書道，當然要以前人的法度為楷模，但是，學到後來，只做到臨摹，頂多達到拷貝的功夫，這樣能入不能出，完全失去自己，就是前人說的「書奴」。我們傳統教育最大的毛病，就是讓人陷入「奴僕」之中，不但有「書奴」，還有「詩奴」、「文奴」。跳不出樊籠，沒有自己，哪有創造？

為此，他說了一則中國神話故事。《封神榜》中李靖的兒子哪吒，因為得罪龍王必須賠命，他便折骨還父，折肉還母，以荷葉裹身，重新獲得新的生命。他說：學書乃至學藝之道，也是如此。我們學習前人，臨摹前人，最必須把骨肉還諸父母，從中獲得新的生命。這不是背叛，而是進一步做出新的融合，推陳入新，否則，怕只是邯鄲學步，進退兩難。

這一比喻，在論楊凝式的論文中，他已申述過，經過臺老再一次解說，更讓我領會其中的深義。

又一次是臺老談起〈韓熙載夜宴圖〉。

韓熙載是五代南唐李後主時人，因才華出眾，又祖籍北方，受到李後主的猜疑。為了解除別人對他的懷疑，他在生活中便「破其財貨，縱其妓樂，極盡聲色犬馬之能事」，以求得君上對他的信任。臺老說這叫做自汙。他解釋，政治人物統御世間，總希望別人聽話，老老實實地做奴才。人能自汙，便表示自己沒有出息。專制政治之所以敗壞人心，這是其中的一大原因。政治人物對付人有一條規律：你一進入他的世界，不作臣僕，便是叛逆。你一對他有所違反，他便可以以「害時亂政」作為殺人的藉口。這藉口到了現代就變成「思想有問題」。在這種情況下，很多人只好努力矮化自己，糟蹋自己，「自毀以求全」去迎合權貴，這叫做「自我麻醉」。越麻醉自己，內心的痛苦也就愈深，於是便做出很多踰越常軌的行為，被人稱為「放達」。這是在支解自己。更可怕的，卻是麻木久了，便習以為常地變成無恥。臺老是不贊成以放達作為反抗的。他說：任何人都沒有權利以個人的不如意來破壞社會的常軌，那會徹底

一九七八年，三老賞畫於摩耶精舍，右起臺靜農、張大千、莊嚴。　攝影／莊靈

毀掉社會在漫長的歷史中所建立的存在基礎。而一些人（如魏晉時代）想以個人的墮落摧毀整個社會，那不僅是無力的，而且也是荒誕的。因此，一個人要以「自汙」來逃避，來苟全，雖然有值得同情之處，卻實在不是一條健康的道路。相反的，往往會先把自己埋葬掉。

因此，在這個處處充滿反叛、冀求以廉價的革命解決人類問題的時代，臺老是寂寞的。一九六〇、七〇年代之際，青年一代的某些作家由於對人世事務體認不深，曾用小說體裁，影射、嘲弄他對現實政治不置是非可否的日子是活在無可奈何的逃避之中，他也不以為意。他曾經在〈嵇阮論〉中說過「文人之於政治，往往認識不夠，熱情多於冷靜，主見勝於客觀，既不能有抗爭的勇氣，又沒有容忍的氣度，又要從夾縫中尋覓自全之道。即使暫時找到了避難所，終不免為人所擊倒。」而更糟糕的是：知識分子最大的悲哀是他認不清政治界的骯髒、無恥、陰險、毒辣，只抱著空洞的理想而自以為傲。一旦陷入官僚社會和統治的組織中，便有另一種發展，那便是成為文痞。文痞之人雖然有的也很有才華，能夠吸引眾人耳目，甚至以「反叛」而自鳴得意，成為社會名流，被人視為鋒頭人物，但總起不了正面的作用；其根本毛病便在對人對事缺乏誠懇。臺老說，他不希望自己的學生和晚輩走上這條路。他最盼望的，是一個人要先在時代的激流裡挺住自己。而他的一生，正是這樣的寫照。他處於一個混濁不清的時代，類似於明清之際的一些文人，而心中的孤冷又類似於晚唐的李商隱。他寫給我的一幅明代遺老萬年少的一首〈草堂外舊梅一枝見花〉，就使人有這樣的感覺：

　　賸得南枝疏影橫　草堂谿館獨淒清
　　百年冰雪身猶在　十日春風花又生
　　亂後故人猶見汝　定中居士未忘情
　　紛紛桃李滿城市　坐對東山共月明

臺老對我說，這幅字他寫得很得意，因為得意就有漏字的地方。他想重寫，又捨不得丟掉，就保存了下來，另為我寫了一幅顧亭林的〈與江南諸子別〉：

　　絕塞飄零苦著書　竭來行李問何如
　　雲生岱外天多雨　水決淮壖地上魚

濁酒不忘千載上　荒雞猶唱二更初

諸公莫效王尼歎　隨處容身足草廬

兩首詩都在寂寞中流露堅貞的松柏寒梅之氣。而顧亭林在滄海横流中之「隨處容身足草廬」，正與臺老在動亂飄泊中的「歇腳盦」相似。這就是臺老的風格。

臺靜農先生的一生，特別是來台以後的歲月，正如他在一九八八年出版的《龍坡雜文》序文中所言：「憂樂歌哭於斯者四十餘年。」甚至一九九〇年過世之前，也屢屢在為文時借用陶淵明的話，慨嘆「人生實難」。足見他內心之悲苦。他來台以後，把學術的思考放在魏晉、五代，以及明清之際，實在是別有深意的。他治中國文學史，不僅專注於上述幾個時代，而且要人特別認識晚明和隨之而來的遺民文學。他認為唯有在歷史轉折點上才能最顯現歷史的真精神。有歷史的嚴肅性，才有人的嚴肅性；沒有歷史的真精神，一個人的生命便是空虛的。隨之而來的文學和藝術，也必然容易陷於一片空泛和瑣碎。他讀明代遺老張岱（字宗子）的《陶庵夢憶》時，對此便流露著深刻的體認：

一向生活於華貴的家庭，而又沉溺於聲色狗馬之好，一旦國亡，不乞求保全，如錢謙益、阮大鋮一類人的行為；只將舊有的一切一切，當作昨夜的一場好夢，獨守著一部未完成的明代紀傳，寧讓人們把它當成毒藥，當作野獸，卻沒有甚麼怨悔。大概一個人能將寂寞與繁華看作沒有兩樣，纔能耐寂寞而不熱衷，處繁華而不沒落。劉越石、文文山便是這等人，張宗子

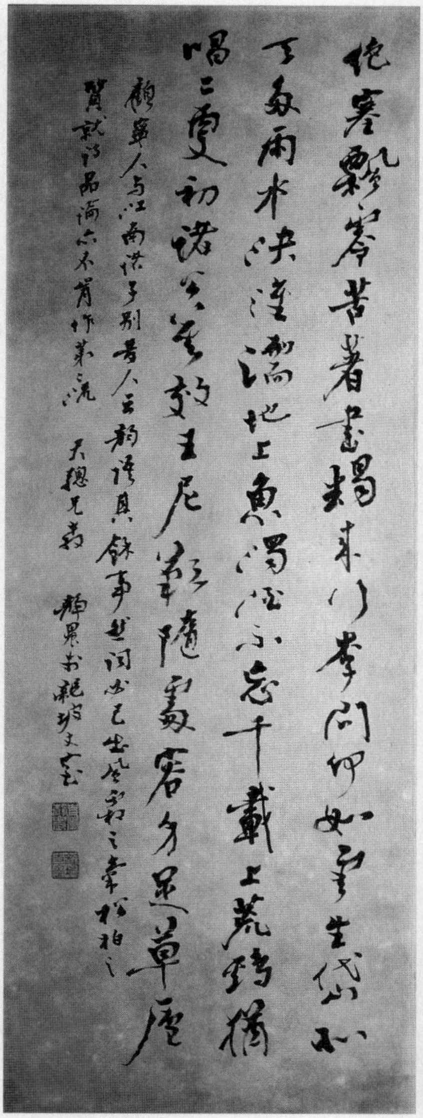

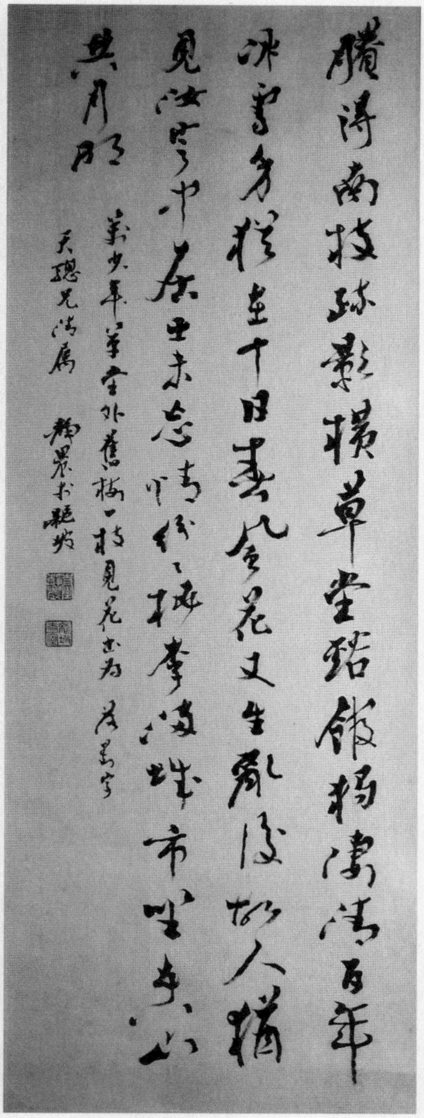

臺靜農贈尉天驄墨寶。

又何嘗不是這等人。

一九四九年以來，中國歷史呈現著從來未有過的大變動，而生活方式、社會結構，乃至於人生價值的巨變，更是亙古所未有。處於這樣的現實中，知識分子所遭遇的最大考驗，便是能不能守持自己的信仰。這種態度所顯示的，就是對歷史的信心，也是對文化的信心。臺老來台後有一首名為〈腐鼠〉的詩，就很值得體味：

腐鼠功名侏儒淚，
蝸蠻歲月大王雄；
老夫一例觀興廢，
不信人間有道窮。

明顯地，這首詩是脫胎於李商隱和魯迅。李商隱〈安定城樓〉：「迢遞高城百尺樓，綠楊枝外盡汀洲。賈生年少虛垂涕，王粲春來更遠遊，永憶江湖歸白髮，欲回天地入扁舟。不知腐鼠成滋味，猜意鵷雛意未休。」這是一首寫盡人生飄泊的詩，也是一首在飄泊中超然於物外的詩。臺老借此一申自己的感慨，當然是可以了解的。這感慨是深沉的：很多人把世間的功名利祿和感官享受當成人生的唯一目標，而至於處處蠅營狗苟，予人以小丑的印象。臺老則借莊子之語經由李商隱之詩而視之為「腐鼠」。至於「大王」一句，則承襲魯迅「城頭變幻大王旗」（見魯迅〈為了忘卻的記憶〉）的悲憤，抗議、卑視這一代種種權勢者對於知識分子的蹧蹋與屠殺。

在臺老八十九歲的人生中，接觸他的人都說他處人處事的風格寬厚、自在和舒坦，謙和中不與人爭。但是在〈腐鼠〉一詩中，以及他稱之為「自遣」的書藝和隨筆中，似乎都是經由人生的飄泊、挫折、戰亂，以及種種人生諸相，來思考生命的真正意義。莊子說：「處無可奈何之世而視之若命」，臺老說：「老夫一例觀興廢，不信人間有道窮。」二者對照，似乎後者更具有積極的意義。

正因為如此，他才能經由對張岱、石濤、八大等人的認識，而經由審美的意義肯定了人生的意義：在苦難中見真實，在悲涼中見真情。所以，他透過談論張岱而說了下面的話：

一場熱鬧的夢，醒過來時，總想將虛幻變為實有。於是而有〈夢憶〉之作。也許明朝不亡，他不會為珍惜眼前生活而著筆；即使著筆，也許不免會鋪張豪華，點綴承平，而不會有〈夢憶〉中的種種境界。至於〈夢憶〉文章的高處，是無從說出的，如看雪箇和瞎尊者的畫，總覺水墨滃鬱中，有一種悲涼的意味，卻又捉摸不著。

這還不僅是個人的悲涼，也是民族的悲涼，更是文化的悲涼。這些聯貫起來，就能孕發出新的希望，「十日春風花又生」。

雖然如此，在中國文學的研究中，臺老也細緻地注意到人的矛盾性，例如在論到隋代被人視為「武人亦復奸雄」的楊素時，就說過這樣的話：

……人的性格本是多方面的，一個壞人，不論壞到如何程度，但真實的情感總是有的，而且會時時流露出來。像楊素這種人，儘可以陰險毒辣的手段取富貴，而與朋友以詩敘心時，自然會吐出他真實的情感。至云其詩「似出世高人」，則又可以看出他這人才情高，即使終日沉溺於淫惡的官僚生活中，有時也還有超世的情懷，故能寄興於高遠。

在這裡，他不僅引導人在通常所見不到的地方，見到人本身所潛藏的善的本質，而且也讓人在別人（即使是最惡毒之人）的心靈最深處，見到各自獨有的寂寞。「文學和藝術是人與人之間的相互了解。」臺老經由文學和藝術所宣示的，正是如此的恕道精神。我後來讀到他早年的小說集《地之子》和《建塔者》，就在他的小說的鄉土人物身上感受到這種精神所孕發的醇厚和溫馨。聽一位臺老的老友告訴我，臺老的鄉土小說受到魯迅的啟發最多，像〈天二哥〉、〈紅燈〉，可以看到魯迅〈阿Q正傳〉的影響。這是不錯的。但我讀魯迅的阿Q，總覺得概念的意味多於血肉的描寫，而臺老筆人的那些小人物，卻一個一個的活生生打動我們的心靈，讓人聞到鄉土和時代的氣息，在充滿血淚的現實（而不是在抽象的概念）中感受到人的悲哀。

這些年來，我多次翻閱臺老的著作和書畫，總會在其間領會到一種在險絕中所顯示的從容不迫，而且一字一畫及每一文字中都流露著深厚的寬厚感情。我家藏有一本劉半農編的《初期白話詩稿》，是五四《新青年》雜誌，胡適、陳獨秀、李大釗、沈尹默、魯迅等人的手跡影印本，已經破舊，把它裝成冊後拿去給臺老看，他看到這本舊物，翻了一遍又一遍，目光深沉，半天不作一語。過了一會，很鄭重地在封面上作了題字。那一剎那，我深深感受到一位身經

五四、三〇年代、抗日、內戰的老一代的知識分子在回想過去的人生時，所流露的、無法言說的感慨。

我受了感動，卻不能真正懂得那感慨是甚麼。

及至我讀到了他在《中國文學史》中稱述蘇東坡的話，才忽然有所領悟。他說：

蘇軾的人生修養，是具有儒家的現世思想，釋家的出世思想，以及老莊任性自然的思想，他融會了這些彼此不能相容的思想，而表現於生活，成為他整個人格。他在政治方面，剛正不屈，熱烈表現了儒家的積極精神。又因此屢受迫害，終於貶到南海，而他卻處之夷然，從沒有憂傷憔悴的情緒，由此可見他的修養之深厚。他這種修養反映於他的作品方面的是曠達襟懷，加以他那奔放天才與豐富感情所形成之豪強精神，都一起反映在詩歌方面。能曠達始能豪放，兩者不是相反而是相成的。

這雖是關於蘇軾的話語，在其中不是讓人也看到臺老的身影了嗎？

——二〇〇七年元月《印刻文學生活誌》

蒼茫獨立唱輓歌

說高陽

高陽常說，他之所以成為一位歷史小說家，其實是很偶然的。

他原名許晏駢，杭州人，出身於書香門第、官宦世家，家族自清乾隆以降即功名不斷，至嘉慶、道光、咸豐後更有官至刑部尚書、吏部尚書、兵部尚書者。他曾對我嘆說：「出身於這樣的家族，承受這樣的傳統，到了民國時代，報考大學，攻讀的應該是法律系或政治系，但我多次翻閱了族中所保存的一些檔案資料，聽多了長輩和族人談論的官場舊事，嚇得我把法、政視為畏途。」他問我：「這樣一來，你說我應該走哪條路？」我也只能搖搖頭。他接著說：「處於這樣紊亂的世局之下，我只好做一個無聊的文人！」

這樣消極的話，乍聽是一種自嘲和無奈，仔細體會，卻是一種悲憤，一種自悔和反省。使人想到曹雪芹在《紅樓夢》第一回「今風塵碌碌，一事無成」那一類的話；一種對人生難以解說的感喟。高陽平生最愛兩個人的詩，一是李商隱，一是吳梅村：其所以如此，大概是在這兩位前人那裡，感受到與自己相似的遭遇。李商隱身處晚唐亂局，吳梅村夾在明清交替之際；都對時代有著無可奈何之感。吳梅村尤其如此。於是，高陽之於吳梅村便更有難以為言的同情。他說：「看梅村詩集，懷古紀事，弔死傷別，無不充滿了滄桑之悲、身世之痛，哪怕是詠物的詩，多半亦有寄託。」這話似乎也可借以解說他自己的作品。從許晏駢而到「高陽酒徒」的高陽，雖然在詩文、言談之間經常揮灑自如，但其間那種自我貶抑的語氣卻令人不能不感慨繫之。正因為這樣，他論到一些處於兩難之局壓力下的知識分子時，便經常說他們只好用「別的方法」來「抒寫史書中所無法表達的深厚情感」。依高陽之意，這裡所說的「別的方法」就是詩與小說。

在前輩學人中，高陽最心儀陳寅恪先生。陳是史學大師，晚年在目盲孤苦之中，卻把治史的功力轉移到《論再生緣》、《柳如是傳》那一類作品的寫作上。何以如此？這當然有其深意存焉。高陽既以陳寅恪為師，他的歷史小說應該也是在其中有所寄託的。有一次我問他，在他的眾多歷史小說中，他自己最喜歡的是哪一部？他毫不猶疑的說：《荊軻》。進而解釋說：別的作品，即使毀掉了，仍然可以重新寫得出來，唯獨《荊軻》，卻是再也無法重寫出來的。那種青少年時代的夢，那種狂熱，今天再也找不到了。即使以今天的眼光來看，這部作品在文字的處理上還有粗淺的毛病。

我說：「一談到荊軻，一般人多著重在高漸離送行的『風蕭蕭兮易水寒，壯士一去兮不復還』那一類的訣別。你卻在荊軻死後更引出張良，而且藉由張良的口說出『我要嬴政知道，失敗不足以令人氣餒，殺身不足以令人畏懼；防範越周密，手段越恐怖，越有人要反抗他。』又說：『荊軻以後有荊軻，張良以後有張良；身可死，志不滅！』真虧你寫出這樣的豪語。」

他卻說：「這不是我的豪語，這是中國歷史的精神。錢穆先生有一句話最讓我信服：讀歷史必須具有最起碼的感情。我的一切都是從那裡孕育出來的。」

我認識高陽及高陽的作品也是偶然的。一九七二年，趙玉明兄出任《民族晚報》總編輯，約了我和一些朋友寫專欄，每天贈閱《民族晚報》，我得以閱讀刊載那裡的高陽的歷史小說《翠屏山》。那原是《水滸》中楊雄、石秀和潘巧雲的故事，三〇年代施蟄存也曾經改寫過。報上登出高陽這部小說連載的預告，我立即起了一個疑問：《水滸》已把這故事寫得那麼細緻易懂，在京戲和地方戲中也早已把它們確定下來，還有哪些地方值得他再去發揮？及至看了他的新本，才了然於他吸引讀者之處。他書寫《翠屏山》中的潘巧雲是這樣推展出來的：一個絕代美人，先嫁給一個粗俗不堪、夜夜鼾聲大作的屠戶，那是如何的遭遇！等那男人死了，改嫁的又是一個鋼刀一舉人頭落地的劊子手，那種感覺又是多麼動人！高陽的創造力與想像的靈活，不得不讓人驚嘆。而且他觀察事物的角度非常準確和細膩，使得他的語言有超乎常人的敏銳和生動，讓讀者不由自主的想一讀再讀。

高陽身影。

就這樣，從《翠屏山》開始，我成了高陽的讀者，也去找他之前的作品來閱讀。那時我在大學教授中國古典小說。由於受陳寅恪的影響，我講唐人傳奇時便把唐代的社會制度拿來探尋小說中所未說到的一面；也由此而發現高陽改寫《李娃》的結尾別具用心，把故事改放在唐人真實的門第人際關係上，而與唐人原作的安排有所不同；把歷史小說提升到史學的層次，使人想見故事背後的更真實的一面，令人對小說的結局有著更多的思考空間。有一次我去拜訪臺靜農先生，談到台灣當時的小說界，先說到白先勇。他說：「先勇是一個心地善良的年輕人，才華也夠，但對於中國社會認識還不到深刻的層次。」於是我向他推薦了高陽。過了一段日子再去看他，他告訴我已經看了幾本高陽的作品。並且說：「他對中國社會很有認知。他寫《烏龍院》不著重在男女之事，而去寫那些刑事書吏間的種種明爭暗鬥，而在《小白菜》中經由男女間的故事，書寫楊乃武那樣的訟棍文人與官場之糾葛，並擴及到太平天國事件後湘人與當地人在兩江一帶的矛盾，以及慈禧想藉此一事件來借刀殺人，壓低湘人在江浙的勢力。這些，沒有功力是寫不出來的。」我向臺老說出高陽的出身背景，他說：「這就難怪了！」

高陽當時不少作品都在《聯合報》連載。一九七六年我在聯合報系所辦的《中國論壇》擔任第一任主編，開始與高陽有了往來。那時正是高陽創作的高峰期，一系列有關明清之際的作品陸續出世。有一次，也在聯合報系任職的陳曉林邀了一些朋友餐會，座中除了高陽，還有唐魯孫、夏元瑜、阮文達、趙玉明等人。由於唐魯孫先生是前清光緒皇帝珍妃和瑾妃的姪孫，年少時曾多次進出宮門，對旗人生活極為了解，聽他言談，獲益不淺。於是曉林提議，這樣的聚會不妨每月舉行一次，這就等於不著痕跡地每月上了一堂歷史課。由於這樣地跟高陽交往多了，也就熟悉他的酒徒風範，言談之間漸漸領略到他讀史、查證資料的用功程度。但他見到唐、夏兩位前輩，一直是誠誠懇懇地虛心求教。唐老為人謙和，談笑時也會在自我解嘲中流露出嚴肅感。有一次，他兩杯酒下肚，就對高陽說：

「人家都說咱們是封建餘孽，遺老遺少，但當封建餘孽、遺老遺少，也得先吃點苦，磨練磨練。就拿皇帝來說，也得規規矩矩先把字練好；奏摺上來了，要看得懂，要會批。師父要上講了，當皇帝的就得先站在御書房門口等候，師父坐定了，皇帝才能落坐。」

他並指著我們年輕的幾位說：「讀《紅樓夢》你們很多地方不會真懂，在其間，每一個事件都顯示著一種文化，一點粗淺不得。」

唐老的每一言辭、每一行動都持平穩重卻又那麼自在，即使在舉杯、持箸之時，也自有其風度，連服務人員遞上一杯茶，他都用溫婉的眼神回應。他的北京話不疾不徐，毫無一般人所想像的貴族氣象。在這樣的言談之間，高陽與唐老的對談一直保持著虔誠的態度，有時候談到的雖是一些細微瑣碎之事，也能感受到他們想在其中探討挖鑿某些奧祕。

在高陽的作品中，歷史的時空，往往只是一個架構，他最大的著力點往往不是一般人視為「重大」的政治、社會事件，反而是一些人不太注意的小事件、小動作，讓人留連、惆悵、會心一笑並有所領會。譬如在《胡雪巖》中，王有齡出任官職，想要在端節之前接任，胡雪巖向他建言延到節後去接。王有齡本想在接任後立即承受大批「節敬」，胡則主張把這一機會讓給前任；一來，結交人緣，為前程鋪路；二來，來日方長，何愁沒有機會。像這樣的一件小事，即可讓人體會到為官之道的奧妙。由此擴大聯想，也就讓人對人性的好壞多了一層了解。

高陽歷史小說的特色之一是他常常在真實的歷史人物中穿插一些他所創造的小人物，而且以女性居多，使得其間的相互關係及他要呈現的場面更為生動而深沉。如《荊軻》中的荊軻與夷姑、《醉蓬萊》中的洪昇與玉英、《徐老虎與白寡婦》中的徐寶山與白巧珠、《胡雪巖》中的胡雪巖與芙蓉等等。他們之間的相遇、相處，都在整部作品中呈現出沉重的力量。特別是《醉蓬萊》，它的主題原是經由洪昇的《長生殿》劇本，書寫唐玄宗與楊貴妃的愛情故事，但讀了以後讓人感嘆的卻是洪昇與玉英無法結合的缺憾。

這就涉及到高陽的愛情觀。在高陽的作品中，幾乎每一部小說中相愛的人最後都是徒然。《李娃》中的鄭元和與李娃、《風塵三俠》中的虬髯客與張出塵（紅拂）、《再生香》中的順治皇帝、冒辟疆與董小宛、《小鳳仙》中的蔡鍔與小鳳仙、《曹雪芹別傳》中的曹雪芹與《紅樓夢》諸女子，所呈現出來的無不是那種無所求、無所得，卻一心流露著無限關愛的情操。高陽大多以淡筆寫濃情，使得結局雖是徒然，卻讓人獲得珍貴的感悟：人生只要能夠實心實意地愛過也就足矣。例如《風塵三俠》中，當紅拂對虬髯客說出「從今以後，你忘掉我，我忘掉你」時，那場面真把人帶領到一種「隱忍」的美學境界：

「一妹！」虬髯客站住腳，以極平靜的聲音問道：「妳還有話說？」當著上百的僕從，她無法說一句心裡要說的話，祇俯下身去，用纖纖雙手，挖一掬土；使的勁太猛，折斷了兩個指甲，痛徹心肺，然而她忍住了，終於挖起那一掬染有鮮血的泥土，眼淚撲簌簌地流著，也都掉在那掬土中。

「三哥！」她哽咽著說：「你要想家，就看看這個吧！」……

有一次與高陽閒談，兩杯酒下肚，我對他說：「高陽，在你的作品中，我發現了你的一個祕密：有一位溫柔、體貼、互相了解的女子，化為很多分身經常出現在你不同的作品中，甚至有些名字都雷同。那是你的夢還是你的回憶？」他只是苦苦地一笑，默不作答。

但我猜得出他的心情。那不僅指的是個人的際遇，推展開來，更是整個民族處在歷史變動的際遇。他平日最愛李商隱和吳梅村的詩，而且用力甚勤。他常經由他們的作品體認他們平生所處的兩難之局；個人的感情如此，世間的種種際遇也是如此。而在不知何去何從時，有時只有在飄泊中度過。他注解吳梅村的〈短歌〉說：「作官潦倒，頭白歸鄉，誰知在家鄉卻更不如在異鄉飄泊！這是何等哀痛的描寫？」這無疑也涵蓋著高陽個人的感慨。他用心於明清之際士人的處境，當然也有感於民國、特別是一九四九年以來變局下中國知識分子的去從，陳寅恪寫《柳如是傳》，他寫《江上之役詩紀》都是經由南明的敗亡而有著相近的弔古傷今的心情。吳梅村遺言說：「吾一生遭遇，萬事憂危，無一刻不歷艱難，無一境不嚐辛苦，實為天下大苦人！」其所以要忍受這種悲「苦」，實際是要在有限的人生維繫著某些不容扭曲的認知和真情。這認知和真情是絕對不能用現實政治利益和階級標準來判定的。而且，這才是最真實的歷史。所以在陳寅恪的歷史書寫中便處處見到很多人經由歷史對當代所生的感慨。在這方面，高陽似乎也與陳寅恪有著相似的感受。他想經由歷史去體會一些甚麼，也是可想而知的。因此他才一再說，人生的最大引力是「情」，其次才是「緣」。而且，他又補充說：不要把「情」和「緣」講得世俗化；歷史的不停轉變，很多事之所以在人們心中打下難以泯滅的烙印，就是建立在這一基礎之上的。

有一次談到當今人的人生態度，他說：「現代人，常常把世間的一切事都視為偶然，子女是父母作愛偶然生的，夫妻是偶然碰在一起而結合的，沒有甚麼絕對的天設地配，因此也就沒有甚麼必然的相守相愛的關係。這也就沒有甚麼必然的道德倫理可言。這是澈底的虛無主義，視一切為荒謬。」對此，他大不以為然。所以在高陽的小說中，人生的際遇經常是偶然的，但在這偶然中，由於彼此所付出的愛和關心，它所產生出來的關係和情操卻一一成為無法割捨的必然；讓人願意為之忍飢受凍，生死以之。即使男女之歡樂場合的相遇，產生的也是難以忘懷的思念。說起來，這些都是微不足道的小人物、小事件，匯合起來卻是歷史的主流。在這裡，歷史之所以為歷史，主要的便是在瑣瑣碎碎中所顯現的、連續不斷的生命情調和相互關懷。不分古，也不分今，一直不斷地綿延著。

有一次，《聯合文學》邀請一些作家作中南部之旅，特別向鐵路局包了一節車廂，同車還有無名氏（卜乃夫）、夏志清等人，在車上我曾跟高陽聊到對歷史的認知。我質疑司馬遷把《夷齊列傳》置於列傳之首的用意。司馬遷談到道家之言：「天道無親，常與善人」，又感慨伯夷、叔齊這樣的善人最後均遭餓死，這是對天道與人世的懷疑，而這樣的懷疑主義必然導引出歷史的虛無主義，認為世間並不存在公道與不公道。在這樣的情況下，不由得讓人懷疑：歷史所給予人的意義是甚麼？

高陽回答說：正因為如此，才能見出最真實的東西。正因為人生無常，經由戰亂、屠殺、鬥爭、欺騙、醜惡，才能見出比這些更高的東西，感受到生命中的最真實的「存在」；即使那是剎那的，也會叫人難忘，成為永恆。

我說：「這樣一講，我們也可以把李商隱的詩拉大到這樣的層次去了解：『相見時難別亦難』不正是人在塵世上的『追尋——懷疑——沉淪——覺悟』的歷程嗎？『春蠶到死絲方盡，蠟炬成灰淚始乾』，不就寫盡這一歷程的辛苦嗎？」

高陽同意我的引申。他說他堅決相信，在歷史中雖然處處充滿著暴亂和不公，好人不長壽，壞人享榮華，但在每個人的心裡，何者該做，何者不該做，總還是應該有所肯定的。想一想，這倒是真的。在他的作品中，很多人物的結局都是不如意甚至悲苦的，從荊軻到曹雪芹、洪昇，乃至胡雪巖等人的人生結尾，幾乎都是挫敗的，然而就另一面而言，卻又存在著生死以之的莊嚴意義。例如《小鳳仙》中，當小鳳仙聽到蔡鍔忍受著貧苦煎熬時，對於他一步步往「死路裡走」的決心起了質疑，不禁問道：「這是為甚麼？為甚麼？」得到的回答卻是：「為了爭人格——替全中國四萬萬人爭人格。」就此而言，歷史不但是一種現象，更是一種永續的精神；在高陽的歷史小說中，他是以人的品質來反省歷史的。這些品質隨著客觀環境的不同，有時隱忍下來成為伏流；有時奔騰不息，成為主流；源源不息就成了生命中的源頭活水。然而，很多人卻無視於這些。高陽因而感嘆地說：「我最不能忍受的是，現代人經常以政治的、黨派的觀點來審判歷史，不但審判而且予以定罪，讓人上天下地在精神上找不到容身之處。」

就此而言，高陽對於歷史的看法是非常不同意西方正流行的歷史主義；因為根據他們的觀點，在根本上是否定人世間有某種永恆的、持久不變的東西，認為人世間唯一不變的就是人們不停變化的欲望，而在高陽看來，歷史中雖然充滿鬥爭、屠殺、僥倖、投機，但就在其中卻處處讓人感受到有值得為之奮鬥、犧牲的崇高和神聖的價值存在，讓人領會到生命的莊嚴意義。

高陽小說最讓人嘆服的是文字與對白的精妙。有一次在一場文學獎評選會上與高陽和無名氏同席，高陽說了一段與文字有關的話。他說：小說之為小說，它的第一個條件便是叫人看得進去。看得進去就是親切感。不但情節的安排要這樣，連語言也是一樣。五四新文學運動以來，一般的寫作都有粗糙的毛病，以為只要從嘴裡說出來的口語就是白話，不知白話不管指的是官話還是普通話，從古以來因個人的身分不同、生活習慣的差異，都有各自不同的表達方式，也各有獨自的韻味；失掉這些，語言就乾枯無趣。文字要有詩的情趣才有美感，這是連介系詞、尾詞都馬虎不得的。另外一點，新文學運動以來，小說常以意識形態掛帥，這是「蓮霧打針變成黑珍珠」的手法，不足為取。

因為看多了高陽的歷史小說，就止不住有時也會對他的作品提出意見。有一次我對他說：「西方史學家都把世界近代史的開始的時間放在十七世紀前後，獨獨中國學者把中國近代史的開始放在一八四〇年前後，認為由於受到鴉片戰爭的影響，中國才開始走向近現代。這是外鑠式的觀點，失掉中國歷史發展的主體性。蕭一山先生、胡秋原先生都不贊成這種說法。如果我們也贊成中國近現代史開始於十七世紀前後，則明清之際正是一個關口。你的小說從《再生香》的多爾袞率清兵入關，到《小鳳仙》的袁世凱當皇帝，這一系列作品，真是中國近三百年來的寫照；把中國明末清初以來的：官僚社會的貪婪、無能、吏治社會與幫派相互作用所造成的廣大群眾的愚昧，寫得淋漓盡致，但也在優良的傳統中，令人感到無限的溫馨。這些都有助於對中國前途的思考。如果把這一系列作品加以整理，再給予一個總名，真可以和法國巴爾札克（H. Balzac）的《人間喜劇》那一系列作品媲美，同時也可作為舊中國的輓歌。」他聽了非常高興。又問我還有甚麼意見。我說：「你這個人太好酒，有時酒喝多了，為了趕寫副刊連載續稿，一時趕不及就亂放野馬，寫些典故趣聞湊篇幅，雖然也很有趣味，但整體來看總不夠嚴謹，何況不時還有重複的地方。應該整理一下。」

那次的談話竟引起他的重視。他想在這一系列前再寫一部小說作為開篇，彰顯一個時代的開始，問我有甚麼想法。我為他講了全謝山在文集裡記載的關於錢敬忠的故事。錢敬忠的父親錢若賡是明朝的臨江知府，因為抨擊萬曆皇帝選妃的事被關在獄中將近四十年，每年都是斬監候，受盡煎熬。在這漫長的歲月中，家破人亡，連孩子也是在獄中長大的。錢敬忠一歲入監，在獄中接受父親的教育，後來考中進士。他要求代父受刑，錢若賡才被放了出來，年紀已經八十了。此後，錢敬忠歷經李自成之變和滿清入關，親身帶兵對抗，最後失敗，絕食而死。全謝山在談到寫作之道時，曾經說過：文章中保留太多資料會破壞文的氣勢，但他卻在書寫錢敬忠時，故意把那些有關資料一一保留下來。其所以如此，就是想要後人經由資料中的瑣瑣碎碎見到歷史中人性的光芒。他為錢敬忠寫的碑銘，非常動人：

高陽與友人歡聚的時光，左起：童世璋、高陽、林海音、小說家孟瑤。

孝思已申，忠則未遂；
墓門流泉，潸潸者淚；
故國河山，同此破碎；
試讀予文，寒芒不墜。

我問高陽：「如果我們不以膚淺的甚麼封建意識來評定它，便可以在其中見到人之所以為人的尊嚴。明代是歷史上最腐爛的一代，也是在腐爛中最顯現人格的一代。不知這一類的故事可不可以提供你來參考。」

那是一九九二年初的事。沒隔多久他就因病連續出入醫院。不幸的是天不假年，本應人生七十才開始，一生背負著歷史積鬱的高陽，卻在那年六月六日以七十之齡告別了人世！

他過世之前接受《聯合報》副刊訪問時還特別說：「我最感謝尉天驄教授勉勵我做中國的巴爾札克……。」

周棄子先生曾讚賞高陽以「蒼茫獨立四垂際」的詩句來描繪自己的際遇。如今高陽已經逝世十五週年，每當想起他，腦海裡浮現的，就是一個微屈著背、蒼茫獨立於輓歌聲中的寂寞身影。

——二〇〇七年二月《印刻文學生活誌》

找回失去的星光

憶子于

現在恐怕已經很少人知道子于是誰了。他所經歷的那個時代，特別是一九四九年前後的那場大動亂，以及動亂中鋪天蓋地的流離失所，也早已在人們的言談中被淡化、被扭曲，化為雲煙，不知飄向何處了！然而，對於真正從那一年代走過來的人來說，它所遺留的傷痕似乎還像一個無法袪除的鬼魂，不時回來困擾著各人的心靈。它是過去，又是未來；是回憶，又是夢魘。它像一座標誌，日夜不停地在遠處閃光，有時又是某種呼喚，引發人的不安。

一九四九，在它之前的一段日子，是那一代中國人從所謂「慘勝」的破敗、混亂中承受眾多悲苦的歲月，而在它之後的將近十年，又是一個風雨交加、陰晴未定的時代。從戰亂走向戰亂，窒息得讓人找不到希望之所在。懷抱夢幻的年輕一代，激切地懷著某種改朝換代的期待；而更多人卻只是惶恐猶疑，不知何去何從。歷史失去了方向，人也失去了方向，只能摸索著走一步算一步，無所謂掙扎，也無所謂奮鬥；如果要給它一個解釋，恐怕只能稱之為「隨波飄流」吧？

子于在美國抑鬱以終已經十八年了。加上在這之前的五十一年歲月，他的整個人生似乎一直都是想抓到甚麼，而又甚麼也沒有抓到。每次翻讀他的小說，想到他走過的路、說過的話，仍然會有「隨波飄流」的感嘆與迷惘。

子于原名傅禺，一九二〇年生，原籍天津，卻在東北長大。他的家族是由關內移民關外的買賣人家，在東北和天津都薄有產業。他生於五四次年，和三〇年代的「東北作家群」蕭軍、蕭紅、端木蕻良等人可算同輩，但他是到了台灣十多年後才開始寫作的。東北作家群在九一八以後，大多內渡後方與延安搭上關係，子于則一直留在東北，經歷過滿洲國階段的日本管轄、抗戰後蘇俄紅軍的大劫收，以及松遼平原的國共大戰。他雖然與東北作家群同輩，在精神方面卻有著迥然不同的遭遇和感受。東北作家群走的是激進的左派革命路線（李輝英和孫陵除外）。子于則由於受到戰後東北浩劫等因素的影響，對於前此為人嚮往的理想主義產生了猶疑。

子于大學就讀於偽滿的長春工業大學礦冶系，畢業後即在本溪煤礦任職。以他的專長，當時如果留在新中國發展，似乎很有前途，但他選擇的卻是離鄉背井的飄泊道路。一九五〇年九月，子于攜家帶眷來台，在台北建國中學擔任數學教員長達三十年之久，一直住在建中後面那所又窄又矮的宿舍裡面。每當有人為他的抉擇提出懷疑時，他只苦苦地笑著，並不多作解釋。這種在當時現實所造成的、無可適從的境況下的逆來順受，也許只能用一句西方當代詩人的話來申述：「除了活下去，我們再也沒有選擇。」

而那也正是上世紀五〇年代大多數中國人所無法擺脫的命運和處境。

那些倉皇苦悶的日子，實在是整個民族闇啞的時代。離建國中學不遠的川端橋（今天的中正橋）頭所呈現的景象，便是當時具有代表性的寫照。背對著台北市的橋的右邊河床，便是當年對異議分子執行死刑的馬場町。橋的左側的廈門街和金門街街尾，臨河搭起一座座茶棚，成為類似東晉南遷初期那樣的、互相探聽離亂消息的「新亭」。我讀中學時住在中和，清晨坐公車上學都經過川端橋，常看到在不遠處的馬場町擺著一整排剛執刑完畢的屍體。那景象讓我畢生難忘。有一次激動地和子于談及此事，他卻淡淡說道：

「活在這樣的世界上，你無法拒絕去看你不要看的事！」

川端橋畔的茶棚，也有賣小吃和說相聲的（相聲大師吳兆南來台初期就在那裡賣藝），身處其間，總讓人有著某種說不出的蒼涼。也許因為長年經歷飄泊，童年和鄉愁已在人們心中推遠成為一支故事中夜店的燈盞，雖然掛著，已不再刻心銘骨；有時也像遠航中退後的水波，漸行，漸遠，直到消失，卻仍感到它的存在。久而久之，歷史也就與人一步步陌生起來。於是，所謂的飄泊就真正成了整個生命的無依。子于那一代所面對的境遇，大致都是如此。他們的生命情調，讓人感受到的也多是「人到中年」或過了「人到中年」對人世滄桑所散發的懶散和無奈，很難在其間找到一絲浪漫的氣息。

除了這些，我懷疑他內心裡還有對於未來的恐懼。有一次在明星咖啡館，大家在大談烏托邦的夢，他卻澆了大夥一盆冷水。他說：「世界的人口越來越多，可用的能源和物資越來越少。到了那一天，人就會像狗搶骨頭那樣，越鬥越凶，所有的政治結構都越來越專制獨裁。說未來的人世多美，那是胡

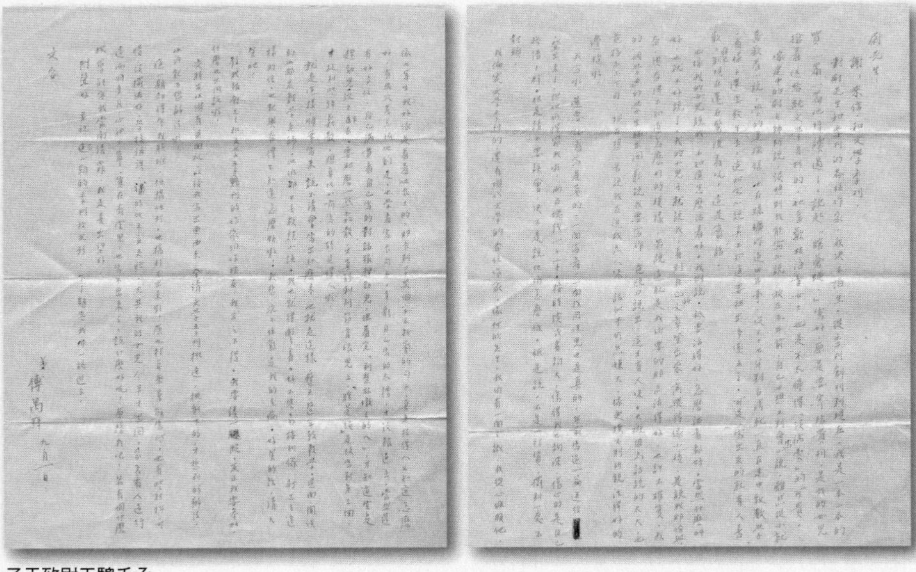

子于致尉天驄手函。

說；別瞎作夢，自我陶醉。」他的聲調真讓人感到冰冷。

子于三十歲來台，四十三歲才開始寫作，〈瞎蒼蠅〉是我第一次讀到的他的小說。它的主調正是比我這一代年長一輩的心情，不是成天惶惶不可終日，就是忙來忙去，弄不清到底在追尋些甚麼。他們的身上既存在著舊社會的關係，又在戰亂中建立了想擺脫卻又無法擺脫得掉的惹人苦惱的人際關係。人與人的偶然相遇有時竟然難以自主地產生無法擺脫的糾葛，更由此而有了扭曲的愛情和親情，綑綁了自己的一生。在那樣的荒謬而又習以為常中，人活著，像沒有頭的蒼蠅，東撞西撞，沒有時間也無能力去思考生命的意義。

當然，也有一些人會不時地質問自己：「人除了吃喝拉睡以外，就再沒有別的事值得去幹了嗎？」

但問了也是白問，在沒有答案下，生命就只能「活在不知是怎樣結果」的摸索中。得過且過，無可奈何，想抓住甚麼卻又甚麼也抓不著。天地雖大，四顧茫然。無奈的愛情，或者無奈的婚姻及人際關係，所造成的大多數現實便是死板板的、沒有生氣的人生。子于的小說，常使我聯想到郁達夫和海明威（E. Hemingway）。郁達夫的小說本就頹廢，後期的〈遲桂花〉和〈過去〉，甚至比早期的〈茫茫夜〉、〈沉淪〉、〈在寒風裡〉更加消沉。而一九五四年獲得諾貝爾文學獎的海明威，自言是「失落的一代」，他的小說結局，往往不是死亡就是等待死亡。即使像〈老人與海〉宣揚人的意志與戰鬥，結局也是「勝利者一無所獲」。五〇年代的台灣和香港，曾經有過一陣海明威熱，《文星》雜誌第一期就是以他作為封面人物，不少人寫作都受到他的影響。好像在他們那類人物身上，讓人領受著某些相似而又不同的氣息。

子于的作品雖也充滿虛無色彩，但卻與郁達夫和海明威有所不同。海明威的作品，特別像〈殺人者〉或者〈像白象的山〉中的人物，在明知要接受死亡、癱瘓的未來時，只是無可奈何地等待著；而郁達夫則是無可如何地拖延下去，沒有明天，也不去想明天。子于則不然，當很多人認為「無路可通」（沙特語）而把更深層次的頹廢當成人的一種救贖時，他的作品常讓人覺得：人活著，總是有某種東西、某種力量在支持我們活下去。即使在生命的虛無中，也要努力捕捉某些光亮。他一九六八年十一月發表在《文學季刊》的〈高處總是眼亮〉，所呈現的正是與〈瞎蒼蠅〉並行的另一主題。不管這高處指的是甚麼所在，那總是生命的上升而非沉淪。高處總是眼亮，高處總是眼亮，雖然這樣的企望和追尋大多充滿了烏托邦或形而上的意味，但它堅持的卻是某種向善的意圖，使人不致走向墮落。也由於此，它所呈現的生命依然是有根的；雖然虛無，但不蒼白。

我認識子于是在上世紀六〇年代。一九六六年《文學季刊》和《純文學》月刊前後創刊。那時大家像中了邪似的，都想盡辦法辦雜誌，也都想尋找一些新作家，拉之入夥。那是台灣各類小雜誌紛紛出籠的世紀。「小雜誌」一詞，是姚一葦先生叫出來的。他說，小雜誌者，乃一小撮知識分子，為了某種理想所辦的刊物，有銳氣，可以促使一些新觀念的誕生，但常被人視為反叛，銷路不廣且經費不足，大多壽命不長。因為沒有商業意義，「小雜誌」最大作用便是以文會友。那時候，刊物與刊物，作者與作者之間，便很快地在有形無形中結成了朋友，哪家有了好的作品刊登，也很快傳播開來。子于的〈瞎蒼蠅〉登在《純文學》上，文友爭相傳閱，都想認識他。我去問《純文學》主編林海音大姊，她說：「子于呀，是建國中學的數學教員，比我還小兩歲。」

建國中學的數學教學是有名的嚴格。據說有兩位數學老師因為太嚴格而令人聞風戰慄，學生大多只知他們的綽號，而忘記他們的真名：其中一個是教三角的楊三角，一個是教代數的譚老虎。他們上課時，左右手各夾一落改過的作業，沒通過的叫上台去大罵一頓，然後把作業擲回去，大喝一聲：「回去，重作十遍，明天繳來！」學生上課都像步上法庭接受審判，無不戰戰兢兢。白先勇當年是建中的超級資優生，前些年談起他的中學生活，我說：「先勇，你當年大概不怕他們兩個吧！」先勇說：「怕啊！到現在還怕！」一副猶有餘悸的樣子。

但子于在建中是個異類，幾乎所有數學差的或對數學不感興趣的人，都想辦法轉到他的班上。他說：「你們將來又不靠數學吃飯，幹麼要這樣受折磨？只要大學入學考試數學不考零分就可以了！」然而他教過的學生在人文學科方面卻出了不少人才。有一位他教過的學生說：「傅老師啊，有時興頭一來，整節數學課講的都是魯迅，還唸：『在我的後園，可以看見牆外有兩棵樹，一棵是棗樹，還有一棵也是棗樹』……」

我一位姑母是建中的國文老師，透過她，我找到了子于的住處。那是建中後門靠和平西路一座破舊的倉庫，用木板隔成很多間，住了十多戶建中的教職員，一條陰暗的走廊，只有一兩支十燭光的小燈照射著，於是住裡面的人都在挨著和平西路的牆邊用石棉瓦搭建了違章建築。子于家就把它拿來一半作廚房一半作飯廳兼客廳。後來我才知道，那也是他批改作業

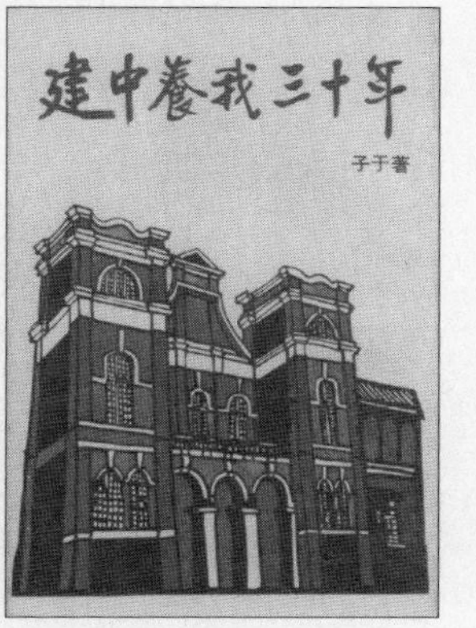

子于將三十年教師生涯的回憶一一紀錄，出版成書。

和孩子做功課的地方。

我去拜訪子于，先後去了七次都沒見到。他太太留著「解放腳」，人很和氣。（看樣子，他們的婚姻是舊式的。）她說子于好動，除了上課睡覺，不是到植物園散步，就是去重慶南路逛書店。後來他寫了封信來，我們才在武昌街的明星咖啡館見了面。那時明星三樓沒有冷氣，只有一架老爺電扇。裡面一間小房間擺著一張大長桌，幾乎成了《文學季刊》的辦公室。子于也常到明星相聚，給《文學季刊》寫了好幾篇小說。由於他的年齡較長，我們都尊稱他為傅老師。有時他也邀我們去他家吃水餃，他家水餃是拿豬肉和茴香葉子做餡，說是東北人的口味，起先吃不慣，幾次以後，也就吃出它的特殊的香味。

我結婚後，住在寧波西街帕米爾書店的四樓，距離子于和何欣先生家都很近，每隔幾天大家就過來相聚。我們知道子于經歷多，常逗他講家鄉舊事。他說話不疾不徐，手上的香菸一支接著一支，整個屋子煙霧裊繞像個夢境。

子于家居照。

依他所言，他的老家是開糧行的，旁邊有間窯子，從小耳濡目染，知道了一些一般人不大了解的事，因此他說得最動人的是窯姐兒的趣事。其中一個就是後來拍成電影的《高粱地裡大麥熟》。那故事是說一個鄉下女子因為家貧到鎮上當妓女，她的丈夫來看她，兩人就躲到高粱地裡相聚，說著家鄉的災難和家人的病情，相互珍惜，每次都像初戀的情人。災難、貧窮和情慾融合在一起，讓人聽著聽著，感到無比的溫馨。他也講窯姐和鬍子（強盜）的愛情，把愛情和情慾說得自然又貼切，讓人沒有一點骯髒的感覺。所以，大家都說子于的作品很像沈從文。

他也喜歡戲謔。鄭樹森那時還在政大念書，平日衣衫整齊，行動一絲不苟，讓人覺得他連睡覺都打著領帶。有一天來我家，正好大颱風，無法回木柵，碰到子于也在我家，我們就喝酒閒話。樹森說：「傅老師，我看你們大口大口喝高粱，好像很輕鬆，喝酒真這麼容易和有趣嗎？」

子于說：「天底下，哪有比喝酒更愉快的事？來，我教你……」

他叫樹森把嘴張開，伸出舌頭，把酒杯擺在舌上，仰起頭來一口吞下。樹森學著照做，直叫「容易！容易！」不知不覺連乾三杯，結果醉得不省人事，在我家打地鋪睡了一夜。這大概是樹森難得一次的浪漫。

而這些有趣或者有些感傷的事，隨著陳映真一九六八年的入獄、我的家搬往木柵、子于的退休和移民美國，都一個一個成了過去。

一九八九年暑假，我第二次去美國旅遊，有兩個月的時間住在我以前去過的愛荷華城。七月上旬接到梅新從台北打來電話，說子于在波士頓去世了！那天走在林蔭道上，想著子于那一代人的種種，心情悵然之中也不知如何整理自己的思緒。子于出過一本《迷茫——矬巴列傳》

子于擔任教員時期，一直居住於臨時拼蓋出來的宿舍中。

的小說，寫一個六十多歲的人，無目的地、不時獨自參加旅行團的旅遊。在旅遊中，他沒有任何目的，只是經由旅遊來打發時間。他把它稱之為「逃脫」，卻又不知道要逃脫甚麼。他猶疑地思索著：

> 主要的，他想，還是自己在逃脫。哪管一兩天、三五天。逃開一些甚麼，卻又說不出一些是甚麼。逃開工作？生在大都市，長在大都市，正慶幸能在大都市討生活，絕不討厭台北。逃開家？可是太太賢慧，兒女長大，全是好孩子，從任何一面看全是和和樂樂，可說毫無怨言。
>
> 可是，他想，還是逃脫甚麼？……

這本《迷茫》似乎是子于的自敘。不時想在生活中逃脫，卻又弄不清活著為甚麼，逃脫為甚麼。說是麻木麼，卻又想著要在虛無中抓住甚麼。於是在人過中年，並將邁入老年之時，企冀著某種夢想和盼望能夠出現。他弄不清楚：那是人生中一直追尋而又不曾抓到過的奢望，還是生命中猶在閃光的灰燼？不管是哪一種，它都呈現著兩種面向的心情，一方面可說它是逃卻，一方面也可說是另一種追尋。這追尋也許只是徒然的妄想，甚至想著，即使那是剎那獲取後的一縱即逝，卻也可以算是一種安慰；在茫茫人世中成為晶瑩剔透的回憶。在這樣涉想中，雖然時光無法倒流，過去無法重現；在眼前的人生即使有所嚮往、有所可能，其結局也可能只是徒然自悲。但是在平凡的無謂中，一個人還能夠抓到那難以忘懷的一剎那，卻也成了人世中最真實的「存在」。曹雪芹在碌碌一生、一事無成中想的正是如此。而讀了子于的小說，其心境似乎也是如此。這使人不禁想到舊俄屠格涅夫的小說。屠格涅夫在抒發情感的作品中，除了《初戀》，還有更無奈的《貴族之家》，寫的可以說是「晚戀」；一切似乎可能，一切又無能為力。子于的小說，經常寫的是這樣的「不可能」、「不甘心」。在《迷茫》中，他穿插著一個故事：一對夫妻一生中沒有講過幾句話，卻一連生下七、八個孩子，而與此相對的另一境況，則是一個走向年老之人與另一陌生女子暫時又偶然的相遇，卻無意中在彼此心中點燃了不息的火燄。但是，兩個人的由欣然相遇、相得，到驚覺到彼此的不可能，雖然是一種人生的無奈，但也由於此番悲苦的掙扎，也就在愴然的「知止」下，只好把它埋藏在心裡，使之成為難以忘卻的記憶。那是渙然若失，卻也讓人由此而體認到：情慾雖是人的根本，但不可因此而放縱自己。於是，相互珍惜相守著難得的緣分，便成為人性中最可貴的情操。雖然惆悵，好像一無所得，但卻潛入生命的內裡，成了人生最大的懷念。張系國在評子于一九八二年得到《聯合報》中篇小說獎的《芬妮・明德》時，說子于的浪漫大多是「不及於亂」，認為那才是小說的重點。

也許有人認為：這說法似乎太著重在世俗的道德觀點。但仔細一想，在那裡卻也實在地表現著人格的更高層次。在《迷茫》中，兩位男女主角原來是陌生的，因某種機遇而相識，而投緣而有了心靈的相契。但卻因為二人客觀的條件限制而無法再繼續下去，於是，在旅程將結束時，男的先借故在半途下車。這是怕不知如何處理結局。仔細體會，便可以見出這才是人的最大的超越的悲情。像這樣的情況，也不斷地出現在子于其他的小說中。例如《芬妮・明德》，寫的就是這樣的際遇。對此，評論者姚一葦先生便認為，這故事所要表達的正是人世間的善惡，由對立而融合，相濡以沫，讓人在其中見到人與人互相依存的基點。因有這樣的情操，人對人的了解才能更加寬厚。雖然如此，子于在處理這類題材時，也經常透過人性的矛盾來顯現人生中某些難以超越的極限。例如，在〈鬼影子〉中，寫一位丈夫面對發生外遇的妻子。由於體認到家庭中的種種不得已，便努力著要把這件事化為平淡。但在強忍之下，卻依然因內心的創傷企圖自殺而受了重傷。這是亂世婚姻的無奈，也是亂世人倫的悲劇，更是亂世中經常可以遇到的「生之悲哀」。

子于一九八二年自建中退休，與太太赴美依親後，由於語言不通，幾乎與外界處於隔離狀態之中，生活過得很不如意，後來曾經返台，在榮民醫院動了一次手術，也想再回台灣定居。與在美國的生活相比，建國中學那窄小的宿舍卻讓人懷念不已。然而，那留存著美好又無奈記憶的宿舍早已拆除，景物不再，人事也已全非，往日舊夢難以再續，只好又悵然赴美，住在老人院裡。沒過幾年就傳來了他抑鬱而終的消息。那一年他不過六十九歲，有傳說他是自我了結生命的。我一直懷疑此一傳說，但是得不到任何證實。

在《迷茫》中，有兩節的題目特別動人，一個叫「尋夢」，一個叫「找回失去的星光」。那也許正是子于

子于的著作書影。

個人和那一代人懸念不已的心靈寫照吧。而其情況就是這樣的：

現實的悲苦中，人不僅要不斷地聽由命運的擺布，還要在種種意識形態交互的大混亂下，任人捉弄；以至於人生的摸索便經常在不左不右、忽左忽右中搖擺不定，無所皈依。於是，一方面經常是在生活的夾縫中勞苦終日，一方面卻又往往被別人視之為局外的人；於是回顧過去對歷史便有了如是的難局：想忘卻又不能忘卻，想回頭卻又回不了頭；盼望團圓又無法團圓，想重新來過又難以重新開始。這就像美國當代詩人帕稱（K. Patchen）所說的：要死卻又無法死透。於是回顧平生，便真如女媧神話所描寫的，終其一生仍然只是難以填平遺恨。上世紀五〇年代的知識分子很多都是這個樣子。

——二〇〇七年五月《印刻文學生活誌》

素樸坦然一君子

記俞大綱先生

每次去拜訪俞大綱先生，幾乎都是在台北市館前路的怡太旅行社。那時是上世紀的五〇到六〇年代，台灣正處於封閉階段，一般人還不清楚旅行社的性質。俞先生是旅行社的負責人，辦公室就在裡間。我們一些朋友，都習慣在上午十點鐘左右去拜訪他，進到裡間還未坐定，他就會走到外間，吩咐一位小姐，中午的時候叫隔壁的麵館送幾碗排骨麵過來。這樣一來，十二點以前，是無論如何無法脫得了身的了。十二點鐘，吃完了麵，也不好意思吃了就走。於是聊著聊著，又過了一段時間。因此每一次去拜望俞先生，非得準備最少三個小時的時間不可。

有人說跟大綱先生在一起，是在聽他講課，其實並不都是如此。他經常安排固定時間為郭小莊、奚淞、黃永松一些青年講解詩詞，但通常的相會卻都是不拘形式地隨興而談。而在這不經意的談話裡，就會平平淡淡地點出讓人有所領會的深意。譬如，有一次，不知怎樣地談到京戲的《四郎探母》被人批評為「通敵」，要求查禁，他說：

我主張新劇，但也希望大家記住老戲的好處。一些老戲所以好，就在於它的耐看。所謂耐看，就在於它持續不已地讓人感動。《四郎探母》之好處就是如此。楊四郎從番邦奔去宋營，見到了多年不見的老母、妻子，又必須回去繳令。這種糾葛，這種掙扎，這種兩難之局，是人性中最難處理的。戲之為戲，正在於此。人生在世，也是一樣：公與私，情與理，罪與非罪，也無不這樣在矛盾中顯示出來。用政治的觀點來批評，不從人性著眼，是幼稚的。所以我大哥看了一輩子的戲，再怎麼評論，他都說《四郎探母》最好，而《四郎探母》中的〈回令〉一折，又最讓人每次看了依然激動。

俞先生的大哥就是俞大維先生。他曾在一九六〇年八二三金門砲戰前後擔任過國防部長。我在小金門服預官役的時候，經常聽老兵談起他。說他雖然是個文人部長，卻經常出現在戰壕和坑道之中，也最能體認老兵的心情，只要他答應的事，幾乎沒有不盡力而為的。說起俞家，也有他們的歷史地位。大維和大綱先生都是曾國藩的曾外孫，他們和國學大師陳寅恪一家也有親戚關係。大維先生在一篇懷念陳寅恪先生的講辭中曾經說過：

> 本人與寅恪先生，在美國哈佛大學、德國柏林大學連續同學七年。寅恪先生的母親也是本人唯一嫡親姑母。寅恪先生的胞妹是我的內人。他的父親陳三立（散原）先生是晚清有名的詩人；他的祖父陳寶箴（右銘）先生是戊戌湖南維新時期的巡撫，……本人與寅恪先生可說是兩代姻親，三代世交，七年的同學了。

這裡所以引出這些「封建」關係，沒有別的用意，只是藉此回顧那一段歷史背景；這段早已被人遺忘、扭曲和摧殘的歷史，實際上蘊含著很多知識分子的願望、理想、風範和悲苦。近些年來，華人世界流傳著一本書《陳寅恪最後的二十年》，其所以引人遐思，就因為人們在其中看到了中國文化和中國知識分子所受到的摧殘，而大維、大綱先生及其家族、友朋的一生，也是這些不幸中的一支，可以讓人在其中想見很多中國近代史演變的情況。多少時間以來，很多人都把清末曾國藩等人視為守舊派，事實上並不如此。經由洪楊之亂，以及一八四二年《南京條約》簽定以後西方資本主義力量之進入中國的影響，南方的中國人已經認識到中國之必須走向現代化，大綱先生在談到陳寶箴在湖南施行之新政，就說他旨在「欲興工礦以植國本，施教育以培民本，故有礦務局、時務學堂、算學堂、湘報堂、南學會、武備學堂、製造公司之設置」，再加上曾國藩、張之洞、李鴻章、左宗棠等人之漢冶萍公司、招商局、同文館、派遣留學生等等措施，都是想經由民族工業、民族經濟的奠定基礎，以進展到其他方面之革新。否則，沒有先奠定革新的基礎和社會發展的條件，在欲速則不達的情況下，很容易演變成急躁冒進的狂熱。而康有為亟言「守舊不可，必當變法；緩變不可，必當速變；少變不可，必當全變」，就是由此而生的主張。速變全變，在連年大挫敗所產生的民族自卑感下，必然急進，造成社會的嚴重對立，延緩往前的發展，甚至會把長時期培植出來的安定力量、倫理道德，連根拔起。這是對文化的澈底摧毀。所以，曾、左和陳寶箴等人都反對急進主義。而陳寅恪先生也一再肯定自己是「曾左門人」而不是「康梁之徒」的原因，就在於此。

有一次，我和大綱先生談到陳寅恪先生的〈輓王觀堂詩〉中的「依稀廿載憶光宣，猶是開元全盛年」，問他：清末的光緒、宣統時代，怎麼能稱之為「開元全盛年」呢？他說：這裡所說的「全盛年」，指的是社會上很多地方還能夠維繫著小康局面與倫理教化，還有最起碼的秩序，

俞大綱伉儷與子女合影。

不像民國以後，先後不斷的破壞，彼此相互的摧殘，使整個社會在各方面無法可以找到依存之處。古人說盜亦有道，那時則是官場、商場的所作所為澈底的到了連強盜也不如的地步了。他又感嘆說：東漢末年、三國時代，雖然戰亂不已，在荊州、在隴西一些戰爭邊緣的地帶，還有一些人維持著耕讀的生活，培育了一些讀書種子，為後來的隋唐開啟新的局面。寅恪先生的《桃花源考》就是在這樣的心情下寫出來的。不像到了近世，很多政治的作業，經常意見不合，就把別人、特別是對方，置之於死地，讓任何人都無所逃於天地之間。陳寅恪曾有詩感慨著「吾儕今朝皆苟活」，在這種情況下，人既沒有了尊嚴，哪有文化可言？

所以，大綱先生喜歡說「小康是大同的基礎」。認為：中國是一個農業文明的國家，農村的小康社會是中國的文化的基礎，這小康指的不僅是物質的，同時更是心靈的，那是中國人生命的根，也是中國文化的根；即使城市中的中產階級，也是以這種根為根的。破壞了這一基礎，才是人類災難的開始。不管國家動亂到甚麼地步，能保留一些小康的地區，保持文化之不墜，對於後代的復興總是有用的。他反對一條鞭的極權統治，因為那會造成國民思想和智慧的僵化。從晚清到三〇年代的之間，在中國南方還能保持有不少的優秀的知識分子，小康社會之沒有完全消失，是其中的一大原因。聽了大綱先生這番談話，似乎比讀費孝通的《鄉土中國》、《鄉土重建》還要踏實。

記得臺靜農先生的《龍坡雜文》曾收有一篇記載俞大綱先生的短文：〈懷詩人寥音〉。寥音是大綱先生的筆名，他的夫人姓鄧，是四川江津白沙鎮人。抗戰兵亂，白沙猶保有耕讀的家風，臺老與大綱先生均避難其間，時相往來，論詩談藝，讓人嚮往。鄧家曾在當地創辦聚奎中學，培育人才不少，白屋詩人吳芳吉就出自這間學校。中國共產黨建黨元勛陳獨秀，晚年貧居四川江津，為國、共兩黨所不值，死後即由鄧家辦理喪事。受到這一古風的影響，大維、大綱兄弟夾在中國的亂局之中，也都盡力做人做事，不以黨派是非為依歸。這包括大維先生在國共對峙中擔任國防部長，也是如此。然而，在「非此即彼」的赤裸裸的現實鬥爭中，活在這夾縫中的人要如何辛苦地委屈自抑才能有所作為，真是可以讓人想見。大維先生在中央研究院講述陳寅恪時，老淚縱橫，他所感懷的應該不只是陳寅恪先生一人罷！

我是怎樣認識俞大綱先生的，現在已經無法記得。好像是經由姚一葦先生的安排而認識的。那時是二十世紀的五、六〇年代，夾雜在韓戰、越戰間的台灣，相對於中國大陸的起落不定的鬥爭，正朝著小康的局面向前發展。青年人所辦的雜誌像雨後的春筍紛紛出現：《文學雜誌》、《筆匯》、《現代文學》、《劇場》、《現代詩》、《藍星詩刊》、《創世紀詩刊》、《設計家》等，成為各試身手的所在，除了明星咖啡館外，作家咖啡屋、文藝沙龍、野人咖啡館也漸漸成為青年文人聚會的地方。五月畫會、東方畫會、現代版畫會、UP畫會先後成立起來，互相打氣，互通消息，各自以不同的方式，反映自己的所思所想。有人說，那是一個苦悶的年代，但由於他們還有那樣的思想空間，在「我思故我在」的規律下，這苦悶也就由此而形成創造的力量。雖然，當時的台灣正處於類似殖民地的西化境遇下，卻也由此而帶動了對中國文化的反思。由此可見，安定環境對於人們心智的發展有著多麼重要的作用。

就在那樣的年代，很多年長的學者便有形或無形地產生了啟迪作用，這使人想到魯迅的那句話：「石頭在，火是不會滅的！」也同樣讓人想起紀德（A. Gide）所說的種籽與生命的比喻。而俞大綱先生便是在那時代中的一位最重要的點燃火種、培育種子的人。

俞先生在大陸時代曾經在中央研究院跟從陳寅恪先生做過一段時日的學術工作，不久即辭職離去。臺靜農先生說：「友人說他是不耐清苦工作，因而離開了研究院。就我看來，他那詩人性格，使之埋首故紙堆中，日事煩瑣考證，這樣汩沒人性，豈是詩人所能堪？」這話說得很中肯。大綱先生的個性連同他平日的做事為人所給予人的印象也是如此的。他愛慕人才，但一直不習慣社會上呆板的用人處事格局。來台以後，他在台大中文系教過三年李商隱的詩，在文化大學擔任過藝術研究所的所長，找的人（如姚一葦）很多不是學術圈子裡的人。楚戈以一等兵退伍以後，在板橋就讀藝專的夜間部，寫了一些藝術評論的文章，大綱先生讀了以後，把他

俞大綱先生（左）與哥哥俞大維、姐姐俞大綵（傅斯年夫人）三人合影。

找來，要他到文化大學的藝術研究所授課，楚戈向他報告自己的情況，他說：「這也不衝突，你就夜晚當學生，白天當老師好了！」但是當楚戈第一本書出版，要求俞先生寫序時，他卻拒絕了。他勸楚戈不要學習「以攻擊別人來顯現自己」的手法，因為那樣只會引發對立、仇恨，而不能實實在在地做些建設的工作。

俞先生是紹興人，他那帶有浙江口音的微微沙啞的聲音，給予人的總是溫馨的鼓勵。他不說教，卻讓人感受到一種非常舒適、貼切的生命情調。這使人想到他對於京戲所說的一些談話，雖不經意，卻對人有所啟發。

有一次談到麒麟童（周信芳）。他說：不懂的人常說麒麟童是豆沙嗓子，聽起來像從打破的陶土缸裡發出來的，笨拙而蒼老，仔細去聽，透進去聽，就會感到它的厚實。那不是唱戲的聲音，那是從生命中發出來的聲音。誠樸而懇切。在《蕭何月下追韓信》裡，那一句「將吶～～軍」，厚重殷切得真讓人動容。那不只是戲文的感動人，而是生命的誠懇感動人。以往齊如山先生就說過：唱戲，先要把人做正，人邪了，聲音一定雜亂，會引發人的邪念。在梅蘭芳、程硯秋、尚小雲、荀慧生四大名角的唱腔裡，無論高昂，無論低沉，都顯示人的正派。我們去聽一段荀慧生的《尤三姐》，其中也有愛慕、也有企盼，但其好處是「媚而不淫」。很多人缺乏人的修養，學荀派只學會勾眉弄眼，把戲唱到歪路上去了。

他還說：在北京，人們把看戲叫成「聽戲」。但也有的戲是要看的。在《隋唐演義》的戲曲中，程咬金的戲是要看的，要看了才會增加情趣。年輕時，程咬金是個直心腸的漢子，好打好鬥，卻只有三斧頭的本領，被人打敗了，不是逃，就是另出怪招。在戲台他是最逗人喜樂的人物，笨拙善良，就像自家的鄰居一樣，那時候他的緩擺慢行步法，他的紅色鬍子，都成了最動人的道具。而到了晚年，在《羅通掃北》和《薛丁山征西》一類戲曲中，他變成一位帶著白鬍子的慈祥老公公，為人說和，為人安排婚姻，一顰一笑，讓每個人都感到那是自己的老爺爺。人、家庭、倫理於是就成了這些戲劇的基礎，而由此才能培育、提升人的性靈。希臘人的戲劇著眼於宗教，中國人的戲劇著眼於人倫。

俞先生是一位樸素而平實的人，有時他也穿中國傳統式的長衫，更讓人對之有自在之感。在台灣，穿長衫常讓人有兩種印象，一種是亮藍色，內衣的白袖子露在外面，如果手上再配上一只鳥籠，就是一副紈褲子弟相。沒有鳥籠，年齡稍大就像當鋪老闆。還有一種是長衫與布鞋相配，內穿中式便褲，人若瘦點，就予人以鴉片煙鬼或者寒酸文人的感覺。在當代文人中，只有胡適和俞大綱先生穿的長衫讓人感到舒服，灰灰的布料，配上西褲皮鞋，不用形容，就知道「瀟灑」二字，該作怎樣的解釋。俞先生給人最大的印象便是隨和，沒有學者的矜持和驕氣。

俞先生的旅行社離二二八和平公園不遠。這公園最早叫做新公園，在一九四九年前後靠襄陽路的一帶圍著一大片小食攤的違章建築，每隔一段日子，他就會約了姚一葦先生在那裡共進一頓午餐，一副那時代知識分子的形象，不亢不鄙，不俗不嫌，真正是「無往而不自得」。由於他愛護青年人不分親疏，奚淞的母親特別為他做了一次奚家豆腐，他也吃得非常盡興。一九六五年，學電影的陳耀圻在美國拿了學位，帶著報導老兵墾荒的《劉必稼》和其他一些紀錄片回到台灣，他和姚一葦先生就推動《文學季刊》為之舉行兩天的發表會。當時在耕莘文教院所造成的盛況和回響，到今天還是很多人難以忘懷的記憶。多少年後，胡台麗追蹤老兵劉必稼退伍後的紀錄片，就是由此而來的。

而俞先生的催生「雲門舞集」和「雅音小集」的成立，更導啟了青年們對舞蹈和京戲的鑽

一九六八年，俞大綱（左）與拍攝電影《不敢跟你講》的導演牟敦芾合影。

研，《漢聲雜誌》所作的對於中國民俗文化的整理，也增強了青年人對中國文化的興趣。他也好為年輕人打氣。牟敦芾在板橋國立藝專讀書時拍了一部電影《不敢跟你說》，剛剛試演完畢，就立即遭到查禁的命運，還被視為思想有問題。俞先生挺身而出，為之辯護，雖然沒有改變片子被焚的命運，卻保住了牟敦芾的安然無事。他好讀書，碰到別人寫出了好作品，就到處推薦。有一次聚會時，他很鄭重地對姚一葦先生說：「一葦，你的《藝術的奧秘》我很喜歡，可不可以也請你簽名送給我大哥一本？」而碰到一些青年人有好的書出版，他也會作如此的要求。那個年代台灣與大陸不相聞問，很多大陸出版的學術文化的資料無法見到，他要大家有需要時，在香港和海外買了寄到俞大維先生家代收。那時大維先生是准許可以進口大陸書刊的。

俞大綱先生除了鼓勵年輕人創作外，自己也介入京戲劇本的寫作。《王魁負桂英》、《新繡襦記》就是最為人知的兩部，而且上演過，受到很大的歡迎。這兩部戲都著重在對「情」的真正體味。他說過：愛情之所以為愛情，不在於成功與失敗，也就是不是相戀或失戀的問題，而主要是情與真誠的問題。愛不一定要得到，而且也無法要得到就可以得到。在這種情況下，先要做到無愧，不以得失為標準，不以情感為工具。「負桂英」的「負」是整個人品格的虧欠，李亞仙之繡襦主要是虧欠後所產生的內疚。由此而顯現出來的人，才有靈性一面的成長。

有一次，俞先生跟我談《紅樓夢》。他先說《紅樓夢》的版本，但不是談考據的問題。他說：不管是高鶚，還是程小泉，要先能了解原作者對「情」的認識，才有資格去續《紅樓》。一百二十回的《紅樓》，最後寫賈寶玉出了家，向父親深深一拜，然後飄然而去，這是大瀟灑，也是大悲痛。其所以如此，正如書中所言，欠恩的恩報了，欠情的情償了，欠債的債還了；如此做到「一無虧欠」，才能真正對生命有了交代。否則，是死而不安的。

當談到賈寶玉啣玉而生，俞先生說：這不是神話，這是最真實的描寫。我驚異地問他原因，他反而問我：「天聰，你不就是啣玉而生的嗎？」

我說不是，還說出母親生我時的難產。

他說：錯了。當我們出生時，那一個不是父母心中的寶？那一個不是父母心中的玉？他們為我們起最好的名字，有時又怕鬼神嫉妬，特意為我們起個庸俗的名字。每一個父母心中的孩子都是玉，都是寶，只不過我們長大了，碌碌一生，妄自菲薄，寶玉變成石頭而已。

這使人頓時領會《紅樓夢》又名《石頭記》的道理。

他還告訴我說：在《紅樓夢》的第五回中，書中的十二金釵的結局已經有了暗示。作者對每一個人差不多都用一首詩來指點她們的人生，唯獨林黛玉和薛寶釵合用一首詩，那便是：

「玉帶林中掛，金釵雪裡埋。」林黛玉是曹雪芹的理想，薛寶釵是曹雪芹的現實。人活在世上生命原具有兩面，發展下來往往卻是理想先死掉，而現實又歷盡折磨。所以書中的那首《紅樓夢》套曲一開始便如此地道盡了愛情的滄桑：

一個是閬苑仙葩，一個是美玉無瑕。
若說沒奇緣，今生偏又遇著他；
若說有奇緣，如何心事終虛話？
一個枉自嗟訝，一個空勞牽掛。
一個是水中月。一個是鏡中花。
想眼中，能有多少淚珠兒，
怎禁得秋流到冬，春流至夏。

於是理想與現實之不得合一，以及理想與現實都要接受不斷的種種折磨，便為人世製造了種種惆悵和悲苦。俞先生說：《紅樓夢》中的人物雖然眾多，分析起來，大致只有兩類，一類是屬於理想界，一類是屬於現實界。寶玉、黛玉、妙玉等以「玉」為名的人物屬於前者，其他人物屬於後者。人活在世上，誰沒有屬於夢和理想的追尋，誰又在現實中不受種種「不可能」（例如輩份、階級、處境、性格等等）的折磨？於是，遺憾便成為人與生俱來、不可避免的本質。雖然如此，但在遺憾之中總多多少少還留下揮之不去的點點滴滴，每一思及就讓人心動不已。由此，人生的遺憾便往往也會為人開啟種種心靈的活動，把人的靈性激發出來。就人而

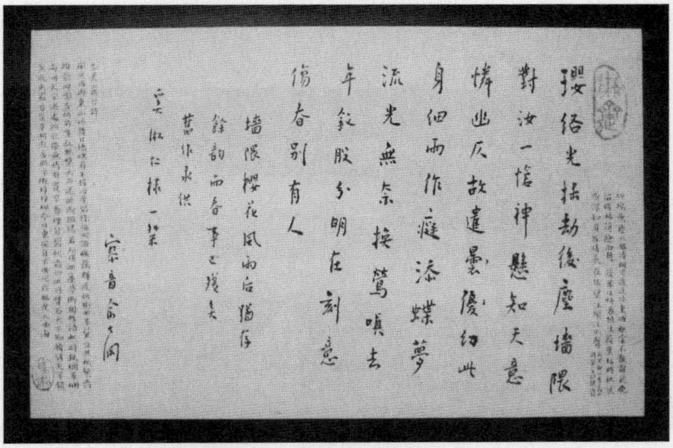

俞大綱題贈奚淞的書法作品。

言，有靈性就成為寶玉；沒有靈性，寶玉也只是石頭一塊而已。在《紅樓夢》中，真（甄）寶玉和假（賈）寶玉之作為兩個相對的象徵，其意義為何？就要讀它的人去細心體會了。

大綱先生還說：人生實難，要求事事圓滿是不容易的。誠懇學習審美的生活，也許是一種代替「女媧補天」的努力。荷花謝了，「留得殘荷聽雨聲」，不也是一種人生境界嗎？我一直忘不了他說的下面一段話：

> 台南赤崁樓有一副沈葆楨的對聯，其中一句真好：缺憾還諸天地。多去體會，對人很有啟發。世間的一草一木都是具有生命，具有靈性的。誠懇地去開發，到處都是新的天地。

俞先生是在一九七七年五月二日因心臟病而去世的。他的喪禮在台北市的善導寺舉行，由俞大維先生主持，不收任何喪幛輓聯。其間有人報告：「經國先生送來了喪幛！」大維先生坐在那裡，嚴肅地揮揮手，說：「收起，不掛！」於是在寧靜中，大綱先生走完了他的人生。

——二〇〇七年九月《印刻文學生活誌》

土地的守護者

憶楊逵

記起與楊逵先生第一次見面的印象，依然讓我懷想著那時的驚異和溫暖。

上世紀五〇年代之初，我剛進入初中就讀，不愛上課，喜歡溜到圖書館和舊書店看閒書。那時國府禁書令初下，很多想看的書難以看到，因此懷著好奇之心，對於求知更有著飢餓感。有一天，在舊書店找到一本上海文化生活出版社出版、由胡風譯自日文的《山靈》，是巴金主持的弱小民族文集中的一本。裡面除了朝鮮作家張赫宙等人的作品，還有兩篇台灣作家的小說：呂赫若的〈牛車〉和楊逵的〈送報伕〉，讀了之後，給予我極大的撞擊。於是我便向人打聽這兩位作家的下落。問來問去，總問不出一個所以然來。

後來上了大學，從何欣先生那裡才知道呂赫若已經去世，楊逵則被關在監獄之中；「聽說關在火燒島，不知道還在不在人間？」何先生嘆口氣說：「真是很少作家像他那樣，在日本統治下屢次遭受監禁，一生窮困，到了回歸自己的祖國，卻又被投入更長的牢獄之中。」那時節我正沉醉在巴金翻譯的舊俄安那琪主義者的著作中，《麵包與自由》、《一個反抗者的話》、《獄中二十年》等書不僅成為我和一些朋友的夢想，也被它們點燃了心中的火燄。唸著普希金寫給十二月黨人的詩：「在西伯利亞的底層，願你們保持著驕傲的榜樣」時，便會不由地把它和楊逵聯想在一起。

就這樣，楊逵在我心中樹立成一副英雄的形象。後來聽說他已從監獄釋放出來，在台中東海大學附近經營一座花園，我依然以英雄的形象想像著他。但我第一次見到的楊逵，形象卻完全是另一個樣子。一九七三年，林載爵還在台中東海大學就讀，擔任學生會會長，邀我去東海作一場演講，時間是晚飯之後。我一進會場，看到一位身著便裝的瘦弱老人坐在第一排，我在心裡告訴自己：這一定是等待散會後收拾會場的工人，所以演講時間最好不要拖得太久。哪知演講進行到激昂處時，台下的老人就兩眼發亮，直直地注視著台上，我當即靈光一閃，想到這一定是楊逵先生！內心頓時更為激動澎湃起來。演講一結束，我立刻跳下台去，和他的手緊緊握在一起。

那一晚，我和載爵等人一直在楊逵東海花園的木屋裡聊天，直到天色微明才回到載爵的住處休息。他的孫女楊翠，那時還是一位小學生，一直被我們的談話吵醒。

由於這樣的初見，楊逵在我心中的英雄形象消失了，代替它的是一個更實際的，與土地結合的堅忍形象。從那之後，在不同的地方，不同的場合，我又和楊逵有過幾次會面，他來過我家，我也帶著孩子去過他家，而每次的見面，他那混合著各種無以名狀的氣質，總是那樣樸實的帶給人層層的溫暖。我把這種情況告訴老友唐文標，他便特地跑去台中去拜訪楊老。回來以後就一再說：「看到楊老，會不期而然地感到自己的一切都是虛浮的。面對他，讓人有一種慚愧感產生出來。」

楊逵始終與土地緊密相連。

一九七六年，林瑞明為楊逵申請國家文藝獎，找我共同推薦，我向他表示，得獎的可能性不大，因為除了執政當局一向沒有文藝修養外，在政治方面也特別神經過敏。當然還有一點我沒有明白說出來：那時處於美、蘇間熱戰、冷戰交互之下，在台灣的國民黨正在極力拉攏日本極右派政府，起用島內的舊親日家族，打壓日據時代反日志士；賴和的牌位被趕出忠烈祠，抗日志士林少貓被歸類為台灣土匪，反日的楊逵之被官方排斥，當然是可以想像得到的。雖然如此，為了表示對楊逵及其作品的尊崇，我們還是提出申請。

楊逵雖然沒有得獎，過了一段時間，他的日子卻不再像過去那樣寂寞，作品也漸漸重獲出版，日益得到社會和歷史的肯定。胡秋原先生為他的《壓不扁的玫瑰》寫了長序，更是對楊老推崇備至。他說：讀了楊老的〈送報伕〉等小說以後，就文學的誠樸和功力而言，他毋寧有「先進的台灣，落後的大陸」之感。他說：「文學絕不在於花言巧語。而這恰恰是三〇年代大陸文學所缺乏的品質。換言之，楊逵的作品比三〇年代的大陸作家的作品更為真實。他的作品是慘淡悲涼的。這不僅是台灣中國人生活的象徵，也是大陸中國人生活之象徵。楊逵作品之價值，即在於此。」他更肯定楊逵人品之特質——忍。不管在甚麼樣的環境，甚至在牢獄之中，他一直維持著自己所具有的農民原善的特質，不氣餒，不失望，不存僥倖心。就此而言，他使人想到印度的聖雄甘地。後來有人宣揚日據時代的台灣文學，他也從不高舉自己，他的謙虛，不自誇，不自炫，這才是一個民族最值得驕傲的品質。他的一襲布衣，隨遇而安的溫厚，對人之慈祥，沒有人見了不對之產生尊敬之心。

去看楊逵，大部分時間並沒有多少談話。有時他和客人坐在樹下，有時就一同蹲在花叢間看他摘取病葉，或採下幾片葉子，放在手中，把它揉碎，伸到鼻子間讓你聞聞它的香氣。有時則各端著一杯茶天南地北地聊著，感受著語言與陽光的溫煦。一陣時間內，你就覺得自己已經和那些陽光、那些風、那些水、那些蜜蜂、那片大地上的一切融為一體了。由於這樣，他不必多言，就讓人感到他和這塊土地的親切關係。這關係不是法律上的意義，而是精神上的血肉一

當年安然於東海花園挑水澆花的楊逵，一旁是他的女兒楊素絹。

體，任何外來的風風雨雨都無以使之動搖，這是人與土地的與生俱來的倫理關係。

由於他的種植花木，很多人把楊逵比擬為陶淵明。但我覺得，陶淵明雖然躬耕田園，跟楊逵比起來，好像跟土地還隔了一段距離。對於陶淵明，總還讓人有著「士」的感覺，而楊逵的渾身上下都散發著農民的氣息。楊逵之與土地，或者土地之與楊逵，是分不開的。似乎不管到哪裡，碰到任何的際遇都是一樣。既沒有過多的興奮，也少有悲觀。有一位哲學教授到他苗圃裡散步，指著他的生活說，這才叫做「安身立命」，他卻說，自己從來沒有思考過那麼高層次的問題。東海大學的徐復觀教授，有時散步也到楊逵的花園聊天。有一次他對楊逵說，在《隋唐演義》裡，程咬金被人嘲弄為武藝只有三斧頭功夫，但卻具有別人所沒有的持久本領，每次被人打下馬來，只要身體一沾上泥土，馬上又會全身恢復精力，其所以如此，是由於他是土地公投胎的。徐教授自謙平生功力不夠，學養太差，唯一可以告慰之處，便是活得有勁，所以他的朋友說他是程咬金的同夥。而徐教授卻對楊老說：「楊先生，其實只有你前輩子才真是道道地地的台灣土地公，沒有一個時刻不在護衛著這塊土地。」

楊逵雖然坐了多次政治牢，跟人談話卻都是像在話家常，很少談甚麼理論，從來沒有自認從事甚麼偉大的任務，在他身上也感受不到革命家的氣息。但因他說過「放膽文章拚命酒」，使人以為他是一個浪漫型的人物。事實上，他說那只是年輕時和幾個老朋友互相激盪的話。他平日很少大聲吶喊，幾乎沒有過大聲狂叫。喜歡飲酒，卻很少鬧酒，更不會猜拳行令。一九八二年秋天他應邀到美國愛荷華大學當訪問作家時，每次作家聚會，他總是自在地握著酒杯，一面文靜地喝酒，一面聽別人講話。那裡的主持人聶華苓和保羅．安格爾（Paul Engle）常喜歡用「溫厚」的字眼形容他：「真不像一個從牢獄出來的人，沒有不滿，更沒有憤恨。」這才是真正具有獨立人格的人。有一次跟他談到殖民地的人對待統治者的態度，我舉了蘇洵〈送石昌言北使引〉中那句「說大人則藐之，況於夷狄！」認為被壓迫者應該持有這種態度。他說：「藐之不好！對任何人都要用平實的態度和言辭，心平氣和，該怎麼樣就怎麼樣，才是最實在的。不要造作！」

有一次我問他喜不喜歡武俠，他說不喜歡。他看過布袋戲大師李天祿學過的一段京戲《連環套》，唱竇爾敦唱得真好，讓他懷念不已。但他認為，武俠雖是人的一種氣勢，很讓人過癮，它的世界卻是架空的，但它的內裡到處充斥著暴力恐怖的成分，排斥異己，無所不用其極。而且，他說一想到武俠，就必然脫離不了幫派，爭來爭去都是在自身的小圈子打轉，開展不了更開闊的天地。他還說，很多人都認為，中國近代的幫會是明鄭時代陳永華設計、推展開來的，不管他們當初打出的口號多麼漂亮，對後世卻產生極大的負面影響。不管他們是洪幫、清幫，還是哥老會、三合會，幹的都是隱藏在人群後面的作為。他和朋友被抓去接受審訊的時候，就深深地感到形形色色的陰暗氣氛，都與幫會脫不了關係。他也覺得明清，乃至民國以來的官場，那些被人稱之為「胥吏」的人員，向來都是與幫會人物互相利用的。早期台灣移民時代，大小民變有一百五十多次之多，很多家族的械鬥也染上這樣的成分，讓一般民眾遲遲擺脫不了這樣的狹小性格，以至於到了今天在政治和社會上還只有幫派的作風，沒有政黨的正常運作。他認為武俠與黑社會是有著血緣關係的。即使有些作品寫得非常動人，它能做得到的也多是在一個自我編造的世界裡相互麻醉而已。

他也不喜歡打麻將，說是有了輸贏，就會讓人與人之間產生分裂，甚至產生互相的忌妒和仇恨。專注於利，必定會毀壞人的品質。他說以前日本駐台的行政長官後藤新平辱罵台灣人

「愛錢，愛名，怕死！」他們卻又向台灣輸入酒家文化，在這三項之外再加上「好色」，讓人在追逐消費和聲色犬馬之中一天天失去志氣。因此，他很擔心隨著台灣的經濟起飛，會由土地的商品化擴大成為整個社會的商品化。有一次，有人對他說：「楊老，將來台中一開發，你這塊不賺錢的花圃就可以建成大廈，賺大錢了。」他冷冷地說：「到了那個地步，又能得到甚麼？」臉色一點歡喜的表情也沒有。他最擔心的是有朝一日土地變為商品。

他並不是一個反商主義者，而是憂心消費社會的過度膨脹，會使人一步步失去尊

楊逵（後左）於一九八一年夏天，在尉天驄家留影。前為尉天驄之子尉任之（右）與鄰家小朋友。

嚴。他不喜歡「組織」，認為把人納入某種管制中，人就會澈底變成工具，成為「物」的同類。依此類推，把農人編入某種集體之中，像把人送入軍營管理那樣，完全失去人的活力。我雖不曾問他對於集體農場及公社化的意見，但我揣想，大半生被人管制的楊逵，對此一定會有切身的體認。

楊逵，原名楊貴。楊逵這個名字，連同他的兩個兒子的名字，都讓人見出此人性格的質樸和有趣。他是台南鄉下人，個性爽朗，很喜歡《水滸》裡的李逵，所以就把這個名字借用過來。後來他深感現代文明的罪惡，一方面盼望資本主義崩潰，一方面想著要努力建設，於是就為大兒子取名為楊資崩，二兒子取名為楊建。他生於一九〇五年，那時候台灣已經被滿清割讓給日本十年。他說，一九一五年的噍吧哖事件，他親眼目睹日本現代裝備的軍隊和車隊一列列在自家門前經過。所以，從那時起，面對台灣土地的被撕裂和自家的無能為力，便從內心裡興起作為殖民地子民的悲哀。後來他進入日本人所辦的公學就讀，愈是學習到新的知識，也就會愈加對未來的道路感到艱困。甚至到了東京，這樣的心情也就愈加沉重。所以，他那時寫的〈送報伕〉和《鵝媽媽出嫁》等作品中，再怎麼努力，都無法在其中找到內心的平靜。在〈送報伕〉的末尾，他寫自己懷抱著沮喪的心情從日本回來台灣，站在船的甲板上，望著故鄉，雖然是茫然一片；但也由此而建立他畢生堅持不虞的決心。一次日本之行，使他對於殖民地的認識有了兩重感受，一是政治上的，從此他成了二等國民；一是時代性的，在日本朝向現代工商業邁進的發展下，台灣的一切從此只能成為它的附庸。而為台灣的未來著想，便不能不另尋出路。他閱讀社會主義的著作，以及他的夫人葉陶推動台灣的農民運動，就是在這樣的現實下進行的。他說過：經過了噍吧哖事件，大家都體認到：在殖民地命運之下，武力的對抗無法再起作用，必須要在此一現實之下，推展一場啟蒙運動。啟蒙運動原是先進工業大國走過的路程，台灣已經淪為先進國的殖民地，它的啟蒙運動就不能再完全模仿他們，要走得更加艱辛，於是，對於未來的發展而言，對於台灣同胞而言，最主要的是先要認清自己的處境和地位；跟著先進大國一步步走去，自己的願望就會消失在它們的作為中。人們常說楊逵在很多方面很像甘地，主要的便是他所希望的就是：不管在何種處境之下，台灣人都要保持他的人格。日本東京帝大教授矢內原忠雄寫了一本《日本帝國主義下的台灣》，彰明日本執行的政策是「工業日本，農業台灣」，這是資本主義的基本原則，也是難以抵擋的大趨勢，在資本主義發展和資本主義完成的不同階段，作為殖民地的台灣都要受到傷害，先是人們的現實生活受到剝削，接著是人們的心靈受到汙染。台灣原是一個建立在土地倫理上的社會，人與人、人與物、人與自然都有它原有的和諧、互助、包容的基礎。因此台灣在近代發展的問題，不只是占領與統治的殖民地的問題，更是由殖民地再往下發展的問題。那也是農業文明往工商業、消費文明社會演變的問題。很多人把楊逵比擬為甘地，並不只是把他奉之為殖民地反抗的英雄，而是認為他的思考遠在一般的殖民地問題之上。甘地終身對自己同胞宣揚心靈的淨化主義，認為這是人類面對近代物質主義所引發的種種罪惡暴行所必須具有的精神基礎，楊逵和他的夫人葉陶終身推動農民運動、刻苦節約、與人為善的作為，也是與甘地有著相似的意義。那就是：不管世界往那個方向變，都要先站定自己作為人的基礎。葉石濤先生曾拿楊逵的這種精神來與當年後藤新平侮辱台灣同胞的言論對比，其所見的深度才是對楊逵的真正了解。

楊逵一生的很多歲月都是在獄中度過的。然而，不管處在怎樣境遇中，他都一直保持自己簡樸、無私的誠懇態度。他是台灣精神的楷模，是一株永遠壓不死的玫瑰。他從不投機，從不把自己的受苦當作個人利益的政治資本。他的平實，正是他的偉大。

一九八五年楊老過世後，《夏潮》雜誌負責人蘇慶黎來找我，商量舉辦追思楊老的方式，我主張先朗誦他的作品，結果選擇了〈我的小先生〉。文中的小先生，是楊老的女兒楊素絹。光復之初，楊老和他的夫人葉陶每天工作之暇，甚至吃飯的時候，都跟著讀小學的素絹學國語，一邊學，一邊其樂融融。然而，一天正在吃午飯的時候，楊逵卻被治安當局的特務帶走了，當他離家回望的時候，素絹的半碗飯正擺在桌上。

那次追思會好像是由王津平負責朗誦，楊素絹已當了小學教師，她坐在台上。所以，那天當朗誦者唸到「……她那一碗泡了眼淚擺在眼前的飯就一直刻印在我的腦裡，很久很久忘不了它」時，台上台下，幾乎每一個人都流下了眼淚。《中華雜誌》的一位前輩錢江潮先生當場就說：「這真是中國新文學作品中最動人的一篇，比法國都德（A. Daudet）的〈最後一課〉更令人感動。」

楊逵是八十歲過世的，他一生謙和，但對於他所崇敬的人，一談起來就一片恭敬，我多次跟他談到賴和，他從不曾直呼其名，而是鄭重地在名字之後加上「先生」二字。他說，沒有賴和先生就沒有台灣的新文學，沒有台灣的新文學，台灣就不會在那樣的悶局中展開啟

楊逵於一九七五年五四紀念日親筆題贈《鵝媽媽出嫁》之手跡。

蒙運動。說起台灣的未來，他的態度一直是嚴肅的，也對台灣的親日家族從來沒有過好的評語，但也不願苛責。他認為：到底人生實難，台灣人近百年的命運，應該多付予諒解和寬容。在平日裡他是一個平實的人，去世之前，他一直像一位老祖父，喜歡和兒童玩在一起。他過世後葬在已經荒廢的東海花園，幾年以後，四處蓋起大樓，只有東海花園依舊荒蕪，長草沒徑，完全變了樣子。他的墓使人想起托爾斯泰的土塚。托翁的墓讓人感到溫暖，楊逵的墓處在四圍現代建築的鋼筋水泥的包圍中，守著台灣這片土地的他，不知是否寂寞？

——二〇〇七年三月《印刻文學生活誌》

依舊是鵝湖風采

懷念程兆熊先生

近幾個月來重讀程兆熊先生的幾部著作，止不住回想起我與他的往來。

在台灣的一些教育資料上，程兆熊是以農學專家知名的。認識他的人則把他視為儒家人物。然而說起一九四九年以後那些流落在海外的新儒家人物，人們想到的一定是錢穆、牟宗三、唐君毅、徐復觀，乃至張君勱、方東美等人，卻很少提及程兆熊。這是很讓人不以為然的。大約十年以前，在香港的一次學術會議上，見到湯一介先生，跟他談到這些年海外華人思想的情況，提到程先生，他也一片茫然。我就對他說：要認識海外的新儒家，如果漏掉了程兆熊，就會讓人感到缺少了些甚麼。這不僅指的是他那些具有深度認識的、詮釋中國傳統經典的著作，更由於他在這些著作中透過對當前科技危機的反省，使人對於這些傳統啟發出新的意義。回到台灣，我寄了一大包程兆熊的著作給湯先生，包括含有六部農業哲學的《中國農業論衡》在內——那當然並不是程先生的全部著作。

程兆熊出生於一九〇九年。我與他曾經有過往來，見到他，我總尊稱之為程老，但這樣的機會並不多，因為我認識他不久他便移民到美國去了。在我沒見過他以前，一聽說別人把他歸之為新儒家，總以為他是一位不苟言笑的嚴肅人物，然而見了面卻只感到他的親切。我最早聽別人談到他，總把他和鵝湖聯在一起，後來聽別人說他，也仍然是這個樣子。好像他與鵝湖，或鵝湖與他總是分不開似的。對於這樣的說法，他不但首肯，而且從他的言談中可以知道：這鵝湖包括鵝湖書院和書院所在地江西鉛山那一大片地方，不僅是他永遠的回憶，也是他思考事物、體認生命意義的源泉；那裡的土地，那裡的山水，那裡的人物、歷史和傳統，都成了他精神的營養。他著有一部《憶鵝湖》的小書，幾乎就是另一類的像美國哲人梭羅（H.D. Thoreau）所寫的《湖濱散記》。而他所懷念的鵝湖也很相似於梭羅的華爾騰湖。讀著它，就帶給人一

台北素書樓內，錢穆（左）與程兆熊一同享用甜餅時，所拍下的有趣影像。

份安適和自在，把那裡嚮往成人間的樂土。我中學和大學時代的朋友黃荷生就是這樣的一個人。他是上世紀五〇年代後期到六〇年代的台灣有名的現代詩人，他的詩集《觸覺生活》所呈現的都是孤絕的人生，充滿了哲學意味。但是一談到他對於詩、對於人生的構想，他總是要提到《憶鵝湖》這部書，好像從那裡，他才真的領會到怎麼樣才是真正的安身立命。

這使人想到歐洲心理學家容格（Carl Jung）的感慨。他說：現代人普遍的遭遇是精神上徹底孤獨，心靈上失去了家園，在物質的追逐中成為新的游牧民族：生命中無所謂信仰，也無所謂皈依。他喜歡愛爾蘭詩人葉慈（W.B. Yeats）的那首小詩〈湖島茵尼斯弗里〉，認為那是人人應該垂手可得而又得不到的地方。那首詩是這樣的：

現在我要起身離去，前去茵尼斯弗里，
用樹枝和泥土，在那裡築起小屋；
我要種九畦菜豆，養一窩蜜蜂，
在蜜蜂嗡嗡的空地幽居獨處。

我將享有著寧靜，那裡寧靜正緩緩地降臨，
從早晨的煙霧到蟋蟀鳴唱的地方；
在那裡半夜是一片清輝，正午紫光一團，
黃昏的天空滿是紅雀的翅膀。

現在我就要起身前去，因為日日夜夜
我都聽見湖水輕舐湖岸的聲音；
站在通衢之上，或是走在灰色的人行道上，
我都在內心深處聽見那悠悠的水聲。

這首詩充滿了個人的色彩，也帶有烏托邦的意味，這是近代知識分子，特別是詩人在喧囂的城市生活中必然會產生的心情。程兆熊雖然也具有這樣的詩人性格，但他一談起鵝湖，總喜歡提到那一首唐人所寫的詩：

鵝湖山下稻粱肥，
豚柵雞棲對掩扉，
桑柘影斜春社散，
家家扶得醉人歸。

兩相對比，這首唐詩更寓有田園的情趣，也更具有人間的溫馨。容格等西方人士所嚮往和企求的，是一種在人生無著的夢中一般的世界，程老則認為在實際人生中，處處可以開拓一個屬於自己的適意的世界，其原因就在於人與世間的一切本都是相生相養、融為一體，而不是像今天在科技文明下互相傷害的。在物慾瀰漫的塵世中，他肯定人的靈性，也肯定萬事萬物的靈性。這些相互的融合，就使一個民族也處處具有靈性，而「詩」的最根本、最純粹的意義，指的就是如此的心

程兆熊（右）在九龍沙田淨苑和唐君毅（左）及友人合影。

靈活動。它是生命最真實的呈現，沒有任何功利的物質需求介乎其間。所以，他才認定「詩」是人精神生命的開端，也是一切文化開展的基礎。在這一點上，他的認知似乎比亞里士多德的《詩學》說得更為貼切，所以，他認為《詩經》之所以被列為中國六經之首，就在於那是中華民族最原初的心靈呈現。沒有生命的體認，就沒有文化，也沒有歷史和未來。也由於此，他才認為中國的文化乃至文學藝術的基礎是建立在儒家之上的。他一再說，五四以來很多人所攻擊的儒家，其實都是「法家化了的儒家」，也就是譚嗣同所說的，由秦政系統發展出來的專制政統。那不是中國傳統的真正精神。儒家是中國人一代一代集結出來的經驗和智慧。近代一些人物把「儒」與「懦」兩字並舉，認為儒者有怯弱之意。程兆熊則解釋「儒」是「人」與「需」的合成，意指人人都必然需要的生命情調和生活秩序。他稱之為「性情之教」和「詩意的人生」。因此，他說他對中國古典的認識都是從生命的感受而進入的，而不是只從單純的書本獲得的；沒有那樣的感動，就無法進入事物的內裡。

他曾說過這樣的一次經驗：在抗戰期中他曾見過無法形容的流離失所，人像垃圾那樣被人糟蹋和丟棄，也一個一個失去了對人的信心，甚至認為人是世界上最低賤的東西。就在那樣一個夜晚，他腦子裡忽然浮現「人皆有不忍人之心」那句話，才體認到人的高貴，肯定了人的意義，而感動得淚水流了出來，覺得那才是天地間最美麗的語言，讓人在徬徨中有了對生命的肯定。也對自己有了肯定。就這麼一句話，他就不能不成為永遠的儒家。於是他說：沒有詩的感動，就是麻木，就是生命的走向死亡。他說在歐洲留學時，他讀到很多現代詩人書寫死亡的詩，也就很快地懂得他們的心意。那死亡不僅是個人的，也是整個人間的。

懷著這樣的胸襟，從鵝湖作為基點，他的所思所想，便必然會落實到對現實的關懷和改造上去。就此而言，他的思考其實很接近英國經濟學者修馬克（E.F. Schumacher）在《小即是美》（*Small is Beautiful*）一書中的想法。他們同樣憂心於科技文明和消費文明的反人性，也認為唯有重建農業文明，才能找到人類的出路。否則，在高度功利主義的推動下，眾多人慾、物慾的膨脹必會帶來連續不斷的災難。修馬克說：「我們必須學習如何和平地生活，不僅是與我們的同類，還包括大自然，並且與在這一切之上，創造自然與人類之至高能量和平共存。」程兆熊則盼望人們在體認現代文明危機之後，能夠回到人與大自然合一的生活裡，讓「生命有所安頓，心靈有所覺醒，人性有了復活，智慧有了通透」，不要繼續殺伐、鬥爭的日子。對於此，程兆熊說得更具有詩意和哲學意味。他說：「所謂文化的使命，就是賦予物質以精神的意義。或者直截了當說，『賦物以神』。」文學和藝術更是如此。其所以如此說，是他在如下的現實中見到了整個文化的危機。那就是：

> 人道消沉的結果，是一切的物化；在這裡人性人情，都成了物質。國家於此，不是精神的實體，更不是性情的產物，而只能有其工具上的價值。由這一治道的墮落更構成了一個歷史的曲折。

這樣的情況當然會使人想到教育問題。由於學校教育和社會教育都普遍走向商品化和工具化，而一個孩子的出生，從睜開眼睛起就無可逃避地要受到這樣的薰染和教導，於是人與人、人與物、人與大自然間的倫理關係便澈底地遭到了破壞。程兆熊之所以對舊社會的書院有著深深的懷念，其理由在此。當然這也與鵝湖書院有關。這書院成立於十二世紀的南宋時代，當年

程兆熊（後排左一）與唐君毅夫婦（前排）合影。

因朱熹和陸象山在此辯難而成為中國思想史上有名的地方。這書院到了民國以後，在原地改制為新式的農學院，並籌劃擴大為一所大學，並在抗戰後期交由程兆熊主持。但它在某些方面仍然維持著舊的傳統。不僅學校如此，同時也包括學校以外的一片大地區在內。這就使得鵝湖的一些遺緒和作風仍然產生著它的影響。所以程兆熊才說：「鵝湖書院為時近一千年，雖其房舍屋宇，時毀時建，時壞時修，但其心意所存，精神所在處，總是不朽不易不變不遷的。」

原來，中國舊有的書院並不如後人所想像的那樣，僅僅是某些特定階級進修之地，它們多是秉持舊社會「耕讀傳家」的傳統，由民間各界協同建立起來的，因此，它不僅只是一間學院，而是那一地區的精神所在。由於它們有在經濟上支持的「學田」，所以講學時便不大會受到外來的限制。那裡的人並不是現實政治的反對者，它們所培育出來的人，也有很多參與科舉考試，躋身於士大夫之列，但它們所看重的，則是長時期累積下來的相生、相養、相教之道，和大家共同信賴的善惡、美醜、是非觀念。這些散發出來的，就成了人們活生生的現實和歷史。這是他們存在的基礎，也是面對當前和未來的動力。所以，書院和它四周廣大的地區就結合成為無法分割的存在。從古以來，中國廣大的農村社會能夠一直保有淳樸、善良、互助、和諧的本質，就是由此而來的。通常人們說：「十年樹木，百年樹人」，樹人之需要百年，指的就是一個社會完善風氣的完成。也正由這樣的信念和理想，程兆熊在鵝湖之推動教育，便是懷抱著鵝湖書院當年心意而從事的。這在它們的畢業同學錄的序文中說得非常明白，序文說：

> 夫今之鵝湖，猶古之鵝湖也。乃時移勢易，留斯境地，益多深感。蓋「五四」以來，新進之士，每有環境決定之說，自我不為主體，而聽其物化，凡百罪行，於己無關，道心已亡，

> 不任其咎，此在域外，數百年來，則更天國倫常，全被拆毀，人慾金狂，全無定止，心性支離，不能凝聚，纔一流走，何由上提？若憑此以論學術，以言太平，不亦悲乎？

這篇序文出自程兆熊之手，用的雖是文言文，但它主張經由教育文化來建立每個人自身的「主體精神和力量」的主張，則是很明白的。也是與西方近代哲人康德（I.Kant）、費希特（J.G. Fichte）所說的教育概念不謀而合的。

程兆熊留學歐洲的時候，曾經留意過法國的重農學派。這個學派尊崇孔子，主張學習中國的無為而治，由是在經濟措施上主張自由放任，程兆熊認為，那樣重要的學派仍然只把人類的一切活動放置在功利主義的生產效益上，而沒有瞭解到中國的儒家農業文明的最後著眼點是放在人類整體生活的價值與意義上。因為在這樣的生活裡，人與人、人與事、人與天地間的一切運作都有著和諧的倫理關係，所以生活中一些細節都含有教育的意義。人不是工具，而是他自己本身。就因為有這樣的認識，程兆熊對近代功利主義至上的教育有著很不苟同的看法。

民國以來，仍然有一些人對書院教育懷有濃厚的鄉愁，馬一浮的「復性書院」、歐陽竟無的「支那內學院」、梁漱溟的「勉仁書院」和「鄒平鄉建」，都是這一精神的餘緒。一九五〇年，國內局勢稍定之際，熊十力寫信給董必武，建議執政當局恢復四大古老書院，也是在這一企望下要求的。歷史告訴後人：自由講學和學校教育具有獨立的性格，原是一個社會往前發展所必需的。宋代被人稱為文化發達，那與它具有五百多所有名的書院是有關係的。所以，大思想家顧炎武寫《天下郡國利病書》，每到一地，必先訪書院；黃宗羲在他的《明夷待訪錄》中肯定書院的教育精神，認為教育是千秋大事不能為一朝一夕之利益著想；因此，對於讀書人的要求，不僅要有「詩書宏大之氣」，更要堅持「天子之所是未必是，天子之所非未必非。」把人生的理想和作為置於現實政治和其他現實利益之上；由是在這樣的教育和薰陶中，孕發出獨立的認知力量，而不是完全由外在事物、權勢支配所產生的順從、盲從和趨炎附勢。

程兆熊對於中國舊書院的眷戀，不僅產生於他的歷史認識，也是出自於他的現實經驗。有一次跟他談起鄧拓那首關於東林書院的詩：「東林講學繼龜山，事事關心天地間，莫謂書生空議論，頭顱擲處血斑斑。」他雖讚賞，並不激動，他不是政治型的人物。在他心中所想的是：如何在工業文明和科技文明的輔助下，重建農業文明，為人類在現代化中找出一條合乎人性的道路。他認為：通常大家都認為歷史的發展是城市領導鄉村，其實農村才是人類生存的最後保障。古人所說的「禮失求諸野」，指的就是這一情況，所以他和他的老友徐復觀都最喜歡《詩經》裡的〈七月〉，那裡有苦有甜，即使苦中也充滿人性；就算寫少女的出嫁，也在初次的離行中微微流露著喜悅。例如：

春日遲遲，采蘩祈祈，
女心傷悲，殆及公子同歸。

這是讓人感到充實的世界，連辛勞也有著盼望和欣慰。他認為郭沫若把〈七月〉中的一切拿來解釋階級鬥爭，是別有用心的誤解。他和法國的魁納（F. Quesnay）、德國的宋巴特（W. Sombart）、美國的傑弗遜（T. Jefferson）一樣，都把人類的幸福寄託在城鄉平衡的發展上。農業文明遭到破壞，農村的根柢遭到汙染，它的本質也就隨之走上了異化，淳樸的農民社會一變而成為游民階級控制、領導的社會，這對於城市和鄉村都只能產生互相傷害的作用。《水滸傳》中的暴力、《金瓶梅》中西門慶那樣的市儈，一旦衍發為社會的主控人物，隨之而來的，便必然帶來社會的紊亂和敗壞。而現在科技和消費利益控制下的大眾傳播，從城市向鄉村夜以繼日地散發渙散人心的種種節目，無孔不入，其所產生的後果當然也就可以想見了。

在程兆熊的思想中，有幾點可以讓人去思考的。第一，他認為要推展農業文明，先要把「農」的觀念擺在「人」的基礎上，種地耕田只是他的職業工作，他可以從農的基礎上向外、向上發展，他可以成為士、成為知識階級，不能限制他的發展。以往中國法家的「以農待農」、「以工待工」、「以商待商」等等，都是把人釘死在他原有的職業上，把人當工具看待。必須把人當人，各種工作才有尊嚴。「耕讀傳家」的精神就是在「以人待農」的態度上建立起來的。這是中國舊社會所以不斷產生農村知識分子的原因。第二，由於要「以人待農」，它就必須允許農民擁有起碼的私有財產，否則，他們就沒有自由，失去創造的動力。第三，近代的集體農場和農村人口的固定化（不准自由遷徙）是新的奴役政策，以此來發展生產，只有消極的便於管理工作，無法經由生產促使心靈的開展。處理不好，說不定還會造成人的品質下降。經由這一連串的認識，他止不住感慨中國的歷史一直在「鄉村包圍城市」的公式中進行；由「鄉村包圍城市」取得政權，也將在隨之而來的另一波「鄉村包圍城市」中遭到覆滅。

至於近代人用集體主義的方式處理生產的方法，他是不贊成的，認為那是根本違背及傷害人性的，他在批評了馬列主義和法西斯主義，乃至美國的福特主義都是「利用了人事科學」來對人的一切作著物品化的控制，「既把人事當成技術，其緊接而至的，便是把人看成是機器，更緊接而至的，便是把人看成零件——一個大機器下的小零件。小零件的組合是所謂鐵的紀律，每個人在鐵的紀律中，成為無靈魂無主動的竹頭木屑」。

我認識程老是在上世紀的七〇年代。那時候台灣的經濟正值起飛的年代，汙染工業和環保問題漸漸成為人們關心的焦點。人們也就很自然地注意到土地和能源。以及科技非人化的問題。那時羅馬俱樂部的報告《成長的極限》已經進入了台灣，卡遜女士的《寂靜的春天》、修馬克的《小即是美》，也先後譯成中文出版。從美國留學回來的老友林俊義開始在《夏潮》雜誌發表有關生態學和環保的文章，寧明傑也以「任覺民」的筆名寫文章檢討工業社會所產生的科技危機。在這個時候我把林俊義的文章結成文集，以《科技文明的反省》的書名交給帕米爾書店出版。這部書雖然不暢銷，但卻成為一時的啟蒙書。

有一天我和我姑母尉素秋女士談及這方面的問題，她找出一本破舊的《農業與時代》給我，並且說那是作者程兆熊送給她的。她說：她一九五一年從大陸出來的時候，在香港新亞書院等待台灣的入境證，就是和程兆熊、張丕介一批人住在一起的。她說那時候雖然生活窮困，大家卻苦中作樂，想由那時的「香江之會」把新亞書院推衍為新形式的鵝湖書院，企望更多的「朱陸之會」能不斷地在香港出現。那是歷史上從未有過的大變動時代，其悲痛也讓許多

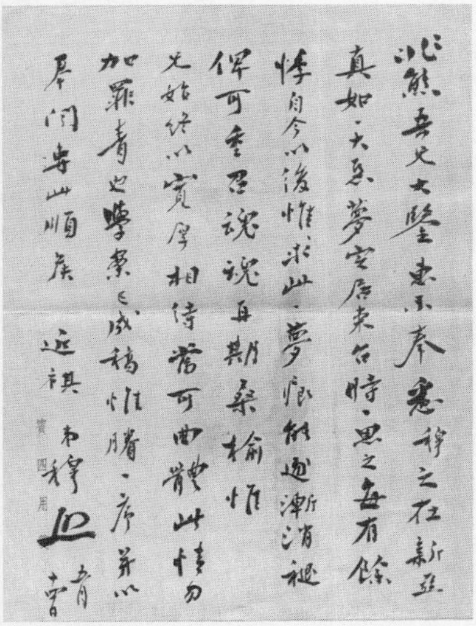

錢穆致程兆熊親筆信，望其諒解香港新亞書院的教學轉變。

人做著深度的反省。當時，張丕介就說：「我們反帝反了一輩子，想不到晚年竟然要在帝國主義的殖民地思考中國的文藝復興。」我的姑母說：「張丕介，山東人，是在武訓義學中培育出來的人物，笑起來聲震屋瓦，但那時卻在笑聲中流露著無限的蒼涼。」而且後來在我姑母的言談中知道，新亞書院後來得到美國的支援，校務雖然興盛起來，但為了香港社會的需要，不得不在教學設施上作了很大的改變。這改變竟然使得錢穆和程兆熊有一陣子處得很不愉快。

我很喜歡程兆熊的那本《農業與時代》，得到了不少啟發，於是便找他的書來讀，買不到則各處借來影印，名之為「土法煉鋼」。那時朋友們把我說成是程迷和汪迷，程是程兆熊，汪則是大陸小說家汪曾祺。後來，得知台北的商務印書館把程著各種農業哲學的書合印成上下兩大冊的《中國農業論衡》，便買了好幾部送人。記得寧明傑讀了以後高興地說：「我們學習了那麼多年，哪曉得程老已經這麼早就這麼深刻地認識了這些問題。」

那時節，程老已經到台北的文化大學農學院任教，不曉得是甚麼樣的關係，他得知我這樣一個晚輩在讀他的書，有一天竟然帶著《中國農業論衡》到台北木柵來按我家的門鈴，見面以後，彼此之間一點不覺生疏，反而像老朋友那樣敘談起來。我告訴他已經買了他的新書，他說：「留著吧！我這本有自己的簽名。」當他知道他在台北文明書局重印的一些詮釋中國古代經典的書已經被我也買了過來，就更加高興，他說：「想不到你也是儒家啊！」我笑著說：「年幼的時候我也是反孔的啊！現在對於你在中國和印度傳統思想所作的融通，還沒有能力完全領會。」他也笑了起來。他又勸我多到野外爬山和散步。他說：「不要跟著一大群人去。一個人在寂靜中散步沉思，會在事物中得到新的啟示。」這樣又過了差不多一年，他又找我說，他在離木柵有一段路的深坑那個地方，看中了一片地，而且和一些朋友想合資買了下來。他們想辦一所小型的鵝湖書院，問我願不願意去當院長？我受寵若驚地說：「程老，你太抬舉我了，我的學識和能力哪能擔此大任。而且，在今天工作難找的商業社會，不把學校辦成學店，有誰會來入學？」他說再多作考慮，也就沒再有下文。

他雖然被視為農學專家或中國思想史的學者，然而在氣質上他更是一位文學家。他每到一地、每遇一事、每有感慨必然作詩，但因為他寫的都是舊詩，他在詩藝面的成就便很少為人所知。實際上，他的詩的境界是很高的。由於他有思想和宗教的基礎，所以他在文學上的體認便也有常人不及的深度。他主講過《文心雕龍》，著有《文學與文心》、《美學與美化》等書。他留學法國，對於近代歐洲的文學也有深切的體認。他認為今天西方文學的危機所呈現出來的正是在於極端的功利主義運作下，產生人的非人化，由是而造成人的精神生命的萎縮。他用批評秦政「指鹿為馬」、「以吏為師」不辨是非的弊病，推而指責今天世界文明的根本病根，而有如下的言語：

目前雖未必是「指鹿為馬」，但到處是宣傳和廣告，到處是假話和教條，會更形成了整個心靈的窒息，所以都想見到大心靈。

目前雖未必是個個人有如商鞅之「天性刻薄」，但一切機器化、螺絲釘化、算盤化、鐘錶化等等，會更形成了整個性情的梏亡，不再有了真性情和大性情。

目前雖未必是「以吏為師」，但因政治經濟而抹煞一切，因科學工業而否定一切，以致造成了無數的政治經濟上的紊亂和不少的科學工業的停頓，會形成了整個智慧的衰退，不復有大哲，不復有先知，不復有至聖。就是真正的大科學家、大詩人、大藝術家亦不再見，不再有了真智慧和大智慧。

他認為要改進目前「只是悲憤否定、頹廢、墮落和完全失去了常態」的文化現象，必須根本上經由教育從「安頓生命」做起不可。這對今天的消費社會而言，仍然對人有警惕的作用。

程兆熊成長的歲月，正是五四後期和二十世紀的三〇年代，那段日子是中國人狂熱追求近代物質文明的時代，他所執著的農業文明和中國傳統思想，自然在時代的主流中被視為異類。這也是同時代稍長於他的一輩人（如馬一浮、熊十力、梁漱溟）共同遭遇的命運。一九四九年以後，由於中國現實形勢的巨大改變，一些堅持傳統的人物流落海外，更不免顯露出挫敗衰亡的氣象，在他們的詩文、書法中便常常會很無奈地以「老」自居；「××七十以後書」、「××時屆八十有五」一類的語言，便不期然地成了他們的標誌。但程兆熊則很少這樣，多少年來，他一直活在中國和印度的傳統經典中，卻也對於當代的種種問題不曾放棄關懷。

雖然如此，由於他一直維持著儒家的思維，於是很多人仍然把他當作舊時代的人物看待。在他去美國之前，一直在香港和台灣的幾間大學任教。他擔任的科目有兩大類，一是他專長的農業科技，一是中國古代思想，而農業教學中又是思想的層次多於科技的層次，譬如他那本多達八〇二頁的《論中國的庭園花木》，講的根本就是美學。這樣的構想當然是一般人難以領會的，因此，在他身上我可以感受到另一種難以解說的寂寞。

程兆熊認為：人活在世界上，在求心靈的提升，而不是吃飽了、穿暖了，就此了事。因此，對五四以來的一些所謂的「無產階級文學」和一些所謂的「農民文學」，他有著與眾不同的意見。他覺得那些大多不是經由現實生活的體認而成長出來的作品，而多是一些游民階級充滿暴力與庸俗的嘶喊，雖然也很吸引人，但無甚麼境界可言，只能謂之「偽農民文學」，而且很多都是違反人性的。這情形到了三〇年代更形粗糙。

程兆熊先生是二〇〇一年過世的。將近十年了，我持續讀著他的書，仍不時地受到他的啟發，當然也隨之對他的一生產生感喟。像他這樣的人，在時代的變換中，夾在不古不今、不新不舊之間；雖然對世局有所洞察，但面對人間即將到來或已經到來的危機，也只能徒喚奈何而不能有進一步的作為。除了一兩間學院還可讓他容身，讓他不匱衣食之外，他都永遠是個社會與知識界的邊緣人；他的心血寫成書，也只能得到少數知音的回響。今天，我把自己對程先生的回憶瑣碎地書寫出來，所能做到的大概也只是表達自己對他的一番尊敬和思念罷。

——二〇一〇年九月《印刻文學生活誌》

孤寂的旅程

追念何欣先生

一九七〇年六月，奉林海音女士囑咐，為她主編的《純文學》寫一篇關於作家何欣先生的速寫。這篇小文是這樣寫的：

去何欣先生家次數多了，約莫著可以猜到他的一份日程表。下午五點左右，他下班了，十一歲的小妹和九歲的小弟也放學了。還沒有坐下就得先替他們換下制服，檢查書包。然後洗臉吃飯，帶他們洗澡、做功課。這時候要調解他們的紛爭，要拿著課本聽他們背書，要替他們削鉛筆整理文具盒，然後要把他們送上床講故事給他們聽，檢查他們第二天的衣服，釘他們掉了的扣子。當他替他們收拾好書包，分別掛在玄關那個角落時，泉州街賣餛飩的竹梆不知已經敲過多少次了，在這沒有女人的家裡（除了小妹，連燒飯的老許也是男的），只有這個時間，才是屬於他的。這些年來，一切都變得很快，他仍然像那座舊木板房那樣樸實而親切。儘管日子這樣逼得人喘不過氣，他仍然「替」朋友辦刊物、跑印刷廠、收拾爛攤子，也仍然替年輕的朋友看稿，幫他們找書、找事、聽他們吐肚子裡的苦水。何太太逝世時，小弟還不會走路，現在已經壯得像頭小野牛了，而小妹甜甜的模樣，也給人「小小姐」的感覺了。所以黃春明說：「何先生應該當選模範母親！」

其實，那時我所寫的何欣先生只能算是浮面的，還不知道他背後的許多辛酸，因為他從來不講。我們所見到的何欣只是他的樸實和篤定。周遭一些朋友常說：甚麼叫做誠懇？看看何欣的樣子，就知道了。他為人親切，叫他「老師」，又覺得會有距離，於是大家就尊稱為「何先生」，有著師友之間的厚重的意味。何欣生於一九二三年，沒有趕上五四時代的風潮雲湧，卻承受了三〇年代以來的大混亂。他的中學時代，是在日軍占領下的北京度過的，很多同學言論稍有不慎，就會陷入牢獄之中。他和一些同學最後只好在游擊隊的引導下，通過日軍封鎖線，到陝西的城固去讀西北聯合大學；很多人正如他一位同學在詩句中所寫的那樣，不得不過早地接受命運的安排：

生命，剛剛冒出了嫩芽，
就已隨時等著去接受萎亡。

他回憶說，到了後方，日子也是另一形式的緊張；在西北聯大，他們不僅要承受外來的悲苦，還要面對同學與同學間的鬥爭。城固，夾在西安與延安之間，因著國共兩黨的挑撥離間，學校竟然成了另一種形式的戰場。由於某些意識形態的鼓動，同學與同學、老師與老師，甚至老師與同學，常常一夜之間由朋友變為仇人。大家都很激昂，實際上除了抗日以外，並不真的知道自己激昂的是些甚麼。而在那些激昂的背後，學校裡經常瀰漫著苦悶和不安，每隔一段時日，就會爆發出一些騷動；無謂的騷動往往又會帶來一些人無謂的死亡。回顧當年的情景，他常說：「政治真是人間的最大罪惡，而中國近數十年的政治又經常是經由屠刀和謊言來操控的。任何黨派，沒有一個能擺脫這樣的手法。」在西北聯大，他曾當過一任學生會的幹部，在一次騷亂裡被捕，送往一個叫甚麼店的地方審訊。何欣說，那哪裡是審訊，根本就是殺戮！還好在那裡遇到一位團長是他家的親戚，把他罵了一頓，私下放了。

時局的苦悶，環境的不安，能激發人的創作力量，但往往也有人因貧窮、飢餓、恐怖，終致短命而死。何先生曾多次談到他同學中有位青年詩人李滿紅，說他的才華遠在艾青、田間、綠原之上，可惜年紀輕輕就因病而死了。所以，他常說：「在那樣的變動時代，能活下來真可說是撿來的。名和利算得甚麼？還是福樓拜（G. Flaubert）的話有些道理：『人生虛無，藝術才是一切！』在文藝的世界裡，人才會思考生命的真實。」這就是他接近文學的原因。

那也是有時代關係的。

大約在五四的後期，為了發揮力量，達到最大的功能，在中國的政治結構中，很多人便樂於被納入某些黨派和組織之中，這種「為了大我，奉獻小我」的作為和精神，原是非常可貴的。但是一些領導人物和團體卻慣於把它們整化成絕對的服從，使之成為一種類似尼采所說的「奴隸道德」。一九三三年以後，受到希特勒和史大林的影響，更使得大家所追求的民主自由變質為各式各樣的集體主義的操作，連所謂的新生活運動也是效法當時的德國而推動的。當時被大家所喜歡談說的「革命」，其實質就是這樣的。一個人不站在這一邊，就得站在另一邊，在處處充滿忌諱的現實下，要想完全秉持個人的意志，就得無所逃於天地之間。我最早認識何先生之時，他只和我談論初步的文學知識，後來他在我成長一段之後，才不時地談到他那一代的困境。當他知道我和一些朋友在一九四九年前後所過的那一段顛沛的生活時，便說過一句：「我們無法不過被支配的生活！」因此，一九五九年《筆匯》第一期，藉著介紹美國小說家湯瑪斯・吳爾夫（T. Wolfe），他也藉如下的話，宣示了他和我這兩代的心情：

> 我們失序了，我們是赤裸的。我們是孤獨的。無邊無際而殘酷無比的天空籠罩著我們。我們永遠被逐來趕去。我們沒有家。每個人都是這樣孤獨與恐怖，如何能找到快樂與眞實

何欣身影。

圖片提供／文訊雜誌社

呢？這裡有個「門」，這個門向眞理，揭示世界的祕密。找到這個「門」，就可以走向溫暖的「家」，不復有苦痛、恐怖與孤寂了。

何先生所轉述的這些話，給予人很大的共鳴，他給予我們最初的文學啟發，現在回想起來，仍感到非常溫暖。那時，在四顧茫然之下，作為制式下的中學生，在心靈的追求上便只好按照各自的興趣與方式尋求自力救濟，選擇兩件事來打發時間，一是鬥牛、一是壓馬路。所謂鬥牛就是打籃球，所謂壓馬路就是逛街。因為鬥牛，那時的幾個軍中球隊（如七虎、大鵬、海光、技總）的球員便成為大家心目中的英雄；而所謂逛街，只是到書店或街上閱報欄閱讀免費書刊。就在這樣沒有親人、不知下一步要走向何處的日子裡，同學們的心智也就提前成熟起來，很多人就在文學的世界裡尋求安慰。那時的書店還可以看到各式各樣的新文學作品，而附中圖書館也有很豐富的藏書。只要到書店或圖書館待上半天，就可以有所收穫。即使不是如此，僅僅在當時通用的國文課本（好像是大陸中華書局的《中華文選》）上，仍然可以讀到不少好作品，如法國小說家都德的〈最後一課〉、〈柏林之圍〉，德國作家力器德的〈流星〉，日本作家有島武郎的〈給幼小者〉，法國小說家左拉的〈貓的天堂〉，以及劉半農的〈一個小農家的暮〉，魯迅的〈秋夜〉，徐志摩的〈我所知道的康橋〉……，讓人在閱讀和欣賞中開闢了另一個心靈天地。但是一九五〇年韓戰爆發後，書店的很多書看不見了，圖書館的大部分藏書也被查封了，原先的國文課文已經被所謂的標準本取代。《新生報》副刊連續好幾天刊登一位筆名太史公所寫的〈解剖魯迅〉，指責魯迅的〈秋夜〉；「在我的後園，可以看見牆外有兩棵樹，一棵是棗樹，還有一棵也是棗樹；這上面夜的天空奇怪而高。它彷彿要離開人間而去…

……」魯迅不說「兩棵都是棗樹」，而說「一棵是棗樹，另外一棵也是棗樹」，又形容天空是「奇怪而高」，這分明是散布毒素……。

在那樣的氣壓下，很多老師的教學便一天天呆滯起來；在那漸漸走向封閉的日子裡，我們的世界也愈來愈小，對於事物的認識也被教導得只有一種答案。這種單一的思考模式，日子久了也習慣性地成為自己的一種生活方式，但是總覺得其中缺少了些甚麼，甚至對於自身的無奈、不安、焦急、沉悶和渴望不能有所自覺。那時，我們正處於亟待成長的歲月，一些青春期的憂鬱與昂揚都需要有人訴說，有人啟發，但是我們這些連家都沒有的流亡者，該到哪裡去尋求一條往下走的路呢？在那樣一無所有、一片沉寂的日子裡，很多人便漸漸陷於詩人艾略特所說的「我們再也懶於知道我們是誰」的深淵，兀然地承受著生命的自我枯萎，過著比物質匱乏更難以自處的日子。後來有一年，大家都步入知命之年後，幾位老友白髮相對，彼此回憶起當年的那一段歲月，有一位就說：

「你們都不知道，有一次我在租書店租到一本破舊的《少年維特的煩惱》，是郭沫若譯的，我一邊讀一邊振奮得無法自已。我不是需要戀愛，而是郭沫若譯的那首〈莪相之歌〉打動了我；當我讀到『春風啊，你爲甚麼把我叫醒』那一段時，我真的一個人躲在沒有人的地方哭了起來。像被融化的冰山，整個鬱結得即將枯萎的生命，一下子就忽然被喚醒，被釋放開來了……。」這情景，我們那一代的很多人可能都經歷過。這也讓我們格外懷念著一些特別的老師。當時的附中老師，有些來自西南聯大，有些來自北大和浙大，年歲上大不了我們很多。有些老師抑制不住內心的人文訴求，往往會在教學和言談中不經意地對我們產生影響。像史惟亮老師（那時他還在師大借讀），他上音樂課時除了教反共歌曲，還教我們舒伯特、韋伯、德佛札克和黃自、劉雪厂、陳田鶴等人的作品。有時還花了很大的工夫借來一架老得沒牙的唱機和唱片，帶我們欣賞《未完成交響樂》和《月光奏鳴曲》……。還有一次，他竟然帶他的老友梁雲坡先生（聽說後來與畫家梁丹手女士結婚）來課堂上表演小提琴獨奏，那情景真是令人興奮。

那時候，文學界當然也是很沉寂的。更糟糕的是那沉寂中還隱藏著殺伐之聲。記得有一陣子報上刊登著討伐一些前輩作家的言論，公開指責臺靜農、黎烈文等人是左派的同路人，是時局的「觀望派」，如果對反共大業再不表態，就應該送往綠島管訓。這種言論如果出自黨派團體，倒也可以讓人諒解；可悲的，這些殺伐之聲卻是來自一些文學團體，這就不能不讓人感到驚心了。在那樣的空氣中，很多人便想盡辦法離開台灣；「來來來，來台大；去去去，去美國！」成了一般青年的努力目標。那時要出國，真是難上加難，無法離開台灣或不願離開台灣的人，便只能隱忍地從事著自己認為應該做的工作。一些年紀大一些的人，就默默地對年輕的一代做著啟蒙的工作。在文學界，在教育界，何欣先生正是這樣一位主要的代表人物。

那時，文學的領域與現實政治有著密切關係的，閱讀文學作品（特別是新詩）一不小心就會無

何欣與父母、第一任妻子李味辛及子女合影。

形中被引入政治鬥爭之中。但何欣先生所作的翻譯、評介工作卻遠離政治現實，只在文學的世界中作著指引。讀著那些作品讓人對人生有著另一番嚮往。他的風格實在很接近前輩夏丏尊、豐子愷、朱自清等人。就是這樣，他在我的心中就成了一位親切的形象。

何欣先生，筆名江森，河北省深澤縣人，父親何容先生是文學界著名的前輩作家，作品多發表在林語堂主持的《論語》、《宇宙風》等雜誌上。何欣先生幼年時生長在農村，當地醫藥缺乏，在一次大病中心臟受到嚴重傷害，終身受到心肺衰弱的困擾。十二歲到北京就讀小學中學，因何容先生與小說家老舍是多年老友，於是便把他託交老舍夫婦教養。因為這層關係，使他養成了閱讀文學書籍的興趣。大學畢業後去重慶擔任《時與潮》的文藝版編輯，並在四川璧山教育學院任教，仍然與老舍一家人保持密切的往來。他說：我的英文和文學興趣是舒伯伯（老舍原名舒慶春）教導出來的，連吃東西的胃口也受他的影響。

在政大授課時的何欣。

抗戰勝利，台灣光復，一些有識之士想在殖民後的台灣推動新文化建設，於是便有許壽裳、黎烈文、臺靜農、魏建功、洪炎秋、周憲文、李何林、錢歌川等學者、作家東渡來台，何容先生主持《國語日報》推動國語運動，也是其中一項重要的工作。那時何欣正值壯年，到達台灣以後，除了協助何容先生拓展語文教育，還結合楊逵等台籍作家編輯各種新文學讀本。這些讀本有的是中、日文對照，有的加上淺近的註語和解說，對推動台灣新文藝之發展有很大的助益。

台灣光復之初，主要報紙為《新生報》和《公論報》。當時，由於一些著名學者與作家的參與，海峽兩岸的交流也尚未中斷，歌雷（史習枚）主編的《新生報》副刊「橋」成為文學活動的主要園地；與之互相倚重的則是《公論報》的「文藝周刊」。何欣先生當時不但常在「橋」副刊發表作品，並同時主編《公論報》的「文藝周刊」，更一肩擔當起台灣作家與大陸作家的聯絡。然而，一九四九年兩岸分隔後立即實行禁書政策，他痛心地說：「父親下令，要報社同人把當局指定的禁書交出來燒掉，也要我把家中的新文學書籍和與老舍、茅盾等人的來往書信一律焚毀。老舍要我籌辦中國作家協會台灣分會，還好沒有成功，否則一定被抓去判處死刑。」由於這一段歷史，經歷過二二八事變又遭逢白色恐怖的何欣先生，生活和寫作一直不斷地受到干擾。他原想遠走國外，但每次申請都無法獲准，只好在國立編譯館、台北一女中、建國中學等單位做一位沉默的英文教員。

然而，何欣先生並不因此稍減對文學的熱誠，只要有機會，他就不停地做他的文藝工作。由於國際局勢和現實政治的層層壓力，兩岸分隔後的台灣文壇充滿肅殺蒼涼的氣象，他便在《半月文藝》、《學生雜誌》、《自由中國》、《文星》等刊物，不斷地翻譯、介紹世界各地的文學作品和文藝活動，委婉地努力著把文藝從僵化、乾枯的境遇中釋放出來。有時他還把翻譯和介紹的工作擴大到思想界。這些都為當時被稱為「文化沙漠」的台灣，播下了種子。

所以，上世紀五〇年代所孕育出來的台灣文藝青年，很多人都受到何欣先生的鼓勵和啟發。他幫助他們辦雜誌，替他們提意見，幫他們拉稿、改稿子，甚至有時協助他們畫版面、校稿子，不管大小事都樂意做，很少拒絕別人。今天大家所常提及的一些刊物，如《筆匯》、《現代文學》、《文學季刊》、《純文學》和當時還是青年、學生的作家如白先勇、王文興、陳映真、黃春明、王禎和、尉天驄、鄭樹森等人，幾乎沒有人不受到何欣先生的鼓勵和啟發。這種啟發不僅是知識的，更大部分是生活方面的為人處事。那些年裡，人世的變化雖大，但他的篤實從未放鬆，他的誠懇從未稍減，對人世的希望也從未灰心。這些，都在他所認識的人們心中成了一種風範。何欣先生幼年家境僅是中農，故養成終生刻苦節約的習慣，為人處事也具有中國農民的誠樸厚實的個性。中學以後經歷了大時代的重重苦難，更加擴大了他悲天憫人的情懷。他常說：「我無法改變自己『藝術為人生』的信念，我最忍受不了的是殺戮和謊言。」

我雖然從中學時代起就陸續閱讀何欣先生的譯作，但直到大學三年級才真正與他結識。那年我和一群朋友接辦了一份單薄的小刊物《筆匯》，決定把它重新改造成文學藝術的綜合雜誌。懷著有點膽怯的心情，找到台北市泉州街何欣先生的家，他熱心招呼我走進榻榻米的客廳，就像老朋友一般地攀談起來。他講了些世界文壇的現象，又分析美國小說界的發展，他雖然已經出版了《海明威創作論》，好像更喜歡福克納（W. Faulkner）和史坦貝克（J. Steinbeck），他一再說，很多人還似乎沒有體會到史坦貝克的沉痛處。……那次過後，我就常去何先生家，和他相處得愈來愈熟，《筆匯》也在他的引導下出版了。第一期除了他自己的作品，他還拿出一篇經他修改後的稿子說：「戰後英國的沒落帶給全國莫大的苦悶，因此產生

一九七五年在新店王禎和家門前合影。前排右起為殷允芃、舒凡、何欣；後排左起為王禎和、陳映真、外國友人、尉天驄、唐文標，左邊兩位小孩為王禎和子女。

『憤怒的年輕人』這樣的文學藝術團體。我們應該了解它。……這一篇介紹可以刊登出來！」

那就是王文興的〈憤怒的年輕人為何憤怒？〉，稿子上的紅字給我很深刻的印象。那時不但我們常去何先生家，和我們同時代的朋友（如《現代文學》的一群），也都喜歡去他家。我大學畢業後因骨刺開刀、《筆滙》停刊，有一陣子去的次數略為減少。後來我身體復元，籌辦《文學季刊》，和他又恢復密切的往來。幾年沒去他家，何老夫人過世了，何欣夫人也在生下第二個孩子後離開了人世，這些至痛之事他也都沒讓我們知道。我們去他家的時候，那個三歲的兒子常喜歡爬到我們懷裡玩耍。何先生親自照顧兩個孩子，艱苦備嘗，卻從未向人訴苦。

《文學季刊》出刊後不久，我結婚了，住在台北市寧波西街，離何先生家只有幾步之遠，我常到他家去，他也經常到我家來，很多時候兩個孩子也一起帶來。我太太在做菜的時候，經常會多做一些扣肉一類菜送去何家。那段期間對於他的過去才知道得多些。何欣為人不多言，和我倒是無話不談。他說，他太太名叫李味辛，兩人經過很長日子的相處有了感情，雖然醫生說女方患有嚴重的心臟先天不良症，不適於結婚，他們還是不顧一切結了婚生下兩個孩子，不幸的是太太無法逃過早逝的命運。他父親是一位極忠厚的人，他們那一代的人，有他們的生活方式：「我必須做一個舊式社會的兒子，每天晚上伺候他洗完澡，陪他喝兩杯酒，才能有自己的時間。」他就如此在老小兩代間辛苦著。

有些日子，姚一葦先生和我等友人都勸他續弦，他一再拒絕，說年紀這麼大了，還要重新適應新的生活，何苦。他與梁實秋先生有很密切的關係。梁太太過世後梁先生又與韓菁青結婚，有一次何先生去探望，梁先生見四下無人，便輕聲對何先生說：「苦啊！」這話對他有著影響。不過，後來因為女兒大了，很多事不是做爸爸的人可以處理的，何先生還是續了弦。

很長一段日子，何欣專注於美國現代小說的譯介。有一次和他談到德萊塞（T. Dreiser）的小說，我說：「剛看了他的《天才夢》、《一個美國的悲劇》，他把美國拜金社會寫得那麼冷酷，真使人受不了。」他說：「我們有時也真的需要接受自然主義冰冷的洗禮，否則就會造成迷惑於美國式的消費文明中。」他雖然寫過《海明威創作論》，但總受不了海明威的虛無。他說歐洲的虛無有根，美國的虛無無根，最後只好走上暴力與色情。

比較起來，他喜歡史坦貝克。他說：小城鎮生活方式是美國人早先的精神基礎。它也是移民社會的基礎。而史坦貝克的作品，特別是他的《伊甸園東》（即電影《天倫夢覺》原著），可說是美國小城鎮文明的輓歌。

何欣先生的風格常在他的無語中顯現出來。有一次他聽說我太太有病住院，特來看我，偷偷地塞給我一個信封，說：「住院要用錢，不管用不用得著，先擺在你這裡，以備需要。」雖說他的脾氣好，有時卻也不盡然。他去世前一年，一位旅居加拿大的台灣作家訪問他，請他談台灣文壇，他說：「你最好不要問我，我不知道該怎麼說，今天有些作家，當了國之大老，身負甚麼顧問、資政之大任以後，說話盡是謊言，他們完全忘掉當年怎麼樣拍執政黨的馬屁。文人無行，我只好無言。」

因為曾被暴力傷害過，他也非常厭惡暴力。他說：「二二八那天，我在自家巷子被打成重傷，要不是雜貨店的本地人出面相救，早就被打死了。暴力一來，人完全變得失去了理性。」

雖然一生經歷了許多生活折磨，然而何欣先生都默默地承受下來。有一次還以自己翻譯德國作家雷馬克（E. M. Remargue）《生命的光輝》這本書的過程，安慰我的挫折：

「這本書翻譯之前，是我一生中最暗淡的時候，母親死了，太太也離開了人世，眼前是年老的父親、幼弱的稚兒，和一大堆壓在身上的債務，我漸漸覺得抓不穩人生的意義，真想自殺。就在那時，我讀到雷馬克這部小說，描述一群猶太人被關在集中營裡，死亡隨時都會來臨，但他們仍然堅持著活下去！我看著兩個孩子，聽著父親的鼾聲，流著淚水，終於把這部作品譯了出來。譯文定稿了，我的痛苦也隨著釋放出來了！」

他這樣敘述著，卻又很幽默地笑笑說：「沒想到這本小說卻是我翻譯的書籍中銷路最差的一本！」

後來有一段時間他從事美國小說家索爾・貝婁（Soul Bellow）的研究。他認為海明威的虛無、史坦貝克的無奈、福克納的疑慮，都將在索爾・貝婁的作品中有了成果；一個高度的商品社會，一個倫理崩潰的社會，終於經由悲痛有了反省。出版《索爾・貝婁研究》後，他對我說：「我這一生也經歷過無數的悲痛，我的生命是進出鬼門關多少次掙扎出來的，等老年了，擺脫了日常的生計，我也想寫幾本這樣的書；我沒有才氣，但我有這分誠懇！」可惜這個願望未能完成，他就因為中風、心臟病復發而離開了人世！古

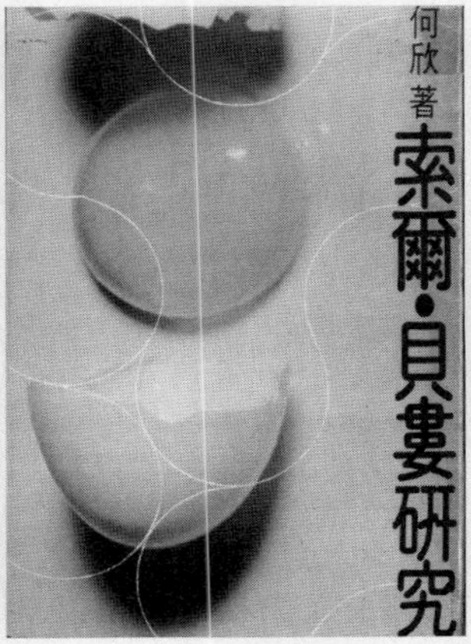

何欣編著及翻譯作品

人詩云：「老驥伏櫪，志在千里，烈士暮年，壯心不已！」這不能不說是他的一大遺恨。

一九九八年九月，七十七歲的何欣最後一次從加護病房回到普通病房時，我又去看他。那時他已不能言語，只能用手緊抓著我的手。那股緊緊的、微顫的力量，真的是直入我的骨髓！我感到，那不僅是他對我的告別，更是對這人世的苦難所懷抱的無限孤寂！

——二〇〇七年十月《印刻文學生活誌》

他影響了那麼多人

紀念王夢鷗教授

二〇〇二年九月廿二日，王夢鷗教授逝世。他一生絕大多數的日子都是在學術的領域裡度過，除了最後臥病在床的日子，他從來沒有間斷過教學、研究、思考、啟迪後輩的工作。先生在世之時，很少與人談及私人之事，他寫了那麼多著作，影響了那麼多人，開啟了那麼大的風氣，但他很少炫耀自己，「不自誇」是他一貫的風格，「平實」是他待人處世的態度。後人應該從他的為人處世中，學習謙虛與努力。

一九五九年編《筆匯》時，在王夢鷗教授家門口的合影。後排左起王夢鷗長女王幼薇、王夢鷗夫婦及友人；前排左起許國衡、尉天驄、王夢鷗子王建生。

王夢鷗教授，福建長樂人，一九〇七年舊曆六月三日生於當地的書香世家，自幼即以好學聞名鄉里。一九二六年進入廈門大學中國文學系就讀，畢業後於一九三〇年前往日本早稻田大學文科研究所進修。早稻田大學在當時是日本現代文學的重鎮，有名的白樺派就是在那裡興起的。先生進入早稻田以後不僅著眼於世界文學潮流的現狀與演進，並同時致力於繪畫、雕塑、戲劇的創作。回國後，於一九三六年進入廈門大學中國文學系任教。當時的廈門大學在薩本棟校長的主持下，學術風氣非常興盛，中國文學系在林語堂、魯迅、施蟄存、林庚等名學者啟導下，新舊文學的研究均有令人稱羨的成績。先生任教期間，更增強了學校的藝術氣息，融合了師生間的感情。

先生曾回憶抗戰時期學校播遷中的生活說：在流亡中，為了賺取學生的生活費，學校便結合師生、眷屬組成劇團，在各地演戲，大家各依其所長，分工合作，有的負責燈光，有的負責布景，有的管理賣票。校長夫人則帶領學校的眷屬製作點心出售。就在這種情況下，王夢鷗先生創作了《燕市風沙錄》、《寶石花》、《生命之光》等劇本。這些作品不僅在當地演出獲得熱烈的反應，傳至後方，也受到很大的歡迎。

抗戰時期的劇作，很多都具有濃厚的教條味。王夢鷗先生卻能融合時代需求於藝術的手法之中。這是一讀《燕市風沙錄》等，就可以明白的。拿《燕市風沙錄》來說吧，它寫的是文天祥的故事，但劇本的大部分並不直接寫文天祥，而是寫各階層的中國人在苦難中的反應。劇本的開始和結尾都以大運河邊的一座客棧為場景，在那裡，各種人物形形色色地出現著，讓人染上濃厚的神祕氣氛；透過了各種狐疑和猜測，最後才知道這天夜晚有一艘蒙古人押解文天祥的船隻在那裡通過。為了解救文天祥，這些人作著各自不同的打算，而就在這樣的瑣瑣碎碎中，讀者和觀眾便不期而然地感受到：那時所有人都有一股共赴國難的欲求，像潮水一樣在每個人的身上潛伏著。但是在這種緊張、盼望之中，這一場行動在蒙古人的戒備下失算了。接著劇情的發展推演到燕京去進行。而最後一幕在文天祥就義以後又回到這河邊的客棧，大家不是失敗了，而是經過這一歷程，特別是文天祥的死，幾經檢討和反省，又一次深深地對生命、對民族的未來有了新的體認和肯定。

為了寫這個劇本，王夢鷗先生曾經花了很大功夫搜取南宋、元初的資料，深深體會亡國以後知識分子內心的悲苦。這些後來就使他完成了另一部歷史著作《文天祥》。大概也是這種原因，他平日教學，經常選取一些遺民血淚的文章（如謝翱的〈登西台慟哭記〉）給大家讀，來顯示自己這個民族的悲苦，和個人在苦難中的感受。所以他的史學考察也是活生生地充滿著文學的情懷。

廈門大學內遷以後，他幾經跋涉到了重慶，參加抗日工作，除文化活動外，並在政治大學前身的中央政治學校授課。他除了參與新文藝的寫作外，並專注於中國古代經典之研究，特別在《禮記》方面，更作了深入的探討，而《大小戴禮記選注》便是在這一時期完成的。他的劇作《燕市風沙錄》、《紅心草》、《烏夜啼》、《生命之花》也先後在重慶出版。抗戰勝利以後，朱家驊主掌中央研究院，而以薩本棟先生為總幹事，便邀約王夢鷗先生前往協助。故一九四六年起，先生便到南京進入中央研究院工作，直到研究院遷來台灣。在這一期間，先生於艱苦之際，參與研究院之搬遷與全院人員生活之安排，真是艱苦備嘗，為國家文化學術的保存、維護盡了極大的心力。研究院安置以後，先生不願再將心力花在行政事務上，乃於一九五六年政治大學復校之際，進入該校中國文學系從事教學工作。從那時起，先生一家便長住台北郊區的木柵，他的家便成為學生求學、言談、聚會的場所。先生不主動說教，然而在溫煦的接待之中，卻使人得到更深入的啟發；言談之際，不知不覺帶人進入淳厚的境界。退休以後，這情況也一直繼續著。先生不說教，亦不空談，然而接觸過他的人很少人不獲得心靈的喜悅。

在來台之初，進入政大之前，先生雖然奔波於台北南港中央研究院之間，仍把其餘時間花在主持正中書局的編寫工作上。那時台灣正處於萬事待興的階段，主管當局乃邀請先生主編一套世界文學名著叢書，他除自己翻譯《可侖巴》、《冰島農夫》之外，並邀請黎烈文、李辰冬、姚一葦等人參與工作。中國文藝協會成立，先生在張道藩先生支持下與李辰冬先生在一九五二年成立了「小說研究班」，教授課程，批改作業，與學員相互討論，為台灣文壇培植了不少傑出人才，王鼎鈞、蔡文甫、張雲家、羅盤、鍾虹、廖清秀、舒暢、師範、水束文、劉非烈便是為人所知的幾位。後來張道藩先生創辦《文藝創作》雜誌，虞君質先生主編《文藝月報》，先生乃以「梁宗之」筆名發表眾多文學理論的文章。透過這些文章，讓人重認了文學的藝術價值和尊嚴；用簡單的話來說，賦予文學和藝術應有的美學基礎，使之能夠擺脫作為政治工具或黨派工具的命運。就這一點來說，表面上來看，也許沒有甚麼，實際上卻具有深長的意義。因為，自從三〇年代以來，特別到了一九四九年和一九五二、五三年前後，由於受到現實情勢的影響，文學和藝術普遍地都成了政治的、經濟的乃至道德教條的附庸，使得文學和藝術作品缺乏真實的生命，被人視之為某種新八股作品。而王夢鷗先生的工作，便是重啟文學藝術之大門，讓人在其中一方面顯示出為人的真誠，一方面讓讀者感受到生命的律動。正是由於這樣的緣故，很多當時身處台灣的文學工作者才能在動亂之餘受到很大啟發，而把文學回歸文學、把藝術回歸藝術，開創了新的一頁。

在這一階段，先生還經常在《暢流》和《路工》雜誌上發表作品，大都使用筆名。那時候，台灣的經濟還處於艱困階段，一些刊物多出自公家機構，公路局的《路工》、中國旅行社的《自由談》、中油公司的《拾穗》、台糖的《野風》，都是這樣出現的。《暢流》和《路工》的主持人是先生的老友，因此他便經由這兩份刊物培植青年作家。其中之一，便是闢了一些篇幅，來改編重寫六朝志怪和唐人傳奇小說。這不僅讓很多清苦的青年作家因為有了稿費而生活稍有補貼，更由此而磨煉了他們的寫作技巧。後來他在各大學開設中國古典小說課程，與此也有多多少少的關係。

在大學裡，先生最初開設的科目為「文學概論」、「中國古典小說」、「禮記」和「新文藝」。後來又開設「中國文學批評」，指導研究所學生作專題研究。就這些科目來說，有最新的「新文藝」，有最古老的「禮記」，還有最駁雜的「中國古典小說」，不明白的人或對之產生狐疑，但瞭解的人則知道這正是先生的可貴處。先生研究新文學，是最早把美國新批評理論介紹到中國來的（後來他還為此與女婿許國衡翻譯了韋禮克（Rene Wellek）的《文學論》一書）。不僅如此，他還三番幾次地介紹了新興的抽象藝術，並探討它的美學基礎和歷史源流，讓人知道西方現代藝術的來源和發展趨勢。但是要將這些理論介紹到中國，又不能不先為中國文學、藝術作尋根的工作，他的專注於《禮記》、注意到中國古代藝術、探討中國古代審美思想、專注於中國歷代的文學理論，就是由這種緣故而有系統地推演出來的。而透過中國古典小說，他所注意的更是那一時代中國人活生生的感情生活，並由此而作深一層的思考。在這些工作中，我們可以看到王夢鷗先生的兩種生活形象：一面是嚴肅不苟的學者，一面是活潑而親切的藝術家。他與人論學，絲絲入扣；飲酒談藝，卻又意氣風發。這一印象是每一個接觸先生的人大概都記憶猶新的。

先生在政大任教以後，本想以學術終老，不問世事。不意他的學生尉天驄先後辦了《筆匯》和《文學季刊》，硬拉他指導，於是除了學生以外，文藝界的青年便隨著尉天驄經常出入於先生家中。當劉國松、莊喆等成立「五月畫會」，被人視為異端時，他卻不斷予以鼓勵。當台灣的現代詩遭到批評時，他也肯定他們的方向，所以瘂弦就經常對人說，他是「夢鷗先生的另一私淑弟子」。而另一位當時引導台灣文學批評界的姚一葦先生，也是先生引導出來的。姚先生夫婦是先生廈大的學生，他原名公偉，姚一葦的筆名就是王先生替他起的。原來，一九五一年左右，姚先生被牽連到白色恐怖案件之中，出獄之後有一段時間非常消沉，那時他們都住在中和，先生除經常邀姚先生喝酒談天，並鼓勵他專注於寫作。後來台灣文壇談起批評理論，經常王、姚並稱，便是由這一段因緣發展出來的。

王先生雖然是性情中人，但做起事來卻是極度認真，不容少緩。故他的公子建生曾私下戲名之為

王夢鷗教授（中）任教政大時與尉天驄（右）合影。

「王老急」。這裡可拿兩件事來作說明。第一件，一九六一年前後，他鑽研《禮記》，有一處需要瞭解鄒衍，於是便集中幾個月的時間，日夜不停地專注於鄒衍的研究，一點不肯放鬆，而且為了這個研究，還特別與日本漢學家平岡武夫、花房英樹多次書信討論，最後寫成《鄒衍遺說考》，使得日本漢學家驚異佩服不止。又有一次，為了漢代的一點小事，涉及到居延漢簡，覺得勞榦先生的著作中有些疑問，居然就花了一年時間往來木柵、南港之間，剪剪貼貼，作了一部《漢簡文字類編》，為漢學研究作了重大的貢獻。因為他的治學功夫如此嚴謹，因此他的幾部重部頭的大著《禮記校證》、《唐人小說研究》（一、二、三集）、《唐人小說校釋》、《傳統文學論衡》都一一成為當代漢學研究的經典著作。

在先生的著作中，他的《文藝美學》、《中國文學理論與實踐》（原名《文學概論》）是影響中國當代文學發展的兩部重要著作。前者是台灣文學界討論近代西方藝術理論最早也最有思想深度的一部書，後者則把中國傳統美學予以新的詮釋，使傳統與現代、西方與東方有了新的融合。這不僅對於中國學術有著意義，對於西方現代藝術之發展也有啟迪的作用。

王夢鷗老師走了，他影響了這麼多人，相信每一個人都會永遠懷念他，這種打從心坎裡生出的感情，要如何才能表達呢？也許最後也只能用一句「謝謝」來真誠地表達對他的思念和感激！

——二〇〇二年十月十八日《聯合報》副刊

受業初記

王老師的國文課

一九五六年，我考取國立政治大學，是中文系的第一屆學生；王夢鷗老師教我們「大一國文」。那時候，系裡規定，中文系的大一國文，限定要教唐代到清代的作品，二年級以後再上溯到別的朝代。王老師初教我們，並不以唐宋八大家為主，而八大家也不選一般人所熟知的作品。在我們所保存的一分當年的國文講義中，其篇目大致如下：

韓愈：藍田縣丞廳壁記
柳宗元：永州龍興寺修淨土記
張說：唐昭容上官氏文集序
袁郊：紅線
白行簡：李娃傳
孫樵：書褒城驛壁　書何易于
吳武陵：遺吳元濟
孫郃：春秋無賢臣論
歐陽修：桑懌傳　集古錄跋尾（錄二）
蘇洵：送石昌言北使引
蘇軾：論養士
曾鞏：寄歐陽舍人書
司馬光：與王介甫書
王安石：答司馬諫議書

晁補之：新城遊北山記
李清照：金石錄後序
洪邁：唐曹因墓銘
文天祥：指南錄後序
謝翱：登西台慟哭記
施耐庵：水滸傳序
高則誠：烏寶傳
馬中錫：中山狼傳
魏大中：自譜
陸容：阿留傳
胡天游：女李三
顧炎武：答監修徐學士書
冒辟疆：影梅庵憶語（選文）
章學誠：書孝豐知縣李夢登事
吳偉業：柳敬亭傳
魏禧：邱維屏傳
朱琦：名實說
王思任：游喚
佚名：制藝文例

大一的時候，系裡的課程除學校的共同必修外，系裡的專業教學大多由幾位年老的、好講義理的先生擔任，他們一而再、再而三地勉勵學生要「為天地立心，為生民立命，為往聖繼絕學，為萬世開太平」。這些話我們雖然也能誦之如流，但由於學識經驗之不足，卻很難對中國文化之所以偉大能有深切之領悟。王夢鷗老師的授課聽起來雖然偏重文學的趣味性，但言談之間的隻言片語卻往往能引發學生心靈的波動，四十年過去了，至今想起來，仍不時會讓人有所回味；雖然那時我們所能領會的還很浮淺。

記得大一國文的第一課，老師講的是韓愈的〈藍田縣丞廳壁記〉。縣丞是一縣的副縣長，依照規定，只要與這個地方有關的事務他都應該管，但按照官場的傳統，這個官職只是一個空位子；在他上面有縣長，在他下面有辦事的胥吏；夾在中間，他甚麼也不能管，公文來了，也只能副署蓋章而已。然而一旦有過錯發生，往往又要替人頂罪。因此，擔任這一職位的人一方面被人看不起，另一方面也自己輕視了自己；成了沒有生氣的職位。甚至連辦公室也懶散得委棄不理。王老師講這篇課文的時候，言談不多，但是卻簡短扼要地說起人的尊嚴；人不能被人瞧不起，更不能自己瞧不起自己。在這篇文章中，韓愈敘述他的朋友崔斯立博學有才，初任縣丞，自認為「任何職位不足以阻止人的發展」，然久而不得施用，才禁不住感嘆說：「丞哉！丞哉！余不負丞，而丞負余！」於是奮然而起，先將辦公的地方整治乾淨，每天面對老樹巨竹吟詠其間，每逢有人問他在幹甚麼，他就揮揮手說：「我在辦公；走開！走開！」在講到這個地方的時候，老師向同學望一望說：「這是在幹甚麼呀！只不過無可奈何地保持一點讀書人的起碼尊嚴而已！」老師對此雖沒有多作解釋，但在他以後講授的課文中，仍然不時有著同樣的感觸。在他的選文中，洪邁的〈唐曹因墓銘〉是一篇極短的小文，文中借死者妻子的口吻說：「君姓曹，名因，字鄙夫，世為番陽人。祖、父，皆任於唐高祖之朝，惟公三舉不第；居家，以禮義自守，及卒於長安之道，朝廷公卿，鄉鄰耆舊，無不太息。惟余獨不然。謂其母曰：『家有南畝，足以養其親，有遺文，足以訓其子，肖形天地間，範圍陰陽內，死生聚散，特世態耳，何憂喜之有哉？』余姓周，公之妻室也，歸公八載。恩義有奪，故贈之銘曰：其生也天，其死也天，苟達此理，哀復何言？」講這篇短文時老師說：這是一個讀書人應該有的自持態度，隨權勢浮沉，有甚麼意義？大概也就因為有著類似的感慨，老師又選了魏禧書寫他那位窮苦自守的姊夫的〈邱維屏傳〉給我們讀。而且不經意地說：「君子固窮，小人窮斯濫矣！」

在講張說的〈唐昭容上官氏文集序〉時，老師先講了唐代上官儀、上官婉兒一家與當時政治鬥爭的歷史事實；然後說：殺這一家人的是那一批人，要平反追思他們的，也是那一批人。他們掌握權勢，要怎麼做就怎麼做，難就難在奉他們命令寫這篇序的人。張說被人稱為「燕許大手筆」者在此，他的可悲、可憐也就在此！文人一旦變成政治、權貴的工具，就會如此！老師言談，往往只落落數語，但往往後很多年，就會使我們漸漸能從簡單的言辭中體會出一些道理。他不但講課時抱持這樣的態度，就是在一些學術論文或讀書隨筆中，也同樣維持著類似的一貫之道。在講到中國舊文學的演變時老師寫過一篇〈從士大夫文學到貴遊文學〉，他拿文稿給我時說：讀書人的作品一變成士大夫文學再變成貴遊文學，就是文學的僵化和死亡；因為它們已沒有生命。所以他非常同情清代的作家汪中。汪氏幼年，舉家淪為乞丐，長大成人，混跡塵世，又不得不沉浮權利世俗之間，所以在寫〈弔馬守真文〉時，便不能不有所感慨。夢鷗師在〈汪容甫的性格〉中說：「馬守真是南明舊院的名妓女，汪氏經過其故居，因想像她的才藝、她的身世，表示有此才氣的人竟墮落風塵，倚門賣笑，盡人可夫，極可同情，因在序文中說：『……靜言身世，與斯人何異？……』很顯的，本文的主題在於自弔，他將自己的遭遇視如倡優，故自比於馬守真，且曰：『事有傷心，不嫌非偶。』此文蓋又由悲恨而不勝哀怨了。」當年讀書時，老師的感慨我們是無法真正了解的，進入社會以後，才愈來愈感受到這些話中的蒼涼意味。

王夢鷗教授八十大壽餐會上，尉天驄夫婦向老師及師母敬酒。

然而老師並不是要把我們做學生的來承受這些知識分子的無奈，他的話是一種對歷史和現實的說明，也是一種警惕。講到官場、權勢的種種運作時，他選了孫樵的〈書何易于〉和章學誠的〈書孝豐知縣李夢登事〉兩篇類似小說的短文給我們讀。何易于為官，奉命治理河道，他認為民工辛苦，除將公家原訂的工資盡數發放外，還貼上自己的薪水；別的縣則剋扣工資報告上司為公家節省多少多少公帑；兩相對照，何易于便被視為無能。何易于為政，使縣中無盜，而其他縣則報告上司本縣捕捉多少強盜。兩相對照，又顯得何易于無用。如此便使得他的仕途充滿了障礙。而李夢登也是同樣的一個人物。老師講這些課文時，像講小說一樣淡淡地予以敘述，然後只輕輕地說：做這樣的官，就無法不陷人於虛偽！

因此在講蘇洵的〈送石昌言北使引〉時，他重複幾次地說：「要好好體會最後一句話，『說大人則藐之，況於夷狄！』這是讀書人應有的做人做事氣概，不能有軟骨病。」

老師在講到時代的動盪，人民的流離時，常不期而然地流露出惻然悲痛之情。這可能與他半生的逃難生涯有關。當他講李清照的〈金石錄後序〉時，一談到李清照和丈夫趙明誠少年的歲月，就好像在回味自己那一時代的甘美和辛酸，等敘說到後來在戰亂奔波，趙明誠病逝的情景，常沉默無語，一方面讓人有著無聲勝有聲的淒涼；另一方面又似乎在這分淒涼中透露出個人為人處事時的無能為力。所以在講文天祥的〈指南錄後序〉，在解說杭州的陷落時，說：「文中的『時北兵已迫修門外，戰、守、遷皆不及施』，有的版本作『戰、守、遷皆不施』，一字之差，意義迴然不同，『不及施』是指政府的無能，『皆不施』是指政府的痲木。『山外青山樓外樓，西湖歌舞幾時休』；怎樣的政府，就產生怎樣的現實和歷史。寫文章一字落筆，便有不同的意義。小心小心。」

但是不管現實如何，作為一個人特別是一個知識分子總要保持他的純淨和誠懇。夢鷗師說這就是人格和風格。在講柳宗元的〈永州龍興寺修淨土記〉時，我們以為他在講佛學知識，結果卻帶給同學莫大的喜悅。老師說：文中所講的三惡、八難、十纏、九惱；是人世間的悲苦相，建立淨土，是人們的理想；這不是逃避現實，是人世間的至高理想和積極作為。——我們讀書人應該有這種志氣，把自己也把眾人從黑暗痛苦的這一岸渡往喜樂的那一岸。文中說「舟筏之存乎是」，就是盼望大家應該具有的大悲願。

大概也就因為如此，老師講課之時常喜歡講宋元之際和晚明時代的事。他講魏大中〈自譜〉時，著重在魏大中的貧苦生活和在獄中的堅持。他不從現實政府的標準來議論人的是非，而是從一個艱苦的大時空的風雨如晦中，去體會一個讀書人的有所為和有所不為。記得他講謝翺的〈登西台慟哭記〉時，他聲明自己的重點不在於種族的對抗而在於：在那無所逃於天地之間的時代，看一個人為維持自己的風格所作的孤苦奮鬥。老師說：「一個悲不敢泣的時代是甚麼樣子，你們能想像得到嗎？能想像得到，你們才能懂得那時代知識分子的寂寞及悲壯的所在。」後來我在舊書攤買到老師青年時的劇作《燕市風沙錄》，又讀了他在勝利書店出版的《文天祥》，才愈來愈懂得老師的心情。老師平日喜歡談小說，在講授唐人傳奇時難得見到他的豪邁之氣。他說：李娃，妓女也，紅線，侍女也，然而都能做出一般人不能做出之事，則俠也者，人人可為也。因此當他解說〈紅線〉，唸著那首為紅線餞行之歌，「採菱歌怨木蘭舟，送別魂消百尺樓，還似洛妃乘霧去，碧天無際水長流」時，真讓人感受到「不滯於物亦不滯於人」的瀟灑。四十年過去了，今天回味老師當年授課時的言談，不免讓人別有一番況味。老師於韓柳之間似乎偏愛柳宗元，而柳的那一首〈詠雪〉似乎也讓人感覺他所寫的正是夢鷗師這樣的一位讀書人：

千山鳥飛絕，
萬徑人蹤滅，
孤舟簑笠翁，
獨釣寒江雪。

——一九九六年十月十八日《中央日報》副刊

懷想那一段歲月

記姚一葦先生

一九五七年某月，我在政治大學中文系就讀的時候，有一天，教「文學概論」的王夢鷗老師對我們說：「除了上課以外，你們也應該聽聽別人的演講。」過了幾天他就帶了一位瘦瘦的人來到課堂，王老師說：「這位姚一葦先生是學銀行的，現在也在銀行工作，但是他最喜歡的卻是文學，特別是戲劇。」然後就請姚先生述說他所以以文學為志業的原因。姚先生上台以後，先敘述他和他的夫人都是王老師往日在廈門大學的學生，姚夫人讀中文，他自己讀銀行。姚先生說：「銀行的工作是處理金錢的，它永遠只能當別人的工具；文學和藝術顯現的則是人的有血有肉的生命。今天的世界要餵飽一家人真是談何容易，所以為了活下去就得先有個穩定的工作，要不然甚麼理想，甚麼自由都必然落空。銀行是我的職業，文學是我的事業；有了事業，賦予給我的志趣和理想，我才沒有變成金錢的奴隸。」這是我第一次認識姚一葦先生。

後來，一個偶然的機會，我和許國衡、尤崇洵、劉國松幾位老友（那時，他們之間有的還不熟識）接編了一張小小的、報紙形式的文化刊物《筆匯》，決定把它改造成雜誌型的文學、藝術的綜合刊物。那時候沒錢沒人，而且少不更事，覺得只要往前衝，天下沒有甚麼大不了的事。錢麼？在我的姑母的安排下總算有了著落，接著就得找幾位長輩支持。在那樣的年代，幾個毛頭小子瞎胡搞的小刊物，有誰願意介入呢？王夢鷗先生，他是我的老師，當然要推辭也不可能；何欣先生，一聽說我們要編刊物，真是二話不說地幫我們寫稿、出主意。王老師說：「也許可以去找姚一葦。」他並且概略地說了一些姚先生的事。原來，姚先生原名姚公偉，廈門大學畢業後就來到台灣，在台灣銀行工作。後來因為姓名的雷同被牽連進一件所謂的「叛亂」案中，關了將近一年，放出來後就很少與外界往來。那時候他住在永和竹林路，與王老師的住處接近，因此常常在一起喝酒談天。後來劉季洪主持正中書局，要編一套中外文學讀物，

姚一葦身影。　　圖片提供／文訊雜誌社

請王老師主持，王老師就約姚先生翻譯了幾本小說，「姚一葦」這個筆名就是王老師替他起的。王老師告訴我們，姚這個人是個典型的書呆子，做事很獃板；不過，也很用功，關在牢裡還跟一位獄友學會了日文。

一九九四年作家聚會合影。後排左起：林美音、孫桂芝、陳麗娜（陳映真夫人）、尉天驄、白先勇、王禎和夫婦、陳映真；前排左起齊益壽夫婦、姚一葦夫婦、何欣、黃春明。

王老師又告訴我們：姚先生目前正在台灣銀行板橋分行上班，但也在板橋的省立藝術專科學校教書。他之去藝專教書也是很具有因緣關係的。那時，張隆延先生擔任藝專校長，每天從台北坐公路局的車子上班，常常與一位也在台灣銀行板橋分行工作的朋友同車，有一天談到戲劇師資的缺乏，那人便說他們銀行裡倒有一位戲劇專家。多次談話以後，張校長便親自到台灣銀行去拜訪姚先生，並請他到學校為學生作一次專題演講，姚先生去了，講的題目叫「幕」。張校長很疑慮這題目有甚麼好講；但姚先生卻由幕講到舞台，由舞台講到戲劇中時間與空間的處理；然後再由這些講到古今中外各種戲劇的變化……。這場演講一結束，張校長立刻就邀請姚先生到藝專兼課。

我們找到了姚先生的家，是在永和竹林路一片稻田後面，那時候他的女兒還喜歡坐在大人懷裡玩耍，姚先生說：「她叫海星，你們知道我為甚麼替她起這個名字？」我說：「難道與魯迅有關嗎？」他說：「正是。魯迅的兒子叫海嬰，我的女兒叫海星，這是我對他的敬意和學習。」接著他又問：「你們知道魯迅說的那句話給我印象最深刻？——那就是他在遺囑上吩咐兒子的一句話：不要當空頭的文學家！」

我們跟姚先生談得很愉快，但是他並沒有替《筆匯》寫稿。他說：「台灣目前有甚麼文學？不寫，不寫，寫起來也沒有意思。」我們也沒有再纏他，但每一期我總親自送刊物給他，一直到第三期他才寫了一篇〈莎士比亞戲劇的演出〉。但是那一期正值我去台中參加大專學生暑期集訓，校對不夠認真，排版上出了很多錯字，惹得他大為生氣，對尤崇洵他們幾個宣稱不再寫稿，讓他們很覺為難。我寫信說：不要放在心上，等我結訓再談。就在這期間，我們刊登了幾篇陳映真用各種不同的筆名所寫的小說（如〈麵攤〉、〈我的弟弟康雄〉、〈家〉），引起了很多人的注意。我拿著幾本刊物又踏進姚先生家，他固然談鋒甚健，但仍然說今日文壇沒有像樣的創作。我說：「您不妨看看這幾篇！」他翻了幾翻並沒有多少反應。

過了數天，我再去看他，他高興地說：「這幾篇寫得好，寫得好！」我告訴他這幾篇都是一個人寫的，而且作者是淡江英專二年級的學生，這下子他更高興了。於是過些日子我就帶了陳映真去看他。也似乎從那時候起，姚家便成了我們經常出入的地方。我們有人叫他「姚老師」，有人叫他「姚老」。看他那副嚴肅而又令人感到親切的樣子，我就戲謔地稱之為「姚老夫子」；但私下裡我們都是叫他「老姚」！

姚先生這個人表面上看來雖然沉靜，但激動起來卻渾身是勁。他除了為《筆匯》寫稿，還參與了雜誌社裡的一切活動。平常他是一副書呆子的模樣，興奮起來講話就滔滔不絕。而且酒量也很不錯，談起文學中的一些禁忌（如「性」）一點也不頑固。有一次他很幽默地對我說：「我在銀行裡幹得好好的，本來想就此平淡一生，那曉得卻被你們拖了出來。」這話也是事實，姚先生從開始為《筆匯》寫稿以來，知道姚一葦的人已經多過知道姚公偉的人。也使他與《劇場》、《現代文學》等刊物的朋友時相往來，所以他活動的天地也就從台灣銀行擴大到文藝界，然後由文藝界擴大到學術界。那時候，他本可以由銀行的裏理再往上升，但他卻要求銀行當局安排他去擔任一份總行的清閒工作，負責對外的文字宣傳。於是他那間辦公室就漸漸成為文藝青年出入之所。而與他有點類似的，還有一位俞大綱先生。俞先生在公園路主持一家旅行社，掛名董事長，每天所做的也不過是些蓋蓋圖章的工作而已。每一次我們去拜訪俞先生，他會一面招呼你到他辦公室去坐，一面就對外間的一位小姐說：「吃飯時請隔壁小店送兩碗麵來。」這一來你就非得留下兩三個小時不可。俞先生那時在文化學院主持藝術研究所，非常注意文藝界的活動，他看了姚先生的文章，就拉他到所裡教書。怡太旅行社和台灣銀行中間隔著一座新公園，他們便經常互相訪問，一塊到附近小館吃午飯，這樣一來，姚先生要想安靜地獨自過自己的生活，當然也就不可能了。姚先生和俞先生都是愛護青年的人。舉個例子來說，那時楚戈還叫袁德星，剛從軍隊下來，晚上在藝專當學生，白天就獨自進修，在報刊發表了一些創作和藝術評論的文章，俞先生對他非常欣賞，就要這位夜間部的專科學生到他主持的研究所去教課。而姚先生最喜歡接觸青年的作品，《筆匯》停刊以後，《現代文學》的一群朋友也先後出國，他和何欣先生、余光中先生便聯合起來替他們主持了好些時間。陳映真的〈一綠色之候鳥〉、〈將軍族〉、〈獵人之死〉、〈文書〉等篇都是這一段日子寫出來的，我雖不敏，也

一九六七年攝於《玉觀音》拍片現場。左起李行導演、何欣、龔弘、白蘭、姚海星、尉天驄、范筱蘭（姚一葦夫人）、姚一葦、陳耀圻、施叔青、王禎和。

被他逼著寫了些創作，而姚先生一直得意的說《現代文學》第十九期是他認為小說創作最豐收的一期。姚先生有句話很具威力：「下個月要繳一篇作品，死也得死出來！」但他也有他的弱點，有時看來很凶，但另一方面對青年卻很溺愛。他喜歡陳映真，誰要說陳映真不好他一定生氣；他喜歡《筆匯》、《現代文學》，誰要說這些刊物亂來，他一定嗤之以鼻。

後來，我們又辦了《文學季刊》，大家常常在台北武昌街的明星咖啡館相聚。那時，明星一樓的走廊坐著一個僧侶型的人物，那就是擺舊書攤的周夢蝶。二樓是一般人相會的地方，有冷氣，三樓比較陳舊，沒有冷氣，走進去地板嘎嘎直響，這是一般學生去的地方。我們沒有辦公室，就把那塊地方霸占成自己的山寨，姚先生從銀行下班也經常過來坐坐。那時我們除了《筆匯》的老友，又增加了劉大任、七等生、王禎和、施叔青、黃春明、吳耀忠等人。施叔青剛考上大學，一副不折不扣的高中生模樣，姚先生看了她的作品，說她有才氣、有潛力，說得施叔青又害羞又興奮。而最令人興奮的是遇見黃春明。那時七等生說他有個朋友很有寫作才能，於是我們就請他帶到姚先生家見面。那是一個夏天的夜晚，我們進了姚家，姚先生發給每人一把扇子，然後大家開始閒聊，只有七等生帶來的這位笨胡胡的人少言寡語，大家以為這次一定上了老七的當，誰知一談到各人的往事，這位仁兄就完全生龍活虎起來，從他偷追女生到撕學校布告，到被開除，到後來一再被各地的師範學校退學，再一直說到他各式各樣的流浪生活，還沒敘述完畢，大家都興奮起來說：「我們又真正發現一個作家！」這個人就是黃春明。

黃春明是宜蘭人，那時剛來台北工作。大家熟識以後，他的創作熱潮也就被鼓動起來。

一九七五年，在王禎和新店家中聚會。左起：黃春明、尉天驄、胡金銓、姚一葦、鍾玲。

但也產生了不良後果；為了寫作，經常不去上班，沒有多久，就自然失業。七等生原是個慣於失業的人，現在又來了一個黃春明，所以大家也就經常發出警告：「春明！你是不是要變成八等生了！」雖然如此，姚先生在《文學季刊》頭兩、三期的時候，總是努力著要激發黃春明寫出屬於他自己的東西，而甩掉從別的作家感受到的情調。

時間到了，第三期以後，春明先後發表了〈溺死一隻老貓〉、〈看海的日子〉。當姚先生一看完這些作品的原稿，就立刻非常激動地笑起來說：「這才是你的作品！這才是你的作品！」他還講了一個舊俄作家柏林斯基和杜斯妥也夫斯基的故事。當柏林斯基已經名滿天下的時候，杜斯妥也夫斯基還是一名文壇小子。當他寫出處女作《窮人》的時候，特別送到柏林斯基那裡，請他指正，卻沒有回音，直到兩三天以後的一個深夜，柏林斯基才找到了他的住所，把他從睡夢中叫醒，一見面就說：「寫得太好了！寫得太好了！只可惜不是我寫的。」這段小故事對春明當然是最好的鼓勵。所以，往後一段日子，春明雖然是現實求職的遁逃者，但他的創作卻一篇比一篇精采。

相對於黃春明來說，王禎和可就是真正的循規蹈矩了。他準時上班，生活一絲不苟，寫的作品都數易其稿。每當他和姚先生相互討論之時，兩個人總是細細地斟酌，每當心神互通時，姚先生也止不住地拍著禎和的背說：「禎和啊！禎和啊！」也因為如此，禎和雖然出身台大，發跡於《現代文學》，但他卻與《文學季刊》結了不解之緣，連大家的家人都成了親密的朋友。後來禎和調來台北工作，姚先生就邀約大家每個月到他家聚會一次，由他在大家的小說創作中選一篇，來分析它的優劣點，每次都由陳映真筆記。這件事一直延續到陳映真入獄，才告一段落。

在陳映真事件發生以前不久，陳耀圻從美國學電影回來，帶了三部自己製作的短片，一篇是卡通式的中國神話《后羿》、一部是透過黃永松、牟敦芾他們爬山以顯示台灣青年苦悶的紀錄片《上山》、一部是大陸來台老兵開荒的《劉必稼》。他之來，讓大家有了一陣激動，於是《文學季刊》立即為他舉辦了一次發表會，地點在台北市的耕莘文教院，由姚一葦和俞大綱兩位先生主持。這一次的活動為台灣文藝界帶來了不少影響，但也引發了一波又一波的風風雨雨。過了不多久，李行導演決定把姚先生的劇本《碾玉觀音》拍成電影改名為《玉觀音》，男主角由陳耀圻擔任。然而就在拍製過程中，《文學季刊》的朋友陳映真、吳耀忠、陳耀圻都被情治單位抓了起來，黃春明也被傳訊一天，我則一直受到「保護」。各種風風雨雨的傳言一波又一波地散布開來，我常常到姚先生台銀辦公室小坐片刻，姚先生總是問：「有甚麼消息？」我總是搖搖頭。一直到那麼一天，我告訴他映真他們被判刑的消息，他一聲不響，只一口又一口地抽菸，然後我站起來說：「我走了！」他也沒有像往常那樣站起來送我，只蒼涼地擺擺手，望著我走出辦公室。這樣拖不了多久，《文學季刊》終於停刊了。

再後來，經過兩三年的平靜，台灣局勢漸漸有了變化，外來的訊息也多了起來，美國愛荷華的作家工作室也陸續邀台灣的作家出國訪問，也漸漸有一些留學生回國工作。接著保釣運動發生，大陸上文化大革命的浪潮掀起來了。披頭、嬉皮、美國的民權活動的訊息也傳入台灣。台灣再封閉，也多多少少受到影響。那時唐文標從美國回到台灣，像一陣火光那樣在沉悶的文學界激起了反逃避、反頹廢的浪潮。於是大家決定再辦刊物，為了它與《文學季刊》的關係，就起名為《文季》。那時受到時局的影響，大家在言行上有多少有著急焦的色彩，正好姚先生從愛荷華回來不久，我們希望他帶回強大的動力，但他只寫了一些與外國作家交遊的小品。老唐說：「應該請老姚再加把勁。」並要我跟姚先生轉達，姚老以為我們對他不滿，大為生氣，決定從此不再寫稿，弄得大家不知如何是好。我仍然說：「過些日子再說。」沒想到這一拖就將近一年。有一次遇到一位老朋友，他說，姚老很寂寞，經常望著天空不發一語。老唐說：「都是我惹的禍，再怎麼說我們應該去道歉。」我們打電話去，告訴他陳映真出來了，大家要去他家，還要去他家吃飯。他很興奮，要姚太太煮了一大鍋菜，那天大家話說開了，酒也喝多了，我們說：「姚老，都是我們不對！」姚老說：「甚麼？廢話！甚麼叫老朋友，老朋友就是再怎麼也沒法打散！」於是大家又經常聚在一起，他的老話又來了：「沒有文學，活不下去；沒有朋友，日子無法過。」

有一天他告訴大家要從銀行退休，而且說：「銀行工作不僅無聊，它的後面更是一層一層的無恥。」這樣他又走上了教育的道路。他仍然還是書呆子作風，仍然對台灣的文學界寄予希望。但是，朋友們這時有的走了，先是唐文標，後是王禎和。因此喪禮時，姚老雖然講

《玉觀音》拍攝現場合影。前排左起：林美音（黃春明夫人，懷中嬰兒為黃國珍）、施叔青、陳耀圻（男主角）、姚一葦、黃春明；後排左起：尉天驄、奚淞、陳映真、李行（導演）、李至善。

話，卻一片木然。最近兩三年，他開始漸漸感到消極。有一次在一家大報的小說評審會上，我說了一句話：「目前的作家愈來愈妓女化。」並向紀錄人員表明，這句話絕對不能刪掉，姚老望望我說：「有這麼嚴重嗎？」然而想了片刻，又點了點頭，似乎頗為同意。過了一段日子，他的心臟開了一次刀，健康受了影響，但是朋友們一有聚會，他一定出席。我們勸他少動多休養，他總是說：「能夠多一次見見老朋友，總是好的！」有一次他忽然對我說：「想不到你和映真也已到了六十了，日子真快！」我說：「你知道嗎？前些日子，海星到政大上課，見了我直蹦直跳，別人看了很奇怪，我對他們說：海星可是我看著長大的！」雖然一切都在改變，但姚先生仍然關心大家的寫作；前幾年丘彥明要離開《聯合文學》，在她主持最後一期時，逼我寫了一篇〈唐倩回台灣〉，姚先生看了以後，高興得立刻打電話來，說：「這篇還可以擴大。」並說：「人老了，閱歷多了，應該寫出更好的作品。」但我們好像都有負他的期望。

我說我們找個日子好好聚聚罷，因為今年是《筆匯》的四十週年紀念，他很高興。誰知道姚先生竟先走了。姚老，我們該怎樣送你呢？

——一九九七年四月三十日《中央日報》副刊

無名氏最後的日子

記無名氏

我知道而且聽到很多人在談論無名氏，是在一九四七年前後的那個年代。那時國共內戰正在火熱地進行，我的老家被破壞得連安全都有了問題，在不得已的情況下，家人把我送到徐州一家設備很差的樹德中學就讀。這學校是一位同鄉辦的，等於是徐州以外的鄉下學生的收容所。學生都寄宿在一座舊倉庫改造成四、五十人住的大宿舍裡，我們一些初一的小毛頭就跟那些高中部的學長擠在一起。那些從鄉下來的學長，年齡大都比一般城市的高中生大了好幾歲。晚上聽他們談天說地，倒也增長了一些見聞。他們有些人大談無名氏的《北極風情畫》和《塔裡的女人》，也有些人背誦田間、魯藜、艾青、臧克家的詩，並議論著我不大聽得懂的現實問題。這些好像比上國文課更讓人覺得有趣，至於他們之間所爭論的現實問題卻是只能聽著而已。那時自己的年紀還小，在顛沛流亡的環境裡，由於自己的蒙昧無知，很多對事物的認知便自然而然地被年長的人物牽引著。他們談論著無名氏和他的作品，沉醉在戀愛的夢幻嚮往中，愛情就成為他們最著迷的話題。自己雖然不能懂得他們的議論，但聽著聽著也就覺得滿有情趣。

這些便在不知不覺中建構了自己心中的「文學世界」，而在往後的歲月裡，還不時地對我產生著影響。一九四九年剛到台灣，我讀了幾本像《石懷池文學論文集》一類引導文學入門的書，它們的理想主義曾有一段時日對我產生作用。他們批評無名氏，也批評徐訏；說他們的作品容易麻痺人的意志；勸導青年不要閱讀，使我好長時期對他們兩人的作品，一直抱著「敬鬼神而遠之」的態度。一九八三年，無名氏從大陸來到台灣，由於執政當局東擁西抱地把他的一切當成政治上的鬥爭教材，因此便一直對他沒有多作注意。

無名氏這個筆名所給予人的印象是新奇的，對之當然也有著不少的神祕感。但後來卻也對他的生平有了一些了解。有一次好像是讀高中的時候，在聽取家中來客談話中，才知道他原名卜寧，又名卜乃夫，並且知道：他的哥哥卜少夫和嫂嫂徐品玉都是我姑母多年的好友。上世紀的五〇年代以後卜少夫夫婦經常從香港來台灣，也不時會與我姑母相聚。就因為如此，我便知道了一些無名氏的故事，也聽到他留在大陸所過的艱苦生活。譬如《北極風情畫》是取材於抗戰時期韓國義勇軍李範奭將軍的親身故事，李在抗戰時的西安與無名氏是相知的好友，韓國光復後，曾出任國務院總理。至於《塔裡的女人》女主角，則是我姑母曾經見過的人物。少夫先生的夫人說：老四（無名氏排行老四）其實是個書呆子，既不瀟灑，見人還非常靦腆：大概就因為如此，他才把愛情想像得那麼純潔，寫出來那麼動人。一九六九年唐文標從美國來台灣任教，他曾長期住過香港，也帶來一些台灣不大容易見到的書，也談到一些文壇的事情，他說：一九四五年之後，無名氏曾經構思一系列包含有六部作品的大河小說。總名為《無名書》，想就此反映五四以後的中國，並且已經寫成前兩卷，業已出版。他帶來的《野獸・野獸・野獸》和《金色的蛇夜》上冊，就是其中的一部分。他唸了《金色的蛇夜》開始的那一段對世界苦難的控訴，然後說：「很可惜這系列的作品沒有再寫下去。但是僅就已經寫成的這一部分來看，就已讓人體認到它的價值。」除此之外，他還帶來無名氏一本舊作的思想隨筆《沉思試驗》。他說，六〇年代以來，很多香港人（如司馬長風、黃繼持等人）已經注意到無名氏在做著大的改變，五四後期以來，茅盾、巴金等人的作品所呈現的多是那個激進

無名氏年輕時的模樣。

時代的現實，而無名氏則在其間多了深一層的反省。於是，他的浪漫主義加現代主義風格很有獨特的代表性；顯示著三〇年代文學將要走上轉變。我要他對無名氏跟徐訏作一比較，他說：「徐訏只有浪漫風格，沒有深度，像無名氏的『我們的時代：腐爛和死亡！』那樣的話，徐訏就寫不出來。」他這樣的議論，使我開始對無名氏有了另一番想像，但仍然只拿他早期的那兩本小說作為思考的基點。所以雖然在那一階段我參加了一些文藝界的活動，也與無名氏見過一兩次面，卻沒有過多的談話。

我與無名氏開始熟識，是在他生命的最後幾年。一九九六年六月梅新主編的《中央日報》副刊舉辦了一次兩岸三地文學會議，上海復旦大學的賈植芳教授和無名氏等人也都應邀參加。賈老年逾八十，一口山西土話，無人能懂，我便毛遂自薦擔任他的論文講評。由於整個會場無人知道賈老的過去，場面的氣氛顯得十分枯燥，我就站起來講述在中共對胡風事件的大迫害中，賈老如何仗義執言，因而招致將近二十年的牢獄的生活。我剛講完，掌聲隨之而起，大家都自動站起來向賈老致敬。這次以後，無名氏就找到我，一談之下結下友誼，並不時有所往來。從此，我便尊稱之為「卜老」。他也有兩次特別對我專注地談論他的《無名書》，說：「經過了三〇年代到四〇年代的一次又一次的激進運動，我覺得應該冷靜地對自己的所作所為作一次深度的思考。就因為有了這樣的自覺，我才能從以往的小世界中走出來。我要把這些記錄下來，但到了一九四九年前後就無法繼續下去。好幾次我都想放棄。但隨後而來的日子愈苦，在找不到出路之下，便只好藉著寫作向自己質問。有時寫到一個片段，就用偷渡的方式寄給海外的親人，也只是藉此通問消息而已。來到台灣後，把它們重新整理，其用意就是在『痛定思痛』下對人生旅程作一回顧和反省。」

無名氏身影。　　圖片提供／文訊雜誌社

至此，我才對他的這部大書有了通體的了解。這部書的發展次序是這樣的：

第一卷《野獸・野獸・野獸》

第二卷《海豔》

第三卷《金色的蛇夜》

第四卷《死的巖層》

第五卷《開花在星雲之外》

第六卷《創世紀大菩提》

每一卷分上、下兩冊，合起來一共十二大本。可惜，這些書至今還未能完整地在一家書店統一出版。

他這樣說著，並把《無名書》中已經分散出版的幾卷送給我，還附送一本他的報告文學《紅鯊》和一本大陸出版的《無名氏傳奇》，是南京大學汪應果教授寫的。他說：「時代變得真快，聽說今天的青年連《北極風情畫》和《塔裡的女人》也不大喜歡讀了。但黃文範教授卻把《紅鯊》拿來與索忍尼辛的《布拉格群島》並稱，要把它譯成英文。」

無名氏贈與尉天驄的書法作品。

他大概很寂寞，每隔一段日子就會約我出去小聚。地方大多是可以聊上三、四個小時不會被店家趕走的所在。很奇怪地，他和我談話的內容很少涉及文學，反而經常會集結在宋明理學的議論上。他說一九四九以後他住在杭州，就靠近馬一浮大師住過的寺院，他一再表示他非常欽佩馬老，說他是民初以來最艱苦自持的思想家，不慕名利，不屈己從人。他也喜歡談王陽明，說他「居夷思困」的處世態度，讓他從以往的膚淺和夢幻中走了出來。在他和我談到《無名書》的寫作經過之時，有一段話一直留給我深刻的印象。他說：在那個時代的大變動中，不管在家還是坐牢，全身上下只賸下兩樣東西：貧窮和無望。起初是日夜惶恐，久了也就到了「全都放下」的地步：當一個人窮到無法再節省、無望到一切只好聽天由命時，反而發覺那是自己的思想真正屬於自己的時候。這時候去思考人，思考人世間的殺殺砍砍成成敗敗，思考著一切的存在，包括自己心靈中的上帝和魔鬼，起先會感受到：人世間的一切，包括自己的臭皮囊，沒有一樣是有意義的。但幾經轉折，就在這找不到意義的荒謬中，卻發現即使在身邊的瑣瑣碎碎的事物上，也有值得自己去追尋、去為之活下去的東西存在。他更回顧說：就在這樣的煎熬中，他便把自己那未完成的《無名書》所欲探索的種種問題，以及以往未曾懂得的人間諸相，相互地融合在一起，一股活生生的意志竟然讓他的思慮清明起來，成為他繼續創作的泉源。

由於他的每一次談話都是那麼嚴肅，所以我一直沒有機會跟他談過與《北極風情畫》和《塔裡的女人》有關的趣事。也沒有問過他日常生活的情況。之後，我因為身體健康的問題，有段日子不常與外界接觸。有一次遇見周玉山兄，他告訴我，無名氏由於老少配的婚姻造成家庭破碎，已離婚搬到木柵過著極為困苦的生活。我立即過去看他。我聽玉山說，他住的屋子非常簡陋，可以算是貧民窟。沒去之前，我只想到簡陋，到了那裡，才真正體驗到那「簡陋」二字的真意。我們常說「家徒四壁」，無名氏這間屋子真是除了一些雜亂的垃圾外，就只有小小的一個放置書籍的小書架，一個破舊的小書桌。我套用古人的話說：「卜老，您真是居陋巷啊！」他說：「這倒是真的——不過，經過大陸那一段日子，我已經覺得滿不錯了……」他說得那麼自然，也很自在。他告訴我，到他這裡來的，一切自助，口渴了自己到廚房倒開水，因為他不能多走動。不過，那一天他聽我要來，已經先替我泡了一杯茶，他說是一位杭州的朋友送給他的毛尖。他說：一個人要保持尊嚴，第一要耐得住貧窮。第二要一切都放得開。說著說著，他就談起林風眠來。這位大畫家，也就是《無名書》中老畫家藺素子的原身，在一九四九大局勢改變以後，為了要保持自身的心靈自由，便擺脫一切職務，從上海搬到杭州鄉下去住。無名氏去看他，見到的只是一間小小的農舍，一床一桌一椅，自己撿柴燒飯，而不以為苦。而且還說：既然天下有那麼多人都在過著窮苦的日子，為甚麼我們不能？在這種情況下，他的畫愈來愈單純，單純到只剩下一些線條和水墨，幾乎沒有多少色彩。然而就在這樣的單純中，他在其中感到一股那麼有勁、那麼平實、那麼和諧的生命力。就由於這樣，到了文革時期，當他面對紅衛兵燒毀他一大批作品時，才能顯現得那麼寬容和不在乎。無名氏說，從林風眠那裡他學到很多。他說：「苦難是一場災難，可以把人澈底摧毀，但是它也是最好的養分，一場苦難經歷下來，可以把人磨煉得更堅強，更有智慧。可惜今天的人，特別是年輕人，想盡辦法去享樂，結果他們心中的人生只不過一場玩耍……」我也半開玩笑安慰他說：「卜老，您這一生真是吃了不少苦。今天您能在有生之年完成《無名書》這部大作，比之王實味、胡風等人，您可以算是幸運的了。」聽我如此說，他笑了，笑得有點僵硬。

中午到了，他拿起電話叫巷口的一家小食攤送飯過來。他說：「這家老闆很好，他知道我老，親自送飯過來，他做的菜味道還不錯。」飯菜送來了，是紙盒裝的四盒小菜，無名氏站起來找錢，我立刻先把錢付了，才不過一百二十元。他說：「你要請客，我也不推辭了！」於是我們就在小茶几旁用餐，一盒茄子，一盒炒蛋，一盒炒肉絲，還有一盒蝦仁，是特地為我加的。從他的生活，可以想見他的情況。

那一天過後不久，一天大清早，他打電話來，說是頭昏下不了床，平常經常照顧他的文史哲出版社的彭正雄先生聯絡不上，希望我到衡陽路的聯合藥房買一種他常用的救急藥：「蛋黃素白雞精」。他微弱地一再抱歉說，不得不找到我。我立刻趕到他家，房門叫不開，只好把帶去的牛奶、包子交託給隔壁的房東，就坐計程車去台北買藥。等我回來的時候，彭正雄已在他家，我因要趕去學校上課就告辭了。他一再要付車費，被拒絕後，還一再說抱歉，連聲謝謝。

二〇〇二年十月二日他打電話約我兩天後的星期三上午去他家，他說：「你一定要在我這裡吃午飯，不能推辭，如果你要請客，我也不跟你客氣。」聽了他的電話，我感到他的生活已經窮困到怎樣的地步了。他那一天找我，主要在談十一月份將要召開的「無名氏小說研討會」的有關事項，他希望我去幫忙。我去了，他大部分時間都在談他在大陸時期的生活，談到那一時期一些知識分子的艱苦自持，他的模樣是那麼嚴肅，很難讓人想見他是《北極風情畫》和《塔裡的女人》的作者，我說：「卜老，讀過您的《北極風情畫》和《塔裡的女人》，而沒有讀過您六大部《無名書》的人，常會把您認定為鴛鴦蝴蝶派的作家，您離開大陸來到台灣以後，又容易被人認為是反共作家；反共是嚴肅的事，但一沾上政治，一沾上黨派，這反共作家的意義就容易被人認為是反共義士、御用打手。您的作品是人類苦難的產物，小心不要被人利用和扭曲了。」他說：「做人也真難。我的作品離不了愛情，但愛情是最嚴肅、最真誠的事！我絕不為滿足個人情慾來寫作。至於政治等等，我早就看穿了，在《金色的蛇夜》裡，我曾經說過：『一個政治家告訴我：政治是對人民的長期姦淫，一個好的政治家，就是一個好嫖客……。』但是，有甚麼辦法，我們活在世界上，總要有自己的立場，於是人家就把你拿來依他們的需要做政治的歸類。正是如此。所以我一直警誡自己不要被汙染。」

他還告訴我，十月十四日他要去蘇州，因為那裡的電視台要改編他的《塔裡的女人》，等他去簽約。他說：「別人不好說，不瞞你說，我目前經濟已經到了很困難的地步，如果簽約成功，大約一、兩年內還可以撐下去。」接著我們又談研討會的事，要我替他看一、兩篇稿子。還特別提到美國加州大學河濱分校吳燕娜教授的《創傷的聲音：評析無名氏的「大牆文學」著作》。「大牆文學」是大陸作家從維熙等人提出的觀念，指的是在中共統治下，以監獄和勞改農場為背景的受難文學。這些故事雖是受難的，但是這些人大多已經平反，而且官居高位。所以在思想上他們還是擁護現有體制，只不過批評其中的眾多錯誤而已。吳燕娜認為，如果把無名氏的作品也視為「大牆文學」，則它是與從維熙那些人不同的。因此，無名氏認為吳燕娜很了解他。

那天中午又到了吃飯的時間，我對他說：「卜老，今天您別客氣，木柵這裡我已經住了四十多年，是地頭蛇，這裡的飯館我熟悉，今天中午我去買飯。」他沒有推辭，我就到街上買了一批飯菜回來。他吃的少，飯菜幾乎都賸下來，我看他身子很弱，就叫他別動，由我收拾好送進冰箱。那是怎樣的小冰箱啊！裡面只有兩枚雞蛋，一盤吃賸的蘿蔔絲。爐子上只有一只水壺，一只小電鍋。

臨走時我說：「卜老，您應該考慮一下自己的生活方式了！要不要想辦法住進安老院？政大後山最近市政府剛設立一所……」他說：「等蘇州回來再說吧！我大概還可以活幾年，等身體好了，我要好好地寫幅字給你。」並說：「已經寫好一幅，但不滿意。」

臨別之時，我們又從木柵的後山談到他小說中的華山。

在《無名書》的每一卷裡，每到生命遇到大糾纏時，書的主人公印蒂都會登上華山，在極端的孤獨中自我反省。甚至在此之前的《北極風情畫》和《塔裡的女人》裡也是如此。華山幾乎要成了他生命的聖山。「這是有原因的嗎？」我這樣問他。

他說，在生命中他總覺得：人應該有一個地方作為他仰望、沉思的所在。在西方，很多人也是如此。猶太人的西奈山，希臘人的奧林匹克山，在人們心中是塵世之人與上帝接近之處。海明威的《卡拉曼加魯之雪》（即電影《雪山盟》）一開始就有那麼一段自白：在高山的卡拉曼加魯最頂峰，在那火山口上，終年積雪，罕有人至。有一隻豹死在那裡，沒有人知道牠爲甚麼跑到那麼高的地方去死。這是世人對生命意義的質疑。在人世間，很多人由於在悲苦中抓不住真實的意義，便很可能

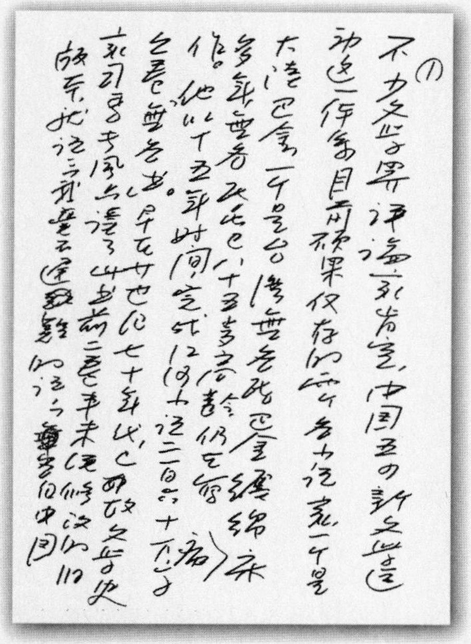

無名氏手稿。

陷於自我毀滅，希望求得解脫，近代物質主義瀰漫，狂嫖濫賭有時也成了另一種自我救贖；使人在「死亡、掙扎、新生」中迴盪。每個人都需要一個自我反省之地，作為自己企求皈依的所在。在這裡，華山就成了生命追求的象徵。可惜現代人在消費文明的麻木下，靈魂中已經沒有追求崇高的意念。

他還談到在《北極風情畫》和《塔裡的女人》過渡到《無名書》的中間他所寫的那本思想隨筆的《沉思試驗》。在那裡，他曾多次地檢討過近代的功利主義。他說：人活在世上之所以產生種種痛苦，就是對名利太執著，太從自身著想，政治現實這樣，宗教也何不如此？宗教之間互相戰鬥，有時比政治的鬥爭更為狠毒。所以，一個人即使在追求宗教境界時，也必須要謙虛地採取超越的態度。要不然，一個人如果被一些先入為主的觀念綑綁住，就不會有獨立的思考。他說：「《金剛經》說：應無所住，而生其心；真是有其深刻的意義。否則，人生處世，真可能一直在『不識廬山真面目』的情況下，失去了方向。所以，我一再認為：人活在如此紊亂的人生中，最重要的便是保持心靈的『澄明』；人不能在斑駁混雜中得救，人只能在澄明中得救。」他的這一段談話，曾引起我的同感，回

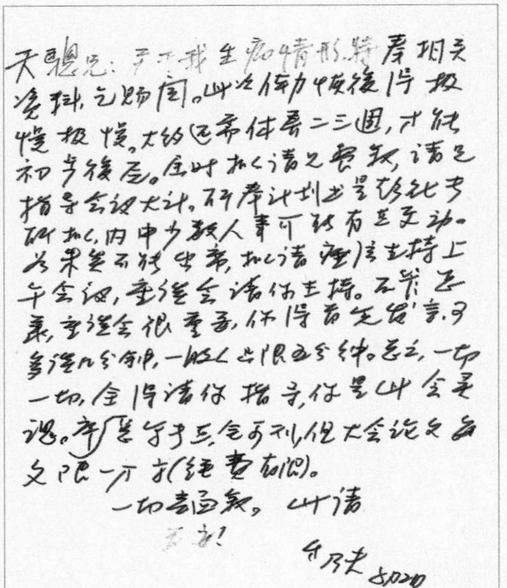

無名氏過世前致尉天驄的親筆函。

去之後，就即興地寫了一段話在《無名氏傳奇》談論《開花在星雲以外》那一章的空白處，想在下一次見面時，請他融合進去為我寫一幅長條。那些話是如此的：

在地之上，雲之上，至高之上，一切救贖之上；在釋迦之上、基督之上、阿拉之上；在不知高在何處的至高之點，一個人才能獲取最大的自在和自由。那是一種最深的摯誠、最美的完成。無所謂始，亦無所謂終。

誰知道當天夜晚他就因為吐血、昏迷而被送進了醫院。兩天以後，他甦醒過來，還掙扎著扶枕寫信給我，討論有關他的作品討論會的事。但還不到幾天就離開了人世。

他過世後，我得到國立政治大學中文系的合作，為他召開了一次學術討論會。第二年，他的老友彭正雄等人又邀請文學界的朋友為他開了一次紀念會。

無名氏逝世就要十年了。想到他這一生一直在人世中追尋掙扎，希求擺脫塵網中的種種糾葛，獲得生命的安適，結果仍然不過碌碌一生，在寂寞中度過晚年。讀著他的《無名書》，回想他一生的歷程，真不能不讓人感慨系之。這感慨不僅是為他而發，想一想也是為我們所處的時代而發。

——二〇一〇年十月參酌舊作重寫

燃燒的靈魂

懷念唐文標

多少年來，每次經過台北市忠孝東路上的善導寺，總是有一種無法解說的感受。唐文標的骨灰放置在那裡已經二十多年了，骨灰罈外面的他的小照，仍是那種無奈的笑容。他的笑，無以名之，大家稱之為「廣東笑」，因為一望見他的笑，好像就聽到一長串夾雜著廣東腔的國語。日前又經過忠孝東路，不由得做了一首小詩〈善導寺謁唐文標靈骨〉：

都已經二十多年了，
仍然讓人無法相信
你竟然真的就住在這裡。
多想揭開罈子看一看，
又怕你一陣呼喊，
會震垮這座沉睡的城市。

唐文標第一次到台灣大學擔任數學系客座教授的時候，正是保衛釣魚台運動開始不久。之前，他從美國去香港過境台灣，在機場打電話給一位文友，向他要陳映真和我的電話號碼，但那位文友回說：「現在不是找他們的時候，以後再談吧！」這冷冷的回答讓他一片茫然，後來才知道那時台灣正籠罩在陳映真被捕事件的陰霾中。

一九六九年唐文標首次到台灣，熟識以後，我家從此不得安寧。特別是一九七四年我搬到木柵以後，他一遇到談得來的朋友就會往我家帶，日子久了，一有聚會，我太太估計人數總要預留三、四個位子，因為唐文標臨時準會多帶了朋友過來。有一次我把紅燒牛肉燒過了頭，後來他就把去我家說成「到尉大哥家吃牛肉乾！」他把「大」唸成「代」，一進門就用他特殊的廣東國語朝我太太叫著：「尉代嫂，又有新人來了；有飯大家吃！」而且他口無遮攔，不辨老少親疏遠近，遇到誰總是當頭一棍。第一次見到黃春明，就直說他的〈蘋果的滋味〉寫得有問題，不該讓那個被美軍撞傷的人住在美國海軍醫院裡，家裡的人去探望，不該讓他們趁機扯了一疊衛生紙拿回家，有失中國人的尊嚴。惹得兩個人吵了起來。好在他們只爭不鬥，無傷大雅。

日子久了，這種不打不相識也就成了大家熟悉的唐氏風格，也都學會了以其人之道還治其人。因此，在我家聚會經常氾濫著知識分子的歪風，不是清談，就是爭辯；

一九七二年，唐文標與尉、黃兩家同遊基隆。左起唐文標、孫桂芝、尉天驄、黃春明、林美音（尤彌）、黃國峻，前排小孩為黃春明長子黃國珍。

「我辯故我在」，特別是陳鼓應和王曉波在座，沒有一次不爭得面紅耳赤，鼓應總是擺出邏輯實證論的架式，振振有辭，曉波則是「得理不饒人，不得理也不饒人」！甚至連無產階級的粗話都使了出來。這時我太太就會對他們的太太說：「妳們怎麼還不出來管一管？」她們卻老神在在地說：「我們只擔心他們不吵——那才真的會有問題。」直到唐文標大叫一聲「酒足飯飽，不歡而散」，大家才各自打道回府。

大陸前輩作家柯靈回憶初見老唐的印象：「一見便知是一個落拓文人」。柯老說的不完全對，唐文標之所以為唐文標，就在於他不修邊幅；在與朋友的相處中，說老唐是教授，是數學博士，已經沒有人有這種感覺，說他是海外學人，更與他的形象不符。有人叫他老唐，有人叫他唐山大兄，有人叫他唐大俠，有人直呼其名，把任何稱謂安在他的頭上，都彆扭得讓人不舒服；就好像唐文標一穿上西裝、打上領帶，便讓人對他感到陌生一樣。但他落拓卻不散漫，雖然有時像個丐幫的幫主。柯老不了解上世紀五〇年代成長於大陸以外地區的一批中國知識分子；他們有些人背負著對中國苦難的回想，懷著「恨鐵不成鋼」的心情，卻又無處可歸。他們事事關懷，一落到現實之中，卻又甚麼也不是。他們不屬於任何黨派，不左不右，又左又右，沒有固定信仰的主義，言行之間卻又處處流露著理想主義的浪漫色彩，酒喝多了義憤得成了激進派，冷卻以後又成為虛無主義者。說他們是民族主義者，不如說他們是安那琪（Anarchism）的同夥。他們是屬於追夢的一群，生來就是統治階層的批判者，落拓不羈，不畏權勢，不懂人情世故，一不小心，就會落入別人的圈套。唐文標就是這樣的一類人。

唐文標是廣東人，原本姓謝，他的父親因家境貧苦，便沿襲很多廣東人的辦法，頂替一個姓唐的華僑的名字，捨下妻兒去了舊金山打工。二十年後才把唐文標和他的母親及姊姊接過去。在這之前，就由他的母親在香港做工供他念書，進了當地的新亞書院，做了錢穆的弟子，讀了很多三〇年代的書刊，能背大批的新詩，最喜歡四〇年代詩人穆旦的「你的眼裡正燃燒著一場火災」。到美國後，為了以後的生活出路，便從人文改讀數學。他說：「數學最好讀，抓到其中的一些規律就懂得很多變化。我讀數學有助於去讀文史、哲學，也容易找到工作。」他說得很輕鬆，可把我這個一談到數學就渾身發抖且為之一再在學校留級的人弄得一片迷茫。

一九七四年，我第一次去美國，在唐家住了一個禮拜，他帶我去看唐人街的華僑博物館，指著幾隻又黑又破的飯碗說：「這就是我父親他們那群人當年使用的。」又指著當年關禁華人的監獄天使島說：「這就是近百年來中國受苦的紀錄。那些華人被當作豬仔運來以後，白人怕他們不馴服，一下船先關在這島上折磨一段時期，有人受不了，就割腕自殺而死。到現在那些牆壁上還留著用血寫下的『我活不下去了』的文字。」當我們走過中國城的街道，他指著那些坐在路邊曬太陽的老人說：「我的爺爺、父親輩退休以後就是這副樣子，你看他們一個個像不像舊俄果戈里小說《死魂靈》的人物？」老唐平日說話總是嘻皮笑臉，那時卻呈現著少有的嚴肅。

我去美國的時候，他已經拿到數學博士後在加州首府沙加緬度的加州大學任教。那時海外保衛釣魚台運動剛過了兩年，郭松棻、劉大任、林孝信等人所點燃的火燄餘溫猶在。他們大多還在大學就讀，只有唐文標已經工作賺錢；穿針引線、出錢出力的事就成了他主要的工作。今天，不知道還有多少人記得保釣運動，即使有人記得，也可能基於個人或左或右的政治立場有著不同的解釋。有人說：「甚麼保釣？還不是一群不成熟的留學生藉著幾個無人居住的小島，打發寂寞的遊戲！」這話也沒有說錯，但是，如果沒有保釣燃起的火燄，廣大的海外華人，早在美國的消費社會中安於現實成為「白華」，沉淪下去了。至於左派右派的是是非非，早晚會在黑格爾的「正──反──合」的「反省、融合、提升」中走出一條新的道路來。

唐文標這個人看似甚麼也不在乎，大而化之，其實為人處事卻很仔細。我到他家第一天，他安置我住下後，叫我坐在電話機前，為我一一接通我在美國親友的電話。打完電話，他又拿出航空郵簡：「睡覺以前，先寫信給老婆，明天一清早我好拿去寄。」

第二天開車出遊。他用試探的口吻說：「你老松（兄）這下來到番邦，最先想到甚麼？」我說：「雪和杏，幾十年沒見了！」他說：「抱歉，舊金山很少下雪。」次日清早醒來，床前桌子上放了一大籃黃澄澄的杏子，籃子旁邊放著一大本浩然的《豔陽天》，說要用來一慰我的鄉愁。但他也不忘他的戲謔性格說：「今天不出門，在院子裡烤我家的唐氏牛排。」並問我要喝甚麼酒。

他不會喝酒，我雖會喝，但當年還不識酒的品級，就指著他的櫃子說：「汾酒。」他一面開瓶，一面說：「好！牧童遙指杏花村，杏花村釀造出來的就是汾酒。」他倒了一大杯給我，自己倒了一杯礦泉水，大叫「尉代哥，小弟敬你一大杯！」我大口吞下，哎呀！這是甚麼酒呀！又辣又衝。汾者芬也，但這分明是魯智深喝的酒，一點也不芬芳啊。他得意地笑了起來：「你老哥中文系是怎麼讀的？杏花村位於山西，不在江南，哪裡有芬芳可言？」後來我去愛荷華國際寫作中心報到，每隔一段日子他就會寄一大批罐頭過來，並附紙條曰：「起司雖香，吃多了會變成豬八戒，長肥了，尉大嫂會把你休掉。」他所以如此說，大概因為他聽說我懶得做飯，經常以餅乾夾起司充飢。

像唐文標這樣的人是不適合住美國的。美國的物質生活好，他又有教授職位，但在那裡他太寂寞。在他任教的學校裡，有一個傳說：一位東方的學者，一年四季都是那套鬆垮垮的衣服，背著一只帆布書包，緩緩地在校園裡走著，校園裡幾棵大棗樹常引起他的沉思。他望望天空，又望望地面，讓人覺得無限神祕。學校一位哲學系的教授就告訴學生說：「牛頓望著蘋果樹，發現了萬有引力，這位東方人不知道早晚會有甚麼新的定律發現。」這個傳說裡的人，就是唐文標。後來我們聚會重提這件事時，就有人故意糗他說：「屁啦！老唐根本是在撿地上的棗子！」

一九七五年，唐文標又來台灣，到政治大學應用數學系任教，而且下了決心要在台灣做一些事，說是要找一個安身立命之所。他對文化批判最有興趣，他羨慕德國的法蘭克福學派，盼望能夠建立大台北學派。有人說他在自我膨脹，他卻有很實際的構想，認為：台灣夾在兩大強權之間，雖被它們牽制，卻也可以吸收二者的作為，作一深入的獨自反省和探索；也可以藉機綜合東西文化，作一多元性的開創。

那時台灣上下正自得於亞洲四條小龍的成就，他卻認為這種「成就」所孕育的文化是「只爲今天而存在，沒有明天，也沒有希望」。唐文標在生活上雖然任性，有朋友說的「生猛」性格，但在求知和做事上卻是嚴肅而認真的。他由文學中所顯現的人的危機想到近代世界難以克服的文化危機，由美國消費文化所帶來的普遍性的腐蝕，思考人類有無救贖的可能。這樣，在七〇年代，他奮不顧身，成了文化反對派的最大旗手，大力批判逃避心態，大喊「天國不是我們的」；因他批判現代詩惡化而引發的「唐文標事件」，觸及面之廣，筆鋒之銳利，也使之成為眾矢之的。他喜歡法國作家紀德在《地糧》的一句話：「如果說我們的靈魂還有甚麼值得稱述的話，那就是它燃燒得比別人熱烈！」這句話也正可以形容他自己。唐文標的書現在已很少人讀了，年輕的一代沉醉在快速膨脹的享樂文明中，他們的現實就是他們的天國，當下就是一切。不知這是唐文標的悲劇，還是時代的悲劇。

唐文標一九八一年與邱守榕結婚之前，幾乎每個星期都會在我家住上一晚，把我家的書刊資料大翻一頓，第二天揚長而去。有一天夜晚，他從香港回來，已經一點多了，他猛按門鈴，把我吵醒，我罵他這麼晚了還來吵人，他卻笑嘻嘻地拍著他的帆布書包說：「老松，你看我給你帶甚麼來了？」說著就從袋子裡摸出四個大柿子。我說：「深

一九七七年，唐文標在尉家。後為尉天驄夫人孫桂芝，懷中為尉任之。

更半夜誰要吃柿子？」他說「老松，你看一看，這是哪裡來的？——這是我託人從你老家帶來的！」老天，那可是甚麼年代啊！

唐文標人稱「大俠」。他把真正可以推心置腹的人形容為「可以一塊上梁山」。有一次我問他：「老唐，如果依照你的標準，大夥都上梁山，在一百零八將中，你到底擔當甚麼角色？」他想了半天，說：「只有一個角色我可以幹，那就是開酒店、穿針引線的朱貴。」依我看來，這朱貴他也幹不好。老唐去世前兩年，正值台灣黨外運動風起雲湧，他不僅經常出現選舉場合，散發標語，而且捐錢給黨外刊物。有一次他對我發牢騷說：「這些傢伙，要錢的時候就來找我，錢拿去了就再也不理人，連刊物也不寄一份。」幾番熱鬧過後，他有一次略有省悟地說：「回到台灣這些日子，我才知道世界不是程咬金的三斧頭可以改造好的，十斧頭、一百斧頭也不行，一切急不得，得慢慢地來才行。」我也趁機嘲笑他說：「人家稱你大俠，我看你有朝一日，不是任俠倒成為《儒林外史》裡的魯公子，裡外不落好；就是成為不折不扣的唐吉訶德，被人當成笑柄。」

唐文標雖然喜愛帶有浪漫和理想色彩的文學作品，但也喜歡上世紀四〇年代上海的一些女作家張愛玲、蘇青，以及比之較晚的施濟美等人的作品。文革時代，他託香港的老友關博文去上海，把張愛玲當年發表的作品盡量地搜集起來，編成了兩本作品集，一為遠景出版社的《張愛玲卷》，一為時報出版的《張愛玲資料大全集》，卻都因版權問題無法發行。一九八五年六月九日，他從台中住處打電話來說：時報出版公司因為皇冠出版社的抵制不能發行《張愛玲資料大全集》，願意把所有印好的書全部送給他。再過一個鐘點，他又打電話說：書已運到，他正往屋裡搬。誰知道還不到兩個鐘點，邱守榕打電話來說他鼻腔血管破裂，送進了台中榮民

一九七三年，林美音（前右）、尉天驄夫婦及唐文標（左二）於北投奇岩新村黃春明宅前院合影。照片中兩名小孩，分別是黃春明次子黃國峻、長子黃國珍。 圖片提供／黃春明醫院。得到消息以後，我和陳映真、南方朔立即包了一部汽車開往台中。他當天下午，情況穩定，預定第二天轉往台北治療。誰知當天晚上他就離開了人世。

一九八〇年他和邱守榕結婚前同去英國研習，卻在那裡發現得了鼻咽癌。邱守榕決定回台和老唐結婚，下定決心要為他留下一個下一代。

得悉老唐的病況，朋友們都非常著急，不知該怎樣為他打氣。我想起一年前的聚會，大夥在我家吃飯，他忽然大叫一聲：「哈哈，我今天才發現我們尉代哥為甚麼這樣怕尉代嫂——」

有人問：「為甚麼？」

他說：「因為尉代嫂姓孫，排行老二……」

「那又為甚麼？」

老唐罵道：「沒讀過《水滸》嗎？」

「與《水滸》又有甚麼關係？」

「笨蛋！——孫二娘啊！」

大家哄笑起來，我老婆拿起一本雜誌作勢要打他。

有人說：「鄉下人常說：對長輩不敬，不得長命，老唐腦子不往正處用，壽命不會長。」

老唐說：「放心好了！我一定要活得比你們久，好仔仔細細看看你們一個一個死的樣子。」

因此，一聽說老唐得了癌症，我就寫信對他說：老唐，放心好了，你是死不了的，你不是說過，要等著看我們一個一個的死相嗎？

唐文標喜歡胡鬧，但自視甚高，不過碰到有特殊見地、令他服氣的人，常用「厲害，厲害，可怕，可怕」來形容。有一次一些朋友聚在台大附近一家咖啡館，討論兒童讀物的問題，其中一件是重寫中國古代故事。當談到〈竇娥冤〉時，老唐提出了異議，他說這故事原來的結尾是老天讓這地方三年乾旱，六月飛雪，以懲罰當地官員的暴虐，但結果受罪的還是老百姓，這結尾非得另做處理不可。然後討論牛郎織女的故事，座中一位女生問道：「為甚麼這對夫妻一年只能相聚一次？」答曰：「為了怕男不耕，女不織，怠惰了工作。」這位女生忽然大聲說：「那，我倒要問一句：懲罰他們的玉皇大帝有沒有耕？有沒有織？否則，他有甚麼資格懲罰別人？」——那是我第一次見到邱守榕。散會以後，老唐直說：「這個女的真是厲害，厲害，可怕，可怕！」過了一些日子還不時在講，我知道他和邱守榕是台大數學系的同事，有一次就對他說：「老唐，我看你這一陣子可要栽了，你再皮，恐怕很難跳出邱守榕的手掌心。」我所以這樣說，是有道理的。因為唐文標這種人就像一些小說寫的，就怕機鋒相對的人，也最喜歡機鋒相對的言詞對談。譬如有一次他跟幾個學生談《紅樓夢》，那位學生說他最喜歡賈寶玉，老唐一聽，話就來了，他問：「我倒要先問你一個題外話：如果憑你所具的條件、背景，在《紅樓夢》的時代，你大概可以當甚麼身分的人？」

那學生說：「恐怕頂多當一個傭人頭子。」

老唐說：「你為甚麼老是假定自己是賈寶玉而去思考問題；而不是以自己是傭人的身分去思考問題呢？如果你改變自己原有的想法，不是在《紅樓夢》中更可以思考出很多問題嗎？」這機鋒也可以說是「設身處地」的思想認知。在政大上課，他常問學生為甚麼這樣想而不別樣想？上課久了，課堂往往變成辯論會。但下課鐘一響，他又拍拍口袋大叫一聲：「走，一塊到餐廳吃飯去！」

邱守榕既有尖銳的認知，唐文標還有不投降的嗎？

唐文標和邱守榕的婚禮在台北敦化北路的太平洋聯誼社舉行，我事前說當天要上台講話，他說：「老哥，我看你還是免了。梁啟超在徐志摩的婚禮上一講就是兩個鐘點，我怕你成為第二個梁任公。」那天林俊義先講話，他建議邱守榕把老唐鎖起來，讓他好好寫文章，不要到處交遊。我拿著一封信，冒充是唐文標父親寫來，要我代唸的：「汝好交遊，浪費時光，朋友太多，好壞不分，今後要多聽賢媳管訓，努力向學。」讓大家都笑了起來。第二年他們生了兒子，唐文標拿出厚厚的簽名簿，要大家題字，我寫道：「老唐你今後可以讀《論語》矣！」有人問：「這是甚麼意思？」老唐說：「《論語》裡處處都是『子曰』、『子曰』——他笑我今後要變成『俯首甘為孺子牛矣』！」

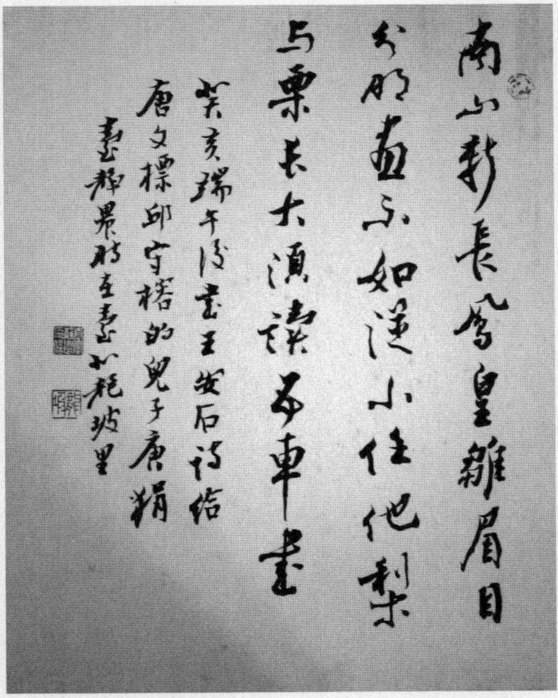

臺靜農題贈唐文標兒子的墨寶。

而臺靜農先生特別為此寫了的一幅別緻的字，更可看出老人家高興的心情。

其實，我那次題字的意思並不是如此。老唐愛拿老友作耍，以往他逢人便開郭松棻和我的玩笑，說太平洋兩岸有兩大「孝」子，一為美國的郭松棻，一為台灣的尉天驄。於是他的兒子滿月那天，我就對他說：「從今以後你可是海峽兩岸第一『孝』子了。而且今後你才能真正體認儒家偉大的倫理精神矣。」唐文標就是這樣一個人，嘴巴裡常常批評舊傳統，而行為上卻是道地地的流露著儒者的風範，雖然他平日不喜歡儒家這個名詞。

唐文標來台的前一段日子，正是二次大戰後冷熱戰相繼為用、人世之間思想最混濁不清的急進時代，中國大陸的文革、巴黎的五月風暴、美國的民權運動、東京學生反抗活動等訊息先後或同時地傳到了台灣。各種漂亮的口號讓各自不同的人思考未來不同的追尋方向。無疑地，唐文標那一夥人所帶來的理想主義的激情，便不可避免地染上了左翼的情調。但隨之而來的眾多現實，特別是文革陰暗面的揭發，卻也帶給人更深一層的思考。「李一哲大字報」便是其中的一面。在這種情況下的唐文標，也就漸漸地變得冷靜下來。以往他自認是「飄飄何所似，天地一沙鷗」，現在他一直思考著一些這樣的問題：為甚麼人們有了這麼好的科技、這麼高的智慧，還不能建立起合理的幸福社會？為甚麼一些打著漂亮口號的政黨和主義，最後呈現的卻是專制、殺戮的事實？為甚麼有著古老文明的中國人卻弄到今天這個樣子？這樣，他便想著人們如何能夠經由反省尋求救贖之道。於是他一直想著買一所房子，他表示人生大樂事便是閉門讀書，並誇口說：「等我好好用功十年，再看本人如何重出江湖！」

唐文標走了這麼多年，一想起他，總覺得他實在討厭得讓人無法忘掉。有一天夜晚，我夢見他走了過來，還是那身舊衣服，還是那只帆布書包，而且還是那種特有的廣東笑。我跑過去，往他肩頭就是兩拳：

「他媽的老唐，大家都說你死了，我就是不信。想不到你真的沒死……」我不停地用拳頭捶他，他回應說：「誰說我死了？誰說我死了？」

就這樣打著叫著議論著，後來我醒了過來，過了一會才知道是夢。為此我作了兩句詩：

夢中共憤慨
醒來獨唏噓

接著就聯不下去了！

這幾年一碰到老友，總是要談到唐文標。當年一些跟著老唐喊叫理想主義的人，現在做官的做官，發財的發財，完全變了另一種樣子。有一次劉大任感慨地說：「老唐死得好！老唐死得好！如果他還活著，不知他要感到多麼窩囊！」還有一次，陳曉林問我：「老唐如在，不知他何以自處？」

這都是找不出答案的。只有一

唐文標訃聞上的相片，仍舊笑著。

件事，真實地擺在眼前：他的兒子已經長大了，厚重而漂亮，溫文而爾雅。我對他說：「小狷，你比你爸爸漂亮多了！國語也比他強，而且比他懂得藝術。」有一次我寫信給老關，說了小狷的近況，最後說：「老唐有後矣！這是套用古人讚美故友的格式，你懂得我的意思嗎？」我這樣說是有原因的；因為他的兒子出生的時候，在大家胡鬧聲中，他學魯迅的話高興得說：「這叫做謬種流傳！」因此，看到唐狷，我們也就自然地會想像到地下的老唐有著怎樣的心情！

老唐也喜歡沒事的時候瞎攪和，想找個機會逼大夥兒做點事，一九八四年秋天，朋友相聚，亂猜那天是我的五十歲的生日，他就親筆寫出一篇宣言，要每個人到時要繳一篇小說出來，以茲慶祝。其文如下（文末要每一個人簽名）：

一九八四「文季」人權宣言

一九八五年，這是歷史上沒有意義的一年。但是，我們「文季」的老編掌舵人尉老大（上天下騘）要過五十大壽了。百歲成名才五十，八方風雨會瀛州，我們文季同仁，決定擴大慶祝，除齋戒沐浴三天，紀念尉太夫人的辛勞外，並將在春暖花開季節，出版「文季特刊：小說專號」。凡我文季同仁（尉老大在內），新知舊雨，一律奉命創作「小說」乙篇以上，並不得以未寫過小說為遁辭，違令者處以「永遠除名」之罰，俾過路神祇知悉「讀者可欺，老編難拍」之苦，此令，泰山石敢當，下不為例。

一九八四年

這事還沒實現，老唐就離開了這個世界。

唐文標在台灣這段日子，除了大批判現代詩的惡化，開罪了一大群詩人外，另一件大事便是招惹了張愛玲和一群張愛玲的私淑弟子。其實，老唐是非常喜歡張愛玲的。因為喜歡，所以才在四人幫張狂的時代，託他的好友關博文私下進入上海，上窮碧落下黃泉地把有關張愛玲的一些雜誌搜尋出來，編成《張愛玲資料大全集》，在台灣出版。只是他一直惋惜由於時代的限制，讓她無法走出自己的小圈子，「一步一步走向沒有光的所在」。使人誤認為他對張愛玲不敬。

唐文標的喪禮，是朋友們自動集合起來辦理的，整個大禮堂擠得滿滿的。後來我把當日的資料集起來出

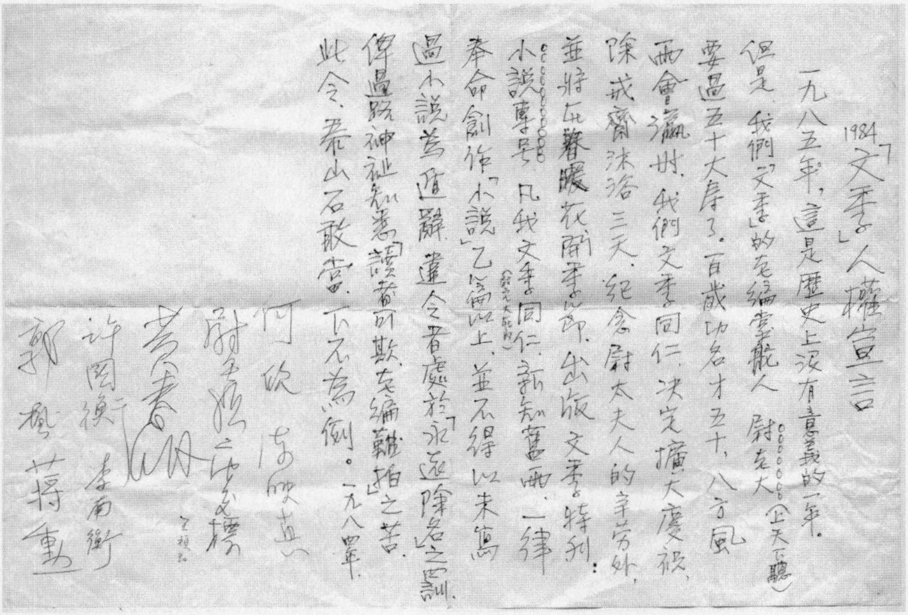

1984「文季」人權宣言
一九八五年，這是歷史上沒有意義的一年，
但是我們「文季」的老編輯人 尉老大（尉天驄）
要過五十大壽了。百歲功名才五十，八方風
雨會瀛州。我們文季同仁決定擴大慶祝，
除戒齋沐浴三天，紀念尉太夫人的辛勞外，
並將在暮暖花開季節，出版文季特刊：
小說專號。凡我文季同仁，新知舊雨，一律
奉命創作「小說」乙篇以上，並不得以未寫
過小說為遁辭。違令者處於「永遠除名」之罰，
俾過路神祗知悉「讀者可欺，老編難拍」之苦。
此令，泰山石敢當，下不為例。一九八四年。
何欣 陳映真
尉天驄 唐文標
黃春明
許國衡 李南衡
郭楓 蔣勳

一九八四年唐文標戲筆的「文季人權宣言」。

了一本紀念集《燃燒的年代》。我送給他的一副輓聯是這樣寫的：

貌若疾世，心哀斯民，俠氣猶在，壯志長存

雖非骨肉，情同弟兄，大地無垠，留我獨行

——二〇〇七年四月《印刻文學生活誌》

悲憫的笑紋

記王禎和

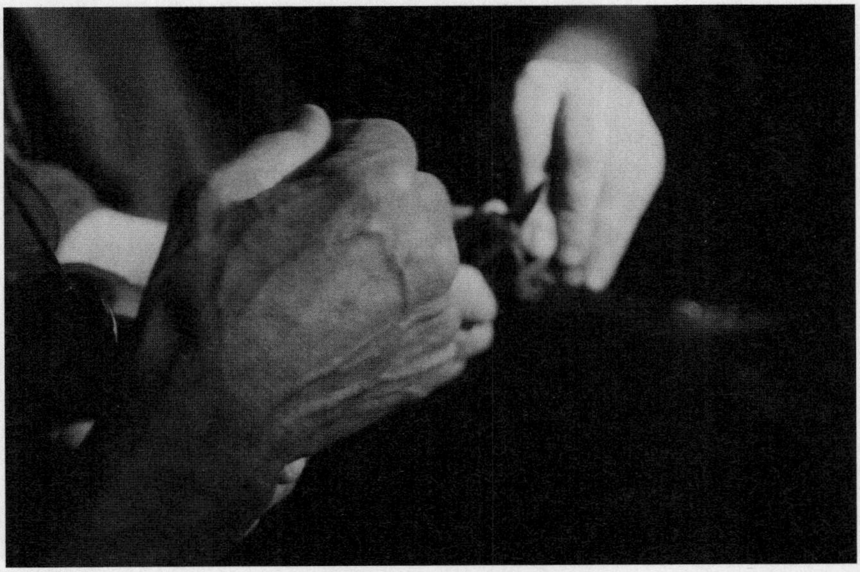

五十年前的花蓮，在感覺上是一個邊野的地帶。從台北去花蓮通常要將近一天半的路程，先坐火車到宜蘭的蘇澳，再換公路局開往花蓮的汽車。一上蘇花公路，背山面海，陡壁不斷。清水斷崖以後，每走一段就是一陣驚訝。過了新城，才是一片平坦；海是海的樣子，山是山的樣子，天空也只是天空的樣子。這就是花蓮。

初到花蓮，真讓人有著紀德在《地糧》中由喧囂的城市重返大自然的那種興奮，連空氣也瀰漫著喜悅。一排排粗大的麵包樹舒展著層層肥厚的葉子，一般的住家，多是覆蓋著油毛氈的木屋。當時的旅館只能稱之為客棧，而且只是比故事中的高陞棧或雞毛店稍高一級的地方，住室內只有一座水泥砌的儲水池讓人打水沖洗。日和月彷彿不是在趕忙著時間的交替，它們唯一的任務似乎只是在遠處瞭望。走著、走著，整個人就走進一個邊塞的世界裡。雖不神祕，卻披戴著幾許原始。邊塞的花蓮，於是在人們心中成了一種瀟灑，一種讓人陶醉的情調，即使一盞半明不明的窗台燈火、一堆古堡的殘垣，也幻化成似真似假讓人嚮往的舊夢。

然而擁抱那種情懷的人大多不是真正的花蓮人，就像唐代邊塞詩人其實不是真正居於邊塞的人一樣；他們的鄉愁也不是真正的鄉愁，而是一種無處排遣的思緒。這些都是不屬於當地人的，但是，居住於當地的人也有他們的遐想，即使夢幻的傳奇也與外地的來人無法相同。它的真實，它的奧祕，是要用當地人的血淚，醜陋，愚蠢，一層層去揭發才能領會的。而王禎和，就我們所知，應該是開發這一鄉土的第一人。在其間即使是瑣瑣碎碎的嘻笑也讓人嗅到淚水的辛酸。

王禎和十九歲那年，在白先勇主編的《現代文學》發表了第一篇小說〈鬼・北風・人〉，

王禎和身影，一九七三年三月攝於美國愛荷華五月花公寓。

把花蓮那個邊遠的小市鎮鮮活地呈現出來。那時是一九六〇年，他初次離開從來沒有離開過的鄉土，來到台北就讀台大外文系一年級。當時有些人喜歡用舶來的概念解說自己所涉想的花蓮，但初讀〈鬼・北風・人〉時，就被王禎和筆下的花蓮市鎮景象和人物震懾住了。在那裡出現的完全是一般人想像不到的景像；那裡沒有我們日常習見的循規蹈矩、父慈子孝、兄友弟恭；而是處處潛伏著爭吵、嫉妒、失意，以及瑣碎異常的作為。沒有喜，也無所謂悲，每一段落都像是連續不斷的黑雲，飄過來，飄過去，壓在人的心上，讓人那麼不安。有時又像不知何時會突然冒出的鬼魂，攪亂了人的思緒。

王禎和發表〈鬼・北風・人〉後的第五年，我才有緣和他見面。他自台大畢業後，曾在花蓮中學執教兩年，後來進入台南亞航、台北國泰航空公司辦事處工作，最後進了台視影片組服務。一九六六年《文學季刊》創刊，姚一葦先生向他邀稿，他寄來了〈來春姨悲秋〉，接著又寄來了〈嫁妝一牛車〉。後者發表時，大家都不習慣他在語言上的改變，校對時出了一些誤差，引起他的不滿，於是在下一期重刊一次。姚公說：「禎和在做大的改變，非細心讀不能了解他的特別意趣。」於是我們好幾個人就坐在明星咖啡館三樓一邊唸一邊揣摩校對。七等生更混合著

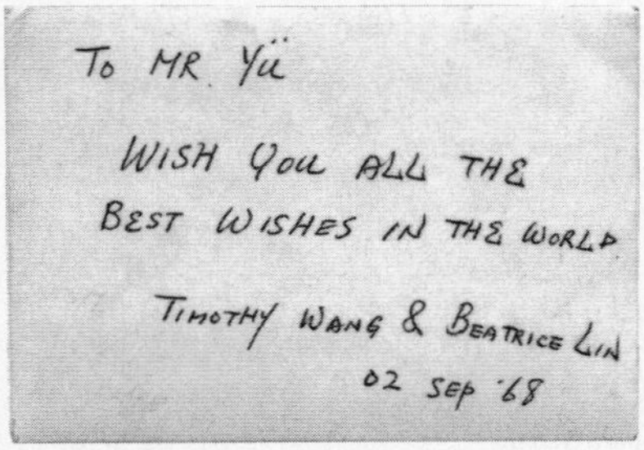

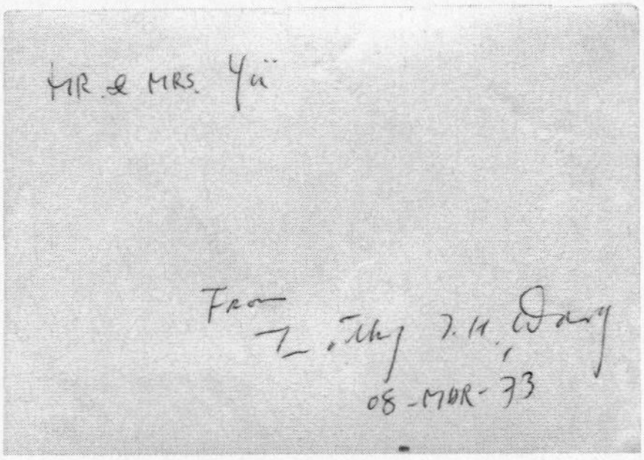

王禎和寄予尉天驄的照片背後手跡。

國、台語，學著小說中萬發的罵人語言，引起大家的樂趣。從那以後，誰要請吃飯便會學著〈嫁粧一牛車〉裡的語言說：「走！我請你呷頓嶄的。」

這以後，他的創作便一步步走向了高潮。〈五月十三節〉、〈三春記〉、〈寂寞紅〉、〈伊會唸咒〉、〈玫瑰玫瑰我愛你〉……一篇一篇接續著產生出來。

禎和有空也常來明星咖啡館，他很文靜，從不大笑，興奮時會直拍別人的肩膀。我感覺他的笑容總是悲憫中帶有一絲寂寞。有一天他忽然一本正經地對我說：「老尉，你知不知道，咱們倆有親戚關係？」

我說：「你別胡說，我又沒做大官，你跟我攀甚麼關係？」

他說：「你回去問你老婆，就說王禎和的老婆叫林碧燕。」

王禎和與林碧燕的結婚照。

我回家一問，原來林碧燕和我老婆孫桂芝是花蓮女中同班同學，兩人還同用過一張桌子。從此以後，我們家的聚會又多了一員；她們兩個加上黃春明的太太尤彌就結成了鐵三角，用禎和學著孔老夫子的話形容的那樣，從此「唯女子與小人為難養也，近之則不遜，遠之則怨」起來。禎和有時很迷信，碧燕生了兒子後，他一本正經地和我討論兒子的名字，第一要講究筆畫，第二要名字中有「文」字。不能太土，也不能太俗，而且要國語和台語唸起來都好聽，還要譯成英語也要順口。和他想了好一陣子，我對他說：

「禎和，紅包拿來！我想到一個典雅有氣派的名字。」

「甚麼名字？」

「王宣文！」

「試申述之……」

「你知道嗎？清朝皇帝給孔老夫子的謚號叫文宣王，倒過來不就是個好名字嗎？」後來王宣文成了我的乾兒子，碧燕還特地到我家提一壺水拿一袋米回去，說要沾沾我的福氣。——天知道我哪有甚麼福氣，只不過人長得胖些罷了。

我們幾個老朋友常喜歡逗禎和，也開碧燕的玩笑。有一次我說：「禎和，你的學生有的進大學當了我的學生，聽他們說，你在花蓮中學教書的時候，學校距離你家很近，一堂課下來，常常身上一片粉筆灰，下了課你就先回家美容一番，第二堂上課就會滿身香水味地走進教室。」

他笑著連連否認，臉都紅了起來。我們問碧燕說：「你家先生，看起來循規蹈矩，一臉正經，怎麼小說裡那麼多亂七八糟的東西？連治療性無能的單方也背得滾瓜爛熟。」

碧燕說：「他甚麼亂七八糟的書都看，人家不愛看的，他仔仔細細像讀經典一樣。」

一九七八年，禎和得了鼻咽癌。那一陣子，唐文標和楚戈也得了同樣的毛病。於是他們三個人就結合成為抗癌聯盟，互相勉勵。禎和因為照射鈷六十的影響，自此無法發聲，見了人也只有筆談。想不到，宣文十歲那年，也發現患有肝癌。手術那天，映真、春明和我三家，一大清早都去了台大醫院手術室外面陪伴禎和夫婦，大家都一言不發，凝重地注視著手術室的大門。三、四個小時過去了，醫生走了出來，向大家說：「恭喜，恭喜，癌細胞已經凝成一個小球，很輕易清除掉了！」話還沒落地，禎和碧燕就相擁號啕起來。那一年《中國時報》頒發推薦獎給禎和，他無法出席，由我代他去領。

對於自己的寫作，王禎和曾經這樣說：

我覺得一個作家應該寫他最熟悉的東西，只有這樣，他的作品才會有生命、有感情，才會使讀者有深切感，產生共鳴。就拿我自己來說吧，我是花蓮人，從小在花蓮長大，十八歲以前，沒有離開過花蓮，所以花蓮的風土景物，在我的童年與少年生活的回憶裡留著極深刻的印象。我小說中的許多人物都是那個時候印象深刻的人、事、物的累積。他們的一言一行都是我從小看慣的、熟悉極了的、徹底了解的東西，在我寫作的時候，一個個活生生地跳進我的腦海裡來。常常有人問我：「王禎和，為甚麼你能夠把你小說中許多市井小人物描寫得這麼活靈活現？」我想這是唯一的原因。

王禎和筆下的鄉土生活，基調是貧窮的。貧窮讓人甚麼事都做得出來。前一階段他寫的大多是花蓮移民社會的現象，後一階段他寫的大多是即將走向現代工商業社會的台灣東部的現象。他一九六〇年開始發表小說至一九九〇年過世的三十年間，也正是花蓮變化最多的歲月。「工商業社會帶來的『唯利是圖』、『大利滅親』，真使人驚魂動魄」，這是他對一位香港朋友所說的感慨。人與人的日益冷漠、小商人小買賣人家的互相欺詐，交織著倫常秩序的變異，使得遠離大都市的小市鎮也一步步趨於淪落：有些人把不正常的繁榮當成榮耀；另有些人則因找不到出路而坐以待斃。原本「相濡以沫」的人

王禎和（右）與發表他第一篇小說的白先勇合影。

倫關係，日漸朝向互相殘害的方向發展，像「不知甚麼時候，更大的災難又要降臨」，這樣的恐懼便經常在那些人的四周迴旋不去。這種沉悶無望，於是成了王禎和作品不斷出現的主調。在那樣無望的情況下，活下去是唯一的目標，甚麼廉恥，道德，高貴與下賤，都成了次要甚至是沒有意義的事。而王禎和的作品，就是在這樣的現實中孕育出來的。他答覆朋友的詢問時，也曾有如此的自述：

「為甚麼你會選這些小人物作你小說的題材呢？」常常我被這麼問著。

也許就正因為我也是個「小人物」吧！他們於我而言是那麼親切！那麼熟悉！他們的樂，也是我的樂；他們的辛酸，也是我的辛酸；他們的感受，也是我的感受。他們是我自己、我的親人、我的朋友、我的鄉鄰……。他們就在我的周圍、我的身邊。一道過著相同的生活、一道呼吸著相同的空氣，要寫不能不寫他們。

寫他們，絕不是出於一種關懷。「關懷」這筆畫龐多的兩個字，對我而言，顯得如許地尊貴，如許地高高在上，說甚麼我是萬萬無有一點資格使用的。

還是那句話，寫他們，正因為我是他們的一分子，寫他們，正因為我跟他們過著相同的生活。

禎和外文能力強，又愛看電影，觀念很現代，除了寫小說，在《劇場》雜誌寫過一些有關現代電影的文章。法國「新小說」作家霍格里耶（Alain Robbe-Grillet）為導演雷奈寫的電影劇本《去年在馬倫巴》，也是他翻譯的。我編《文學季刊》期間，被文友們激發起寫小說的興趣，

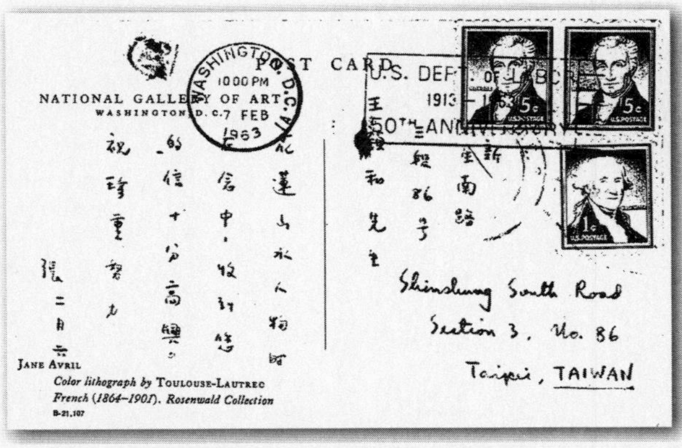

POST CARD

NATIONAL GALLERY OF ART
WASHINGTON, D.C.

花蓮山水人物時時念中，收到您的信十分高興。
祝
珍重
愛玲
張 二月六

台北
新生南路
三段
86號
王禎和先生

Shinsheng South Road
Section 3, No. 86
Taipei, TAIWAN

JANE AVRIL
Color lithograph by TOULOUSE-LAUTREC
French (1864–1901). Rosenwald Collection
B-21,107

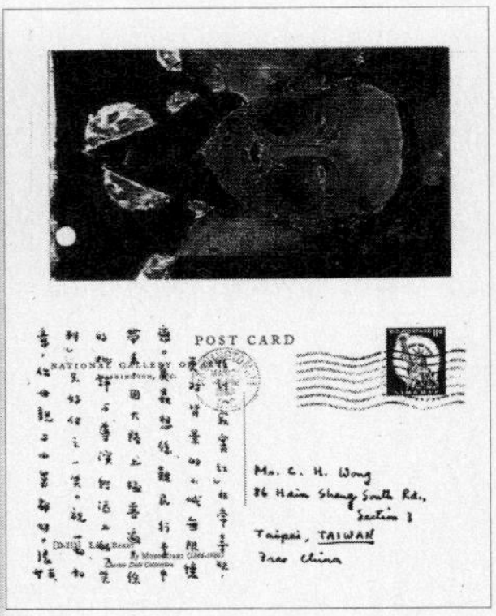

POST CARD

NATIONAL GALLERY OF ART

Mr. C. H. Wang
86 Hsin Sheng South Rd.,
Section 3
Taipei, TAIWAN
Free China

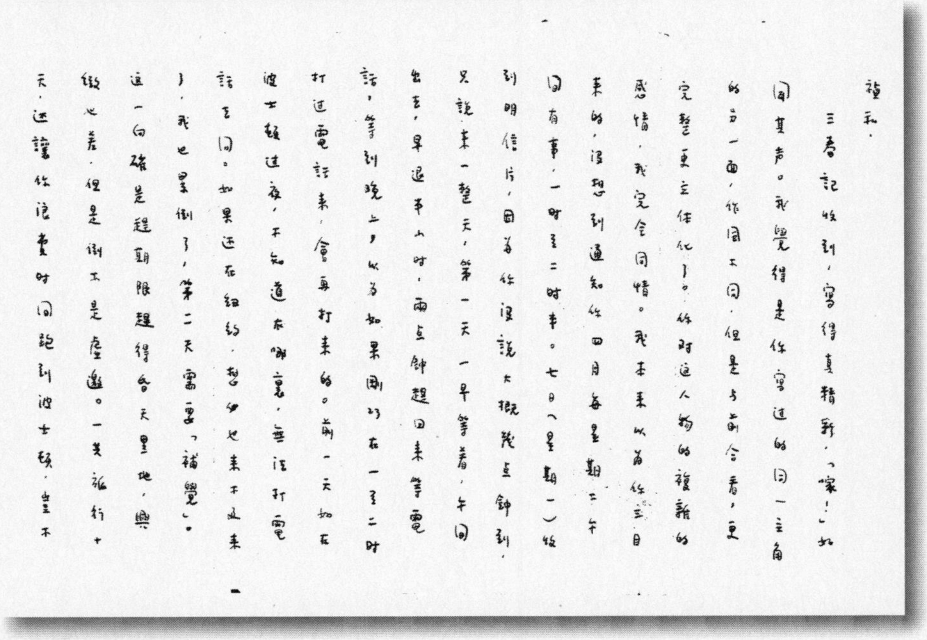

禎和：

三春記收到，寫得真精彩，「嫁！」如聞其聲。我覺得是你寫過的同一主角的另一面，作風不同，但是與前合看，更完整更立體化了。你對這人物的複雜的感情，我完全同情。我本來以為你三月來的，沒想到通知你四月每星期二午回有事，一時至二時半。七日（星期二）收到明信片，因為你沒說大概幾點鐘到，只說來一整天，第一天一早等着，午回出去，早退半小時，兩點鐘趕回來等電話，等到晚上，以為如果剛巧在一至二時打過電話來，會再打來的。前一天如在波士頓過夜，不知道在哪裏，無法打電話去問。如果還在紐約，想必也來不及來了，我也累倒了，第二天需要「補覺」。這一向確是趕期限趕得昏天黑地，興緻也差，但是倒不是虛邀。一美旅行十天，還讓你浪費時間跑到波士頓，豈不

張愛玲於一九六三年寫給王禎和的明信片。

發表了〈大山〉、〈到梵林墩去的人〉等習作。朋友鼓勵我「有寫小說的潛能」，有一次和禎和聊天，他說：「天驄，你這個人也很鬼，別人看不出你小說中的招數，卻逃不過本山人的法眼。你在〈大山〉中那段一個老兵的自白，和〈到梵林墩去的人〉中的對話，處處徘徊著雷奈和海明威的鬼魂，還不誠實招來！」

他說得沒錯，那時我的確從現代電影中汲取了很多營養。禎和也一樣。他對戲劇和電影的著迷可說已經到了「癡」的地步。他特別喜歡日本導演小津安二郎和黑澤明。在自選集《香格里拉》的序中，他如此形容小津：

他的電影不但深深地感動著日本現代的觀眾，也深深感動其他國家的現代觀眾。他的電影雖然是反映戰後的日本人，可是在他的苦心經營下，劇中人物的歡笑與哭泣、期盼與挫敗，超越了時間，超越了國籍，變成了世人的歡笑和哭泣、期盼和挫敗。透過東京市井街坊的一切，小津安二郎以活潑的、自然的、充滿生命力的寫實技巧，將他的藝術與社會廣大群眾密密結合起來，而沒有走入「孤芳自賞」的藝術死胡同裡。

禎和寫作小說，也像小津拍電影那樣嚴謹。每次寫新作，他總是先打草稿，然後構想哪些地方安排哪些人物，哪些人物該在哪個時候出現。總要寫了又寫，改了又改，有的用紅筆加上注解，有的用綠筆加上說明。我對禎和說：「你應該去讀建築系，一磚一瓦安排得那麼仔細。」姚一葦先生每次說起禎和，總一次又一次地稱讚不已。

對於他獨特的小說語言，禎和不承認自己是用台語寫作，而說是受了亨利・詹姆斯

（Henry James）的影響，想融合各種生動的語言，產生新的意境和意趣。他認為：如果只執著於台語寫作，自我封閉，便會造成文學生命的窒息。融合各種語言的風味才能加強自己語言的活潑性。所以他看了張翠鳳的大鼓，也曾在自己的小說中融入說書的質樸。有一次，我們說起某官員的墮落，他搖搖頭說：「真是到了病入膏盲的地步！」我說：「病入膏肓。」他不動聲色地說：「病入膏盲！」我「嗯」了一聲，隨之領會了他的深意——意思是比「膏肓」更無可救藥。還有一次，他罵某人「甚麼也不會，只有一『枝』之長！」大家先是一愣，接著便都笑了起來。所以，我們要求禎和在稿子上碰到這樣的狀況，一定要加注，否則校對時可能會校錯。後來他在新版的小說集中，很多方言字句也都加上注釋。

禎和的小說，以自己的鄉土為出發點，鄉土的歡笑和哭泣就是他作品的主調。有一次他說：「有人說我作品的世界充滿了吵鬧、嫉妒，那是人的不安，也是人的無聊，都是活在瑣瑣碎碎的小世界裡，缺乏更高的追尋。其實，小地方的小人物正是如此的。他們只要活著，就習慣生活中的一切。你能用上流社會的尺度去評論他們嗎？活在苦難和屈辱中的人，是不一定要把屈辱當成自己心上的最大壓力的。在〈三春記〉中，區先生的性無能實際上也是一個象徵，他的無能實在也是你我的無能——在現實生活中誰沒有『無能』的時候？我心中也有這種難以言說的悲哀。妓女間互相嬉笑，小偷們互相炫耀偷竊成績，對他們講道德是沒有意義的。我採用嘲弄而近於戲謔的方法，來沖淡我心中的無奈。」

他對我說這話的時候，是上世紀六〇年代末。到了七〇年代後期和八〇年代，王禎和已由一個花蓮人變成了台北人，而台灣的經濟成長也到了無所謂城市和鄉村，無所謂繁榮和落後，無所謂是是和非非，有的便是透過卡啦ＯＫ，或者ＫＴＶ、ＭＴＶ之類，讓許多人成了追求享樂的族群。——在享樂中，一切都是愈滑稽愈好，千萬別沾染任何感傷。當然更不能涉及甚麼道德、甚麼價值、甚麼尊嚴。在這麼一個「我笑故我在」的時代裡，所謂道德、所謂價值、所謂尊嚴，恐怕連一張衛生紙的用處也比不上。當男性的性機器和女性的性機器可以隨意、隨時、隨地組合的時候，當男男女女老老少少可以那樣享樂人生而又視為當然之時，這世界不已經天人合一，古今玄同了嗎？王禎和對於這一現象的感慨，正是如此！

就在這樣的境界裡，我們看到王禎和「真如」的世界——我們不能沾染任何感傷，更不能有甚麼悲憤。我們唯一可做的就是唱吧！唱吧！跳吧！跳吧！脫吧！脫吧！而在唱唱——跳跳——跳跳——唱唱的享樂主義之

王禎和（左）、夏志清（右）與丘彥明合影。

中，甚麼環保、反抗、救人、同情，統統成了小兒科的玩意。這就是卡啦ＯＫ主義取代官僚社會的真諦。不懂這一點，我們就無法解讀王禎和後期作品（如〈美人圖〉、〈玫瑰玫瑰我愛你〉、〈人生歌王〉……）的意義。他的劇本《大車拚》所宣示和嘲諷的，更是這一努力追求享樂的人生哲學：

唱吧！唱吧！跳吧！跳吧！脫吧！脫吧！
有拚才會贏！有拚才會贏！

王禎和喜歡亨利・詹姆斯那句話：「生命裡總也有甚至修伯特都會無聲以對的時候。」當他一再經由自己的作品重複著那句話時，我們應該靜靜地諦聽這一哲學像草根冒出土地、表面上好似無聲而實際上終將迸發巨雷一般的滋長聲音。

《大車拚》是禎和的遺作，在他去世三年之後出版。患病期間，他還寫了一篇〈老鼠捧茶請人客〉，以卡夫卡（F. Kafka）的筆法寫一位照顧兒孫的老祖母，在家中倒下將死之際，遊蕩的靈魂仍關懷著兒孫的安危，充滿著焦急之情。這種焦急其實就是禎和本人的焦急，而且在他有生之年，似乎不曾有過減弱的現象。即使在他因照射鈷六十而無法言語時，碰到老友仍掏出本子，為此而急切地筆談不已。有一次我開玩笑地說：「你在電視公司上班，真是看盡美女呀。」他寫道：「哪天我帶你到後台看看，你就知道那種美麗之後充滿了多少醜陋！」談到以前的作品，他寫道：「我很後悔，在寫作中有時過分嘲弄像〈嫁妝一牛車〉中萬發那一類的人物。他們已經卑微到不能再卑微了，我竟然那樣對待他們！」

那時，他的神情流露著無限的愴然。後來我才知道，〈嫁妝一牛車〉裡那些不堪的情節，其實是出自他的熟人身上。

王禎和出生於一九四〇年，逝世於一九九〇年，不幸只享年五十歲。

——二〇〇七年十月《印刻文學生活誌》

寂寞的打鑼人

黃春明的鄉土歷程

我和黃春明相識將近五十年了，也一直共同生活在文學的世界裡，就衝著這一點，便不時有一些愛好寫作的朋友要把我們湊在一起，舉行座談。碰到這樣的時刻，春明的太太尤彌（林美音）就會對他們說：「你們真是白花氣力，以為他們會有多麼了不起的見識——我就從來沒有聽過他們在一起時，說過甚麼正經話！」

回想起來，這也是事實。大概是個性使然，我和春明的談話，不管大事小事，都是以相互的胡鬧開始的，於是東拉西扯之際就有朋友抗議說，你們說的話到底哪些是真的？這時，我們也只是一笑而已。不管胡鬧到甚麼地步，我們卻能真正懂得對方的意思。

譬如春明的長孫要出生了。這老傢伙竟然一本正經、老腔老調地訓起兒子來：「小孩子生了，別指望我們替你們帶；我們老了，哪裡來的力氣？」

一副老封建的樣子，氣得尤彌幾乎發起火來。等國珍他們回去了，便數落他說：「沒見過這樣做老子的！你難道不會講幾句好聽的話嗎？讓媳婦感到多麼難堪！」

我在一旁插嘴說：「不要理會這老傢伙，又頑固，又封建。一切等著瞧好了……」

一個多月後的大清早，孫子來了，這老傢伙也不管我睡醒沒有，就立刻打了電話過來。見了面嚕囌個不停，還說一抱孫子他就像全身通了電流，和孫子兩人融成一體。語無倫次地興奮了半天，又像寫小說那樣，告訴我那天晚上一閉上眼就看見一個小娃子向他奔跑過來。越說越得意，一天不到，就澈澈底底地成了一個神祕主義者。從此以後，三天見不到孫子，便全身不自在。這下輪到我對他說：「春明，咱們都是上了年紀的人了，孫子可愛，一個月來看一次就可以了！」他兩眼一瞪，連叫「黑白講」，一副像要打架的樣子。

春明有一篇小說，叫做〈兒子的大玩偶〉，從此他又心甘情願地扮演著另一部小說：〈孫子的大玩偶〉。

這就是黃春明，跟他在一起不用講甚麼大道理，講了也是白講。他為人做事自稱有從他奶奶那裡承襲下來的道理；經常帶有迷信玄虛，雖然土得令人不堪，他也毫不在意。他有另外一個名字，叫做黃大魚，起源於他有一篇叫做〈魚〉的作品被選入了國中課本，所以他的布偶戲班、歌仔戲班統統以「黃大魚」命名。我們叫他黃大魚，則別有用意。他是純粹鄉下人的性格，鐘錶之於他一點沒有用處，約他辦事，先要照會尤彌，否則十之七八準會忘掉。因此沒有那個機關他能長久待得下來。他寫稿入迷了，真是六親不認，經常變卦，成了混水摸魚的「大魚」。有時這「魚」字也當作「愚」字來解，別看他貌似精明，好像混過江湖，有時也笨得令人發笑。出外之時，尤彌怕他迷路，特地要他帶上手機，結果手機響了，不知如何打開，就只好往地下摔去。汽水瓶打不開，就用牙齒去咬，結果一嘴爛牙拖了好久才被拉去補好，一段時間被人當作「無齒（恥）之徒」。他患有嚴重的糖尿病，就自我發明以毒攻毒的辦法，猛吃甜食。他有軟弱的一面，遇到無能為力的事情，就大智惹愚地假裝糊塗起來。

他這樣的性格，有時也會穿幫。他的朋友，有很多不知道他有糖尿病，常不時地送些巧克力、花生酥之類的甜點過來。他的小兒子國峻就很快把它偷偷吃掉。他一看冰箱的甜食沒有了，以為國峻愛吃，便買了一些放進去，國峻檢查冰箱，又再次把它吃光。於是他又買了一些放進去。……幾次之後，他對國峻說：「想不到你這麼愛吃甜食？」這下國峻火了，大叫：「我哪裡愛吃？還不都是為了你。」

從這些小事就可想見黃春明是怎樣的一個人物了。

二〇一一年，黃春明和尉天驄於宜蘭。　　攝影／尉任之

黃春明是出生、成長於台灣宜蘭的作家。我們所以要標出他的籍貫，實在是這與他的作品有著無法分割的關係。台灣最早是以移民社會的性格出現在歷史上的。到了近代，它又成為殖民主義者獵取的對象，長時期受到不平等的待遇。這些再加上當代工業主義和消費主義對它所作的傷害，就使得這個被稱為「福爾摩沙」的寶島不僅在外貌上有著大的改變，而且還對那裡的人與土地的本質作了澈底的破壞。這種發展如果以經濟主義的觀點而言，也許可以稱之為上升的時代，若就生存的意義而言，那卻使人面臨著「沉淪的困境」（借用經濟家桑巴特Sombart的意見）。台灣近代以來的種種，正真真實實地替歷史作了血淚的見證。

宜蘭和花蓮、台東地區是台灣最遲的移民世界，也是殖民主義、工業主義、消費社會較後進入的地區，由於開放得較遲，才讓我們能夠在眾多的人與人、人與土地、人與事事物物間見到最淳樸、最真摯的倫理關係，以及在這種困境中所產生的種種矛盾。黃春明被人稱之為鄉土作家、他的作品最讓人有深刻的印象者，正在於經由他的作品對此有了真實的認識和反省。

近代文學就其內涵而言，大多是都市文學；即連邊野地區，由於受到大眾傳播和消費生活形態的影響，也仍然是以都市人的價值觀念來論斷世間的事事物物的。使得人與人、人與物、人與一切作為，一下子就由相互關懷的關係改變為利益的關係。這是對人與人、人與土地等等的倫理關係的大破壞。連帶著也使它們的審美意識成為市場價值操作的一支，於是在日常生活之中，食物呈現的只是眾多烹飪作料所給予人的感受，人的面龐、姿態所呈現出來的只是各種化妝品堆積而成的假象。無所謂真實，無所謂尊嚴，無所謂生動。這就造成了人的澈底異化。異化的人生產生異化的世界，異化的世界製造出異化的知識。在這樣的知識中，即使人們對世事具有清晰的邏輯和實證的瞭解，卻無法在其中見到真實的價值和意義。譬如在費孝通那樣傑出的社會學者的著作中，雖然使我們對鄉土世界的解說，有著很明白的認識，但從其中所感受到的卻只是概念的敘述而已，並無從在其間感受到血肉相連的激動。那是死的倫理學。又如在一些左派對鄉土世界的解說裡，我們所感受到的也只是某些政治語言的挑動，而無法對那世界的種種得到生命的真實體認。

黃春明的鄉土小說不是知識的，也不是政治的，但卻能讓人對那裡的人與事有著真實的認識，在其中我們幾乎見不到多少理論式的解說，卻讓人直接地在那些人物和事件中，領會到他們生命與生活的無奈和厚實；即使其中有些是那樣拙樸，有些是那樣卑微，但卻都是堅堅實實的存在。

發表於一九六九年的〈鑼〉，是黃春明創作的一個高峰。在這之前，他發表過〈青番公的故事〉、〈溺死一隻老貓〉、〈看海的日子〉、〈魚〉、〈兒子的大玩偶〉，在這之後，他發表了〈莎喲娜啦．再見〉、〈小寡婦〉、〈我愛瑪莉〉等作品，把他寫作的領域，由原來的小市鎮擴大到幾個（特別是台北）那樣的大都市，和跟他同時代的陳映真、王禎和、七等生、王拓一樣，在他們的小說中都呈現著兩個世界，一個是台灣首善之區台北，一個則是他們生於斯、長於斯的小市鎮。陳映真筆下的鶯歌，王禎和的花蓮，七等生的通霄、王拓的八斗子、黃春明筆下的宜蘭。都一一地以不同的階層呈現出當前台灣的面貌與情調。

黃春明筆下的宜蘭，就廣義而言，指的是台灣東北部的蘭陽平原；這裡除了那一大片土地和大海外，更包括了宜蘭、羅東、蘇澳、頭城幾個主要的市鎮。那不僅是一個開發得較晚的移民社會，而且一直保持著小農社會的秩序和情調；那就是經由辛苦的開拓和長期的互相依賴所建立起來的人與人、人與土地之間的相生相養關係。關於這一點，從早期的〈青番公的故事〉、〈魚〉，到〈死去活來〉、〈放生〉、〈呷鬼的來了〉，都一直流露出來。由是而使得他們之間這種類似於血肉相連的關係，一直保持著和諧與平衡。如此不僅人有了尊嚴，即山、水、樹木、各種事物也莫不有了意義，彼此相互尊重著。黃春明筆下的鄉土雖然經常出現一些類似迷信的語言和行為、滑稽和可笑，但它所以讓人不把這些視之為笨拙與難堪，就在於在那些人與土地、人與事物的倫理中不僅讓人感到了溫暖。而且還在其中感受到充滿韌性的生命力。有了這些，一個具有人性的社會才能由開拓而發展開來。很多人所以願意在這塊土地上，由生於斯、長於斯、而最後也願意落葉歸根地死於斯、葬於斯，其原因固在於此，而這塊土地上，每逢遭到災難、受到破壞，很多人願意犧牲奉獻，從枯萎、死亡中再予以重建，其力量也由此而來。這不僅是人類最單純最原初的鄉土之情，結合起來，也是一個民族生生不息，由「既濟」到「未濟」，由「未濟」更進一步創造、發展的根源。誰能循著這一情懷和精神發展下去，誰就能帶引這個族群走出苦難，歷久常新。相反的，誰要違反了這一情懷和精神自以為是，雖然在鬥爭、殺伐、征服之中也能獲得一時的繁榮，到最後卻必然要走上衰敗和危亡。這就是黃春明透過他的鄉土人物、鄉土生活、鄉土經驗、鄉土歷史所體悟的倫理精神。

在這些作品的人物中，青番公是那群人的根本型態，也是那一社會的存在的基礎，他坦然、堅忍，生命和作息一直與大自然結為一體。他們那一代人物看起來不免讓人有愚笨、保守、迷信的感覺，但是他們的這種本質卻正是人類開創幸福所不可缺少的；這些，再加上台灣移民社會的經驗，就匯合成為台灣發展的根本力量。這種力量並不單單就經濟而言，最重要的是一種人的品質。沒有這種品質，人的尊嚴是根本不存在的；沒有獨立和尊嚴，這個社會不管如何一時取得物質的繁榮，變來變去也是絕對沒有前途的。因此，在黃春明的小說人物中，最引注目的便是他們人格上的不屈。正因為要保持這種尊嚴，才會有黃春明筆下的那些人物的出現。像〈看海的日子〉中的白梅、〈溺死一隻老貓〉中的阿盛伯，他們雖然卑微、雖然經常處於無奈和自嘲，甚至有時頑固不化，但他們在困境中所流露出的純潔、自持、一直堅守人的意義和淳厚，便不能不讓人為之感動和感慨。即使像〈兒子的大玩偶〉中的坤樹和〈鑼〉中的憨欽仔等人，雖然他們仍然在委屈中掙扎，在掙扎中自嘲，在自嘲中也偶爾自憤，但大致說來他們還多多少少保留著青番公和白梅、阿盛伯的餘緒；雖然這一些常不免讓人有著無奈和蒼涼的況味，卻仍然讓人見到那些尚未摧殘殆盡的生機。這生機或存在於那些人物和社會的體質之中，或顯現於那些社會仍然保持的神話、傳說、習俗或「迷信」之中，一直都呈現著它們的鄉土氣質。有了這些，才能使人抱持悲觀但不「絕望」的關懷，面對當前的紊亂而不會失去對人世的信心。這就是黃春明在小說中經由「祖父母——父母——兒孫」的發展過程，追尋這一根源的用意所在。所以，就某一層面來說，我們可以說黃

天驄吾兄：好久好久沒收到毛筆字寫的信，令人高興又感動。並且大幽裏外透出快然一古意，很讓我覺得太對不起老祖宗們的，有一份回頭過來的不肖子的懺悔。你的信給家裡大小看過之後，在精神上有溫故知新的体驗，且已開始發生作用了。黃老太太決心讀古書學毛筆，國峻[illegible]晚寫大小楷作業，已不見不情願的苦臉了。國珍其它方面的行家十分讚賞，讚佩的說，以前[illegible]的乾爸[illegible]真的我沒面子。以後[illegible]我見面前露拳頭。總而言之很高興，社會沒有辦法文化復興，就從我們家開始吧。握手。

春明 3.12.87

黃春明致尉天驄的毛筆信。

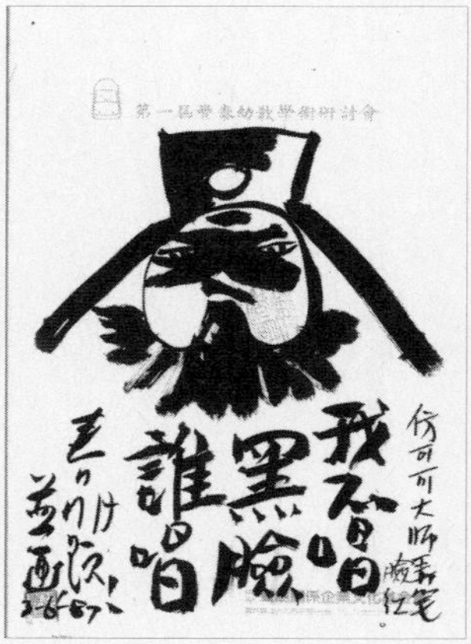

黃春明隨性的書畫。

春明是一位懷舊的感傷的鄉土主義者，但是，如果我們僅僅就此而下定論，便是小看了他。黃春明在作品中所顯示的不僅僅只有這些，他具有穿透工商業文明的力量和智慧，所以他以鄉下的宜蘭人進入並成為大都市的宜蘭人，然後，在不安、焦慮、絕望之中，又回歸於另一個變了樣子的鄉下宜蘭人。說他反璞歸真，似乎把他說得太飄逸了。他不是七等生那樣的〈來到小鎮的亞茲別〉或〈隱遁的小角色〉，他也不像陳映真那樣，由絕望於近代工商業文明而嚮往於一場翻天覆地的大變動，他更不像王禎和那樣由絕望而選擇隱忍的道路。他因為扎根於宜蘭那樣的鄉土，與那裡的土地、大海、人物、習俗、迷信等有著血肉相連的倫理關係，從中體認到無限的親情，而與之割捨不開，由此也就在其中看到了希望，不會對目前的社會採取連根拔起的態度。就這一點來說，他某些地方像舊俄的屠洛涅夫和契訶夫，有些地方更接近於三〇年代的沈從文。

舊俄羅斯的鄉愁是屠洛涅夫作品的主調。這種鄉愁，在托爾斯泰、契訶夫，甚至在音樂家柴可夫斯基的作品中，都普遍地呈現出來。關於這一點，人們不應該以階級的、黨派的、經濟的觀點去對之作出評判，而應該從真實的人性來關懷它們。俄羅斯的鄉愁包含了對那片土地、歷史、人物、習俗……等等的深情；這是俄羅斯的靈魂。不用多說，只要一讀屠洛涅夫《獵人日記》中的〈活骸〉、〈白靜草原〉，或托爾斯泰的《高加索故事》就可以有著深切的領會。但是，關於這樣的鄉愁和關懷，在五四作家和一些後起的城市作家，例如郁達夫和張愛玲的作品中卻怎樣也找不出來（沈從文不然，這是他可貴的地方）。郁達夫的作品主調，是澈澈底底的挫敗、茫然、無望；這特別顯現在他的〈過去〉、〈遲桂花〉、〈在北風裡〉裡。於是，在那樣的現實條件下，他只能走上〈茫茫夜〉的頹廢道路。張愛玲的作品中所顯現的，也只是在都市人的瑣瑣碎碎中糾纏，「一步步走向沒有光的所在」；至於姚雪垠等人的鄉土小說，事實上寫的只是美化後的游民階級。而在更晚的趙樹理和浩然早期的作品（如《豔陽天》、《金光大道》）中，雖有著中國廣大土地的情懷和鄉愁，但那不是主調，而是階級鬥爭的工具。

有人（特別是大陸作家）認為：黃春明筆下的人物有些像魯迅筆下的阿Q；甚至說坤樹、憨欽仔等人是《阿Q正傳》在台灣的翻版。其實不然，阿Q的品質是澈底的麻木、澈底的敗北，而且在心靈中根本沒有了是非。假使把阿Q看成一個民族的原型，便不免會對自己的民族前途感到絕望，因為，如果阿Q成為現代人的化身，便必然成為低劣的國民。沒機會固無所作為，有機會也同樣無所作為。這樣的人物，即使學會說各種漂亮語言、熟悉各種物質文明之技巧，在本質上卻找不到一絲一毫的尊嚴。所以，就個人而言，他是有奶就是娘，投入某一團體，也只有權力利益之是圖。而一個到處都是阿Q的社會，其發展之結果，必然會帶動一個暴力的、蠻橫時代的出現。為什麼呢？因為阿Q的麻木無知是原始性的麻木。發展下去，這種麻木無知一旦掌握了權力、技術，享有了特權，就不免會由這種麻木轉化為自得、自毀，並且以毀人、整人為樂。要不然，一旦失勢，也必然「以屈辱為榮耀」，無所不為。而這樣的類型，正好在當代的俄羅斯和中國的革命現實中得到了印證。這是我和春明在對話中得到的疑慮。不僅如此，他還擔心阿Q主義的另一形態也會五十步與一百步之差地出現我們即將到來的社會上。因為，絕對的工業化必然產生絕對的消費主義；絕對的消費主義必然產生絕對的拜金主義；必然的拜金主義遲早把人性乃至人們所賴以生存的基礎澈底摧毀。這一發展趨勢，十九世紀的舊俄作家中已經有所預感，杜斯妥也夫斯基不用說了，即契訶夫，也多多少少在他的嘲諷中流露了無奈。在《櫻桃園》裡，櫻桃園將被剷除建立工廠，新一代在歡呼，老一代在感傷。那不是一般的感傷，而是一種原有的文化和生活方式之即將在地球上消失。不了解這一點，我們便不了解契訶夫沉痛之所在。而在這一方面，五四時代和三〇年代的先行作家，除了吶喊、徬徨、憤慨外，似乎都繳了白卷。魯迅〈阿Q正傳〉式的關懷如此、聞一多〈死水〉式的關懷如此，即胡適式的全盤西化那樣的改良主義亦莫不如此。而隨著阿Q主義的殖民地化、赤貧化、拜金化、物質化，就必然走上阿Q式的法西斯化和阿Q式的布爾什維克化。這就是二十世紀第三世界和中國危機所以一直未能消除的原因。在黃春明的小說

一九七二年，黃春明在基隆海邊。

人物中，〈看海的日子〉中的白梅和〈小寡婦〉中類似「白梅」的人物；以及由坤樹、憨欽仔一變而為〈小寡婦〉、〈我愛瑪莉〉中大都市人物（如馬善行、陳大衛）的過程看來，黃春明不可言喻地出現了焦急和無奈。但是，他並不抱持阿Q主義式的絕望，反而不斷挖鑿鄉土精神所保持的原創力，就是要使自己能夠從悲觀中走出來。這是當代台灣文學最重要的課題。也是他一大段時間沒有出現作品的主要原因。具有良知的台灣作家在本世紀必然要面對這樣的主題。

黃春明的作品和王禎和、七等生等人一樣，大多是出現於上世紀六〇年代後期，越戰接續韓戰，也是二次大戰後美式資本主義快速進入東南亞及東北亞的階段。在這段時間裡，經濟主義、商品主義、科技主義，再加上現實政治的運作，遂使得一股狂熱的美式現代化潮流成為整個社會發展的主動力量。它先湧入這些地區的各主要大都市，然後再擴及到四周的一些大市鎮，由近而遠，最後無遠弗屆，一步步加快了這些地區的澈底改變。這就是所謂的「亞洲四條小龍」出現而得意的時代。在這一時代裡，美式「現代化」在含義上的曖昧心智固然給予人們以極其濃厚的理想主義的色彩，而一些人，因暴發戶式的富有現象，也使人在貧窮中產生無限的嚮往。這就是社會上普遍流行的「奇蹟」。在這樣上下交征利的作為下，不僅首善之區的台北澈澈底底地改變了它的外貌，而且在金錢主義的作用下，一個原本樸實、刻苦、勤勞的社會本質，也在消費主義、享樂主義下作了極大的改變。在追求高度經濟成長的目標下，不僅土地變成了工具和商品，就連人也變成了工具和商品。於是在與庸俗的大眾傳播交互運作下，一片繁榮的物質景象中便埋伏下一步步的危機。不僅如此，就連那些大都市四周的小市鎮也不可或免地遭到了史無前例的異化，一步一步加深了人的貪婪性及虛偽性，這樣，也就一步步摧毀了這些小市鎮原有的樸實與淳厚，切斷了人與人、人與土地、人與事事物物的血肉相連、生死與共的關係，使人的生活變成無所依賴，無所關懷，無所奉獻；既不能去愛，也不能被愛；於是內心的世界就成了一個空白的世界。在這樣的情況下，個人的理想只能在感官世界中追求滿足，使得他的世界愈來愈小，最後將人剝光得只剩下本能，過著無根的生活。

在這樣的情況下，這些小市鎮的現實便使人一變而成為新的游牧民族；將人從他生活、居住的土地上連根拔起。於是，從那些小市鎮到台北，或從台北到那些小市鎮，便成為居住在那地區人物（特別是年輕的一代）飄泊、流浪、冒險的途程。這就是從上世紀五〇年代後期開始，到此後的三十年間，一些鄉村小說產生的背景。例如：

陳映真：〈麵攤〉
〈家〉
〈死者〉
〈鄉村的教師〉
〈故鄉〉

王禎和：〈祖父和傘〉
〈五月十三節〉
〈寂寞紅〉
〈來春姨悲秋〉

〈兩隻老虎〉

七等生：〈來到小城的亞茲別〉

〈離城記〉

〈沙河悲歌〉

〈隱遁的小角色〉

黃春明：〈青番公的故事〉

〈兒子的大玩偶〉

〈魚〉

〈癬〉

〈溺死一隻老貓〉

〈看海的日子〉

王拓：〈金水嬸〉

〈望君早歸〉

透過這些作品，起初很多人還多少對這些小市鎮及其四周土地與人物保存著眷戀及鄉愁，到後來卻漸漸地對這些原來生於斯、長於斯的地方感到疏離、感到無奈、感到威脅；而進到台北那樣一個燈紅酒綠的世界，卻又感到陌生、感到無助、感到窒息；起先要承受工作的茫然，接著便感到面對腐爛生活的彷徨。等到在這令人絕望的大都市找不到出路時，便只好面對這一瀰漫著勢利氣息的市儈社會，讓自己的心靈一日又一日地趨於麻木，社會上也多是無可奈何地循著這樣的路線前進著：

勢利主義→虛無主義→惡棍主義→痞子主義

在如是的相互循環中，不僅藝術、文學、宗教成為商品，即連所謂的選舉，所謂的民主，也都成了商品。在這樣的情況下，這一批出身於小市鎮的鄉土作家，便在這樣的大都市和小市鎮二元世界的互相傷害中，有了兩種反應，一種是對台北這樣的大都市的生活作出冷靜而無情的批判。一種是對於自己所來自的鄉土作出新的反省。在陳映真的〈故鄉〉中，原來是傳教士的哥哥變成了惡棍，在〈鄉村的教師〉中，一群理想主義者不是自殺，便是一一豎起他們的降旗。這樣發展下去，他的作品便充滿對這些大都市的剖析和控訴，並繼而探求產生這些不幸的外在因素。他的〈華盛頓大樓〉系列作品，就是如此產生的。王禎和則在對這大都市的控訴（如〈小林來台北〉）、

二〇〇〇年春，黃春明與王文興在尉天驄家合影。

一九八六年，尉天驄夫婦與黃春明夫婦在尉天驄家合影，前排小孩為尉任之。

嘲弄（如〈美人圖〉、〈玫瑰玫瑰我愛你〉）後，又申抒了對自己鄉土的絕望（〈家是回不去了！〉），隨而發出「工商社會帶來『唯利是圖』、『大利滅親』」的咒罵。較特殊的是七等生，他採用一種類似的形而上的態度，把個人游離於現實之上，以玄學的感傷來填補自己的空虛（如〈來到小鎮的亞茲別〉、〈沙河悲歌〉）。黃春明更赤裸裸地表明他對台北市這個大都市的極端不滿，和不能適應。並對這種新的生活方式的外在和內在因素作了進一步的反省和思考（如〈小寡婦〉、〈我愛瑪莉〉、〈莎喲娜啦‧再見〉）；雖然他採取的方式往往是類似契訶夫犬儒式的嘲弄。

在這方面，黃春明是與陳映真、王禎和、七等生等人還有所不同，他雖然對台北這樣的大都市生活幾近於絕望，然而對於他生於斯、長於斯的故鄉卻仍然懷抱著濃厚的眷戀和企望。而且更難得的，是這些眷戀和企望並不僅止於鄉愁式的感傷，而是面臨即將崩潰的現代文明作出了深度的思考。透過小說他似乎有這樣的警覺：小市鎮是人類命運的最後一道防線，這道防線如果澈底消失了，也就是人類生存的末日。這一認識使他的視野更加提高了，使他能從政治、經濟、黨派的著眼點拉高到人與人、人與土地、人與事事物物的互相依存、互相策勵的層次。他似乎在說：如果人類的活動不能從那些著眼點超越出來，而一直把土地、把事事物物都當成工具和手段，其結果必然也會把人也當成工具和手段，最後不會尊重對方，也不會被對方尊重。這樣的人生必然是鬥爭的人生、互相傷害的人生；在目前科技極端膨脹的情況下，這樣的人生即使可以快速帶來富裕和繁榮，但其自得自滿也只能是短暫的，而且會為人類埋伏下可怕的病毒。

由於抱持這樣的觀點，黃春明小說中（如〈青番公的故事〉、〈魚〉），經常安排著：

「祖父—兒子—孫子」這樣的三代場景。祖父是小市鎮原有的精神的代表，兒子是被現代工業文明、消費文明淹沒的一代，孫子則代表著不可知的未來。祖父經常叮嚀著孫子要如何去認識天（自然）、認識土地、尊重土地；希望他能跳出兒子那一代的現代泥濘，重建一個新的、和諧的世界。所以，在黃春明的作品中，他不像王禎和那樣絕望，也不像七等生那樣從現實中自我放逐，自我安慰；他不但沒有忘懷自己的鄉土，還透過這些小市鎮的現實來尋找它的自處和救贖之道。它不是外來的，不是快速的功能主義的，而是從本身、從各人的真正自覺所思考出來的道路。於是，在黃春明的小說中，我們看到青番公、憨欽仔、坤樹、白梅那些卑微得幾乎是微不足道的人物一直保持著做人的正直。他們被人嘲弄，也往往自己嘲弄自己；然而就在這些愈來愈弱的生命中，我們還可以體認到一股蘊藏著的具有韌性的力量，在那裡掙扎，在那裡對抗。也許有人會為這力量的微弱而有所氣餒，但如果記得「石在，火是不會滅的！」這句話，這些小說人物的卑微、可笑、屈辱，也許會為後人提供不少的啟發。

也就是因為這樣，〈看海的日子〉中，我們看到身為妓女的白梅如何努力於重建自我的尊嚴。她要忍辱負重地生下一個屬於自己的兒子。孩子生下了，她當了母親，受到了人們的肯定和尊重；於是坐在火車上，面對著似乎是宜蘭標誌的龜山島和大海，唱起了大地之歌、母親之歌，在這歌聲中，白梅終於重新拾回了她的生命！也許我們可以這樣比附，如果把「白梅」的「梅」聯想到「痗」和「梅」，把她的妓女的命運聯想到台灣近百年來被侮辱、被迫害的命運，則由「痗」到「梅」，由「妓女」到「偉大的母性」，不正是黃春明的心願嗎？再進一步想，不也是黃春明面對被工業文明、消費文明以及在工業文明、消費文明下所產生的功利主義、物質主義摧殘下的人類所發出的悲鳴和悲願嗎？有一次他打電話跟我說：「歌德的《浮士德》寫上帝與魔鬼打賭，上帝認為人的追求最後是上升的，魔鬼則認為人的追求最後是走向墮落。歌德的結論是上帝勝利了；這是可疑的，我認為人在今天這樣消費社會中活下去，最後必然是澈底崩潰。我想改編這個故事。」這是他對人類前途的警覺。

於是，在悲鳴和悲願中，黃春明便有了他的憂心，那就是〈看海的日子〉中的白梅會不會有一天爭相變成〈小寡婦〉中的那類人物。這樣，她用堅忍、悲苦所扶持長大的孩子們該是什麼樣子呢？於是，在這樣的主題思考下，他又思想起近代先行作家的主題：救救孩子！這就是黃春明目前和未來的工作和道路。

希望黃春明的努力不要像〈鑼〉中的憨欽仔那樣：敲破了大鑼依然喚不醒一個沉醉而麻木的人世！

——二〇一一年九月《文訊》

理想主義者的蘋果樹

瑣記陳映真

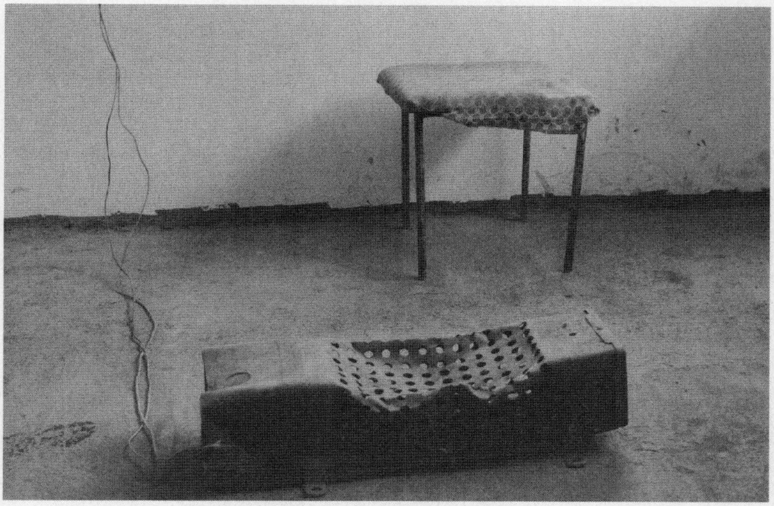

不見陳映真將近五年了。這些日子他困居北京，與外界跡近隔絕，台灣朋友的懸念也只能做到望風懷想而已。

每次想到映真，我經常感到他是寂寞的，特別在他六十歲以後，他雖然有了自己固定的思想系統，寫了一些批判文章（例如評論高行健、龍應台，和在報上刊登廣告指責《毛澤東的私人醫生回憶錄》一書對毛澤東的不敬），連續鼓動左翼文學的復歸，但由於政治意念過於強烈，反而處處流露著生硬的意味。而他在離開台灣前夕所顯示的落寞和猶疑，更一直留給我難以忘卻的印象。

那是二〇〇六年六月，他要前往北京擔任人民大學的講座教授，行前邀我和黃春明、尤彌夫婦在台北福華飯店的咖啡座小聚。那時，由於台海兩地的交往已經非常普遍，因此我們便像平日一樣只閒談著彼此間的家常瑣事，並沒有多少離別的情緒。但是，談話之間他忽然壓抑不住地說：「這些年來，大家都把文化大革命批評得體無完膚，這是不公平的。——文革是有它莊嚴的意義的。」我聽了，只「哦！哦！」地作了平淡的回應。春明則張著兩隻眼睛，不作一語。於是這回談話就變成了他個人的獨語，那麼寂寞，那麼單調。春明知道我對文革很有意見，所以在映真去洗手間的時候，問我：「你怎麼對他說的話沒有意見？」我說：「都是甚麼時候了，還要辯論這類問題！大頭的想法你又不是不知道，何必辯，爭論起來徒傷感情。」我們與映真夫婦的離別，便是在這樣的場景中過去了。

回想起來，陳映真和我，以及一些朋友在年輕的時代都可以算是具有理想的一群。由於彼此都遭遇過不少的戰亂，大家都期待著一個公正的、互相關愛的社會到來。也就因為如此，每個人都以各自不同的夢想去思考著人類的未來，以致於所懷抱的理想主義便也瀰漫著質樸的烏托邦色彩；每讀到一本動人的小說，就止不住受到它的激動。把小說人物（如羅曼．羅蘭筆下的約翰．克利斯多夫）當成自我學習的對象。我們這些人也說不上來是左派還是右派，但癡迷到了某種程度，有時也會像歐洲學者卡爾．波普（K. Popper）自述的年輕時那樣，一廂情願地把自己塑造成流行的左派人物──「迷戀於浪漫的無產階級身分，甚至有好幾年努力使自己成為一名體力勞動者，做著鐵路工人或木匠的工作。」（引自雅可比R. Jacoby《反烏托邦時代的烏托邦思想》）而當時，在一些可以讀到的三〇年代的文學著作和報導中，也經常見到這樣的風尚。如是，大家便很單純而誠懇地活在那一個想要獻身於社會的時代浪潮中。

幾十年過去了，整個世界都有了巨大的改變，在幾經折磨後，有的人夢醒了，有的人仍然活在自己假想的世界中；到了兩個世紀之交，更把人帶入一個迷惘的時代。有些人在青少年時期雖然是個堅決的無神論者，近些年卻到處奔波，宣揚藏傳佛學；有些當年的激進者，如今卻成了不折不扣的保皇黨。無論如何，他們都還算是幸運的，至少沒有遭到流放，成了現實政治體制下的冤鬼。

現實變了，人對於未來也就有了不同的看法，這不僅僅是年齡的因素，更是由於生命的成長使得心靈的認知有了差異。這就使得朋友間經常會產生難以溝通的難堪；「同學少年多不賤」，就成了這些年的普遍現象。

這種困局不僅是屬於個人的，更有著它的時代性。其中的是非成敗也難用幾句話、幾篇文章就說得清楚。當此之際，也許只有在回憶中重溫過去的歲月，在反芻中慢慢地體會其中的滋味。

我對於長年困於病中的陳映真，也只能作這樣的懷念。

回憶裡首先讓人想到的便是映真早期的三篇小說：〈麵攤〉、〈我的弟弟康雄〉和〈蘋果樹〉。〈麵攤〉呈現的是他最早對台灣這塊土地和人民的感受：那麼蒼涼和無奈。〈我的弟弟康雄〉陳述的是他少年成長的困擾、悲哀和絕望。〈蘋果樹〉則是他少年理想的雛形。這些都與他以後的發展和演變有著不可分割的關係。特別是〈蘋果樹〉，更宣示了他未來的道路和方向。

〈蘋果樹〉發表於一九六一年的《筆匯》最後一期。現在所以會因它引起很多迴響，實在是由於這篇小說中的大學生林武治，以及他的所作所為，幾乎就是陳映真當年的寫照：「一個大而粗笨的傢伙，

陳映真，一九九八年於台中。　　攝影／尉任之

很長的頭髮，鑲著一張極無氣味的苦命長臉。他穿著的那件海軍大衣，好幾處呢毛都脫落了，留了彷彿布袋一般的粗陋布面，光是看著都不能使人有溫暖的感覺。」林武治賃居在一個偪促、沉悶的陋巷裡，在這個貧苦的小世界裡，沒有一個人活得具有意義，而且彼此之間也沒有關懷。只有這個新來的逃家的大學生在想著些甚麼，關心著甚麼。當他叼著半截香菸，彈奏著那支蒼黃的吉他時，才為那死寂的環境帶來一丁點的波動，並把門外那棵茄冬樹幻想成結滿果子的蘋果樹，並把這種幻景當成即將到來的現實，告訴那些活在貧苦中的人說：「告訴你們蘋果是什麼？蘋果就是……幸福罷。」他不住地唱著，說著，帶給人一個無法不嚮往的世界：

那時候，再沒有哭泣，沒有呻吟，沒有咒詛，唉，沒有死亡。

那時候，夜鶯和金絲雀們都回來了。牠們為了尋找失去的歌聲離開我們太久太久。當夜鶯和金絲雀唱起來的時候，唉唉，人的幸福就完全了。

在那樣的沉醉裡，那些居住在陋巷的人們都走入一個夢幻的幸福的世界裡，就連那酗酒的房東的幾無生趣的妻子因為受到難得的關懷，也閃現出生命的靈光。在這樣的夢幻裡，林武治與她發生了關係，卻也使她在一個晚上怪異地死在林武治的房子裡。

林武治被警察帶走了。被他指稱為蘋果樹的茄冬樹，也被人遺忘了。貧瘠的陋巷經過一次騷動，又恢復了死般的沉寂。

這是陳映真二十四歲時的作品。那時他還在淡江英專（今天的淡江大學）三年級就讀。大概因為這個原因，他的對人世的關懷和理想便只能以這樣單純的烏托邦的構想來安排。今天看來，固然這篇作品的夢幻氣質還無法掩飾它粗糙的弱點，但經由它，我們仍然可以想見在那個四顧茫然的年代，陳映真和我們那一輩人是如何地生活著，以及他們在想著些甚麼。而且，僅就認識陳映真後來的發展而言，這也是一個不可少的鑰匙。

我們所說的那段歲月，具體來說就是上世紀五〇到六〇年代，而五〇年代的後期，更是它的轉變階段。距離現在，已經是五十多年了。五十年前的台灣，在承受一九四九年前後的大變亂和隨後而來的一片肅殺的窒息之下，它給予人的感覺好像是一直活在陰濕的冬天，不知道甚麼時候才能夠過完。五〇年代後期，隨著美國協防台灣條約的簽定和美、日經濟力量的進入，在喘息之餘，台灣開始有了一段時日的鬆散的平靜。蟄伏得太久了，每個人都想冒出頭來，改換一下原先的呼吸，這就是詩人鄭愁予所說的「忍不住的春天」。種籽要發芽了，每個人都在尋求各式各樣的成長。雖然在人們的生活中仍然擺脫不了莫名其妙的緊張，現實政治仍然是被管轄的禁地，但是每個人都在繞著圈子想為自己摸索一條可以走出來的道路，甚至用自我嘲弄的方式，刺醒自己的困境；例如瘂弦的〈深淵〉就是這樣的一個代表：

去看、去假裝發愁，去聞時間的腐味
我們再也懶於知道，我們是誰。
工作，散步，向壞人敬禮，微笑和不朽。
他們是緊握格言的人！
這是日子的顏面；所有的瘡口呻吟，

裙子下藏滿病菌。
都會、天秤，紙的月光，電桿木的言語，
（今天的告示貼在昨天的告示上）
冷血的太陽不時發著顫，
在兩個夜夾著的
蒼白的深淵之間。

就在這樣的情況下，大家的日子雖然仍是普遍地窮困，但窮困得非常熱鬧和生動。除了官方的書刊外，一些民間的文化活動開始一個接著一個出現。那時，台北市的中心區重慶南路的走廊上每隔七、八步就有一個書報攤，各種書刊攤在地上，或者掛滿半個牆壁，向人傳播著各種訊息。台灣大學從校門的羅斯福路直到公館，都是一個接著一個的簡陋違建棚子，不是賣著小吃，就是各色各樣的小書鋪，各式設計單薄的小雜誌和小冊子就像雨後春筍般冒了出來。那時，大家儘量不去談論現實政治，除了極少數的人，誰也不敢、也不願進入那個領域，而就在這些簡樸的出版品之間，每個人都在試探著用各種語言來表達自己。於是在人群中不時就有一些自認為是詩人或畫家的人物出現。當時咖啡館一類的聚會處不過幾家，因為大家都很窮。年輕的知識分子在街巷遊蕩，並經由翻譯文字，望文生義地稱自己是波西米亞人或失落的一代。他們似乎喜歡交遊天下，但又顯得旁若無人，由於那時的執政當局嚴格執行禁書令，於是一些舶來的人物，如海明威、卡繆（A. Camus）、沙岡（F. Sagan）之輩，便成了大家的朋友。那也不是為了甚麼，只不過是那些人散發出的「異鄉人」、「失落的一代」和「無根的族群」一類的片言碎語，可以借來顯示自己的寂寞和孤獨。那時候，他們都是應該顯現浪漫的年齡，但由於貧窮和家族的重擔，他們早熟的心靈便不期而然地籠罩著陰暗的無奈。另一方面，卻也助長了他們心智的成長。比之今天的青年，他們對於知識的渴求和對未來的企盼，也就強烈得多了。他們常在台北牯嶺街一帶的舊書店和一些租書鋪找尋一些在圖書館和學校看不到和不准看的書籍，想辦法窺讀左派和三〇年代的文藝作品，試圖從中思考出一條可以走出來的道路。甚至無視於周圍的政治壓力。陳映真和我，以及一批朋友，就是這樣的一類自我摸索的青年。

我和陳映真原不相識，儘管都是台北成功高中的學生。他本名陳永善，外號大頭，比我低兩級，和後來寫武俠小說的古龍同級。我們在不同的大樓上課，沒有講過話，但我對他卻有深刻的印象。那時，成功中學的教員大多是屬於蔣經國系統，學校的特色是循規蹈矩，陳映真是吉他社的社長，課餘之暇常坐在走廊上一邊彈著吉他，一邊低哼不知是什麼調子的歌，半閉著自我陶醉的雙眼，一副不大不安份的模樣。學校的壁報上，他偶爾也發表一些令人捉摸不透的作品。

直到一九五九年我接編《筆匯》雜誌，才真正認識陳映真。那時我們都還在大學念書，我們相識的時候，他正寄居永和溪州小學的一位鄭老師的單身宿舍，那時我住在鄰近的中和，熟識以後便經常騎著單車去找他。兩個人盤坐在老舊的榻榻米上聊天，對於他的家庭也就有了較多的了解。他有兩個家，一個是他生父的家，一個是他養父、也就是他伯父的家。生家有八個兄弟姊妹，全家人都深信基督教。養父已經過世，家中只有病弱的養母和年幼的妹妹。兩家人都過著清苦的生活。他活動在兩個家庭之間，讀大學後就在外面寄宿。我認識他的時候，他已經讀過一些舊俄時代和革命初期的作品，特別是民粹主義和無政府主義的著作，帶給他很大的影響。他最心儀的思想家是克魯泡特金，原因是高中的一位生物老師不喜歡達爾文的「物競天擇，適者生存，不適者淘汰」的學說，而提出了克魯泡特金的「互助論」，以及與他有關的種種事情。克魯泡特金的《一個革命家的自傳》、《麵包與自由》、《一個反抗者的話》、《法國大革命史》便斷斷續續地給予陳映真很大的激動。而那些虛無黨的作為更令他嚮往不已。巴金翻譯的女革命家薇娜・妃格念爾的《獄中二十年》，以及《俄國虛無主義運動史話》所記載的那些獄中的生活，也就成為他心中的英雄形象。有一次他談及那些人在隔離的獄中以敲壁的方式作詩彼此勉勵，就問我「那到底

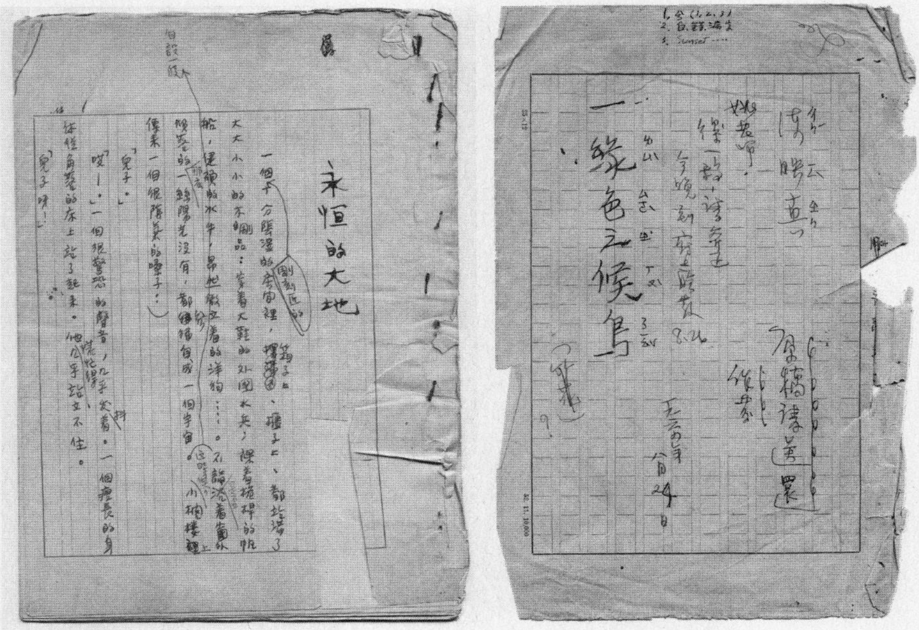

陳映真手稿。

是怎樣的技術？」當然我也不會知道。於是他就把自己景仰的那些人、那些事、那些作品，統稱之為安那琪主義。安那琪是無政府主義的原文Anarchism的譯音，經由他的融合，便成為一種帶有社會主義意味的人道主義的關懷；再加上像托爾斯泰、屠格涅夫等人作品的影響，便對他的思想產生了強烈的啟蒙。這啟蒙是充滿夢幻和詩意的，當然也帶有程度大小不同的激情，像人的初戀一樣，儼然成了他一生中最珍惜的回憶。一九七五年，他經歷七年牢獄之難後，仍在一篇〈賀大哥〉的小說中，對此有著津津樂道的回味：

賀大哥交給我的第一本課本，是黑色封面的《普希金傳》，讀著這個舊俄的天才詩人；集貴族、無賴、紈褲、天使和反叛者於一身的詩人，恁恣而斗膽地挑激命運中狂亂的歡樂和危噩的詩人的一生，對於在平庸和馴大的我，是不曾有過的震動。接著，我遇見了克魯泡特金，隨著他到過民國前的風雨的東北，隨著他走遍腐敗而頑固的俄國，隨著他遇見直斥虛偽的禮儀，好學深思，稱頌真誠的人類愛的、被屠格涅夫稱為「虛無主義」者的俄國青年們；我也看見了整個當時在動盪中的西歐的動人心的風潮。

他所執著的理想主義便是由此而滋長出來的。此外，一提到新文學的創作，他最欽佩的一個人就是魯迅。當他談起來時，簡直就把自己當成了魯迅的私淑弟子。

其實，這樣的思想歷程也不僅限於陳映真一人，當時與他年齡相近的人，包括我和一些朋友在內，也幾乎都有過同樣的經驗，只不過各人情況輕重有別而已。那是一個沉默的年代，也是一個盼望的年代；於是朋友與朋友、個人與自我之間便對下一步要走的路，提出各自不同的詢問。記得有一次在舊書鋪找到一本波蘭作家顯克微支（H. Sienkiewicz）詮釋歷史的小說《你往何處去》，這書名便立刻引發出朋友間相互的反響。這是一個新的時代，陶淵明式的桃花源已經無法滿足人的需求，於是承襲五四遺風，很多從外地傳送過來的烏托邦思想便一一成為人們探討未來道路的源泉。舊俄的無政府主義和一些作家所信奉的：關懷貧窮、反對不公、抗拒專制、卑視奢華、追求簡樸的生活法則，也便混合、傳承下來成為知識界的美學。它們可以稱為左派，但與政黨並無關係。上世紀的五〇年代後期，這樣的思潮漸漸在台灣散發開來，絕非空穴來風。陳映真作品的出現，正代表這一發展的趨勢。

那時代，只要能點燃一些理想主義的火花，就會把人聚集起來，於是我辦《筆匯》時，就邀他寫稿。他在《筆匯》發表的第一篇小說〈麵攤〉，用的是「陳善」這個筆名，時在一九五九年。他文字的魅力，優雅的語言、溫馨的人間關懷，隨即讓人眼睛一亮，也開啟戰後台灣小說的新紀元。此後，直到《筆匯》停刊，他先後又發表了〈我的弟弟康雄〉、〈家〉、〈鄉村的教師〉、〈故鄉〉、〈死者〉、〈祖父和傘〉、〈貓牠們的祖母〉、〈那麼衰老的眼淚〉、〈加略人猶大的故事〉、〈蘋果樹〉，和一篇談論鍾理和的小說集《雨》的隨筆，並成為《筆匯》的同夥。他先是每一篇使用不同的筆名，後來才聽大家的勸告固定用「陳映真」的名字發表作品。關於這個名字，他講了一番來歷，給我留下很深的印象。

他說：在生家，他是男生中的老二，原名陳映善，和哥哥陳映真是孿生兄弟。哥哥九歲那年，忽然夭逝，他的父親痛苦得難以支持，就每天跑到野外的河岸指著老天咒罵，不停地把石子朝向河的深處丟去，這樣無告的申訴過了一段時期以後，憤恨竟然消失了，隨之而來的是，他心中原來對上帝的虔誠不但復活了，而且更加牢固起來。這種像齊克果（S. Kierkegeard）式的由信仰到絕望，再由絕望臻昇到更加堅實的信仰的辯證過程，一直讓陳映真困惑不解，也一直成為他一心想解開的死結。我聽他這樣敘說著，當然也無法有更深一層的思考，只是對他說：「你用哥哥的名字來寫作，把你變成他，又把他變成你，不知他對你所要表達的，有沒有意見？」並好幾次慫恿他去鶯歌，在他哥哥的墓前照一張像，題曰：「陳映真在陳映真墓前」。

他的這些作品不但明顯地承繼了上世紀三〇年代的文風，而且比之茅盾和巴金等人，他的語言和描寫，以及向自己心靈深處的挖鑿則更為細緻。而在其間所流露出來的纏綿不斷的詩一般的韻緻，類似基督教《聖經》中哀歌式的獨白，全篇中難以拆散的憂鬱情結，頹廢中的無助和無奈，以及窒息中的重重壓迫感，都讓人有著難以承受的虛無，卻又在虛無中讓人感到親切和熟悉。這種吸引力讓很多年長一輩的人覺得重睹魯迅《吶喊》和《彷徨》的風味；而對於年輕一代來說，這些作品雖然瀰漫烏托邦的夢想，但蛻化自於安那琪的理想主義，卻也可以使他們在迷茫中感受到一股新銳的力量；特別對於上世紀五〇、六〇年代之交的那些能仍然困守在頹廢中，自我感傷、相濡以沫、互相取暖的一群來說，也在無形中為之開啟了更大的思考、追尋的空間。陳映真這一時期的作品所以受到注目，這是最大的原因。

陳映真一向自認是個思想型的作家，這表明他的作品具有較深層次的內涵。他的人生態度固然可使其寫作不落入世俗的窠臼，卻也讓他的心靈陷入異乎常人的糾葛和矛盾之中，特別像他這樣一個從一生下來就浸沉在宗教信仰中的人。他的這種生長的過程，使人想到一位從舊俄成長出來的思想家別爾嘉耶夫的話：「一個童年就被宗教孕育的人，宗教往往會為他帶來兩種性格，一方面讓他覺得在塵世之上總有一個至高無上的存在在指引他，使他喜歡文學、藝術、音樂，認為經由它們，讓他在其中總感悟到有某種堅實的力量使他活得具有意義。而與此相對的，這也使他卑視世俗的一切享樂，包括個人的情慾在內，都經常使之有著墮落的恐懼。二者的糾葛常使他的精神飄搖不安，不知何所去從。」

這種情況，使我不期而然地想到青少年時期的陳映真。他曾經說過，打從中學時代開始，他已有著強烈地要從基督教世界走出來的企圖。雖然由於和家人親密的感情，他一直沒能對此有所宣示，但在內心裡卻已把那些當作孩提時代的鞋子，不再聞問了。雖然他在作著這樣的取捨，其實並沒有真的能夠做到，基督教的教義以及與此有關的題材，一直繼續成為他寫作思考的根源。在〈我的弟弟康雄〉中，我們不僅見到這樣的現實，還深切領受到他內心的衝突和掙扎；一方面要在信仰中排除宗教，一方面卻一直排除不掉信仰對他的影響：

我沒有想到長久追求虛無的我，竟還沒有逃出宗教的道德之律。

……

聖堂的祭壇上懸著一個掛著基督的十字架。我在這一個從生到死絲毫沒有和人的慾情有份的肉體前，看到卑汙的我所不配享受的至美。我知道我屬於受咒的魔鬼。我知道我的歸宿。

也由於此，他愈是抱持年輕人的浪漫，乃至逃脫不了種種情慾的誘惑，陷入心靈的天人交戰，也就愈加使之咒罵自己的卑汙，認定自己是不配享受人間至美的魔鬼。人世間愈是充滿誘惑，他的難以自持便使之有著「原罪」的愧疚。所以，康雄的姊姊才如此說出如下的話：

……他們都不知道這少年虛無著乃是死在一個為通姦所崩潰了的烏托邦裡。基督曾那樣痛苦而又慈愛地當著眾猶太人赦免了一個淫婦，也許基督也能同樣赦免我的弟弟康雄。然而我的弟弟康雄終於不能赦免自己的罪。初生態的肉慾和愛情，以及安那琪、天主或基督都是他的謀殺者。（所以我要告狀！）

在這裡，我們可以很明白地感覺到：〈我的弟弟康雄〉其實就是陳映真對自己少年時代所作的告別，說它是一種抗議當然可以，說它是一種輓歌，也未嘗不可。在這裡，我們真實地見到陳映真身上的另一「少年維特」的身影。而且，當我們一群朋友還活在一般人所感受到的青春夢幻之時，他卻已經深一層次地敏感到人生的虛無，現在回想起來，仍然不知道那是他的幸運還是不幸？

也不僅僅〈我的弟弟康雄〉如此，在他其它早期的作品中我們也同樣可以見到陳映真和他那一代類似這樣的精神面貌。不管那些人物過的是怎樣的生活，對未來抱持怎樣的態度，也不管他們生命中的結局作了如何的選擇，他們的憂鬱、感傷、蒼白、無奈和苦悶都是非常相近的。他們的抗議和控訴，他們的自毀和反叛，也都有著相似的悲苦。於是我就止不住想著：在陳映真的小說語言運用中，他是不是用不同的、甚至相反的方式，互相烘托以表達他自己和他那一代青少年內心的感受和猶疑呢？這樣一想，我就覺得〈我的弟弟康雄〉中的康雄是他、姊姊也是他；〈故鄉〉中的哥哥是他、弟弟也是他；〈加略人猶大的故事〉的耶穌是他，猶大也是他。這就像我們在魯迅〈范愛農〉中的范愛農、〈酒樓上〉中的呂緯甫、〈孔乙己〉中的孔乙已等人的身上見到青年魯迅不同的面貌一樣，我們也在陳映真的小說人物身上，見到三十歲以前的各式各樣的陳映真，不管激昂還是頹廢，不管是猶疑還是失落，甚至不管是男還是女，都顯示著在他們面前正擺著各式各樣的路，等待他們去走、去開拓。有的讓他們興奮，有的讓他們自在，有的讓他們恐懼，有的讓他們不安。都一一等待著他們。

陳映真自己承認：從他開始寫作就帶有左派的影響，但也自覺到那些所謂的影響其實是模糊和朦朧的。在〈後街〉那篇回憶裡，他很詩意地說出了他當時的情況：

> 他從夢想中的遍地紅旗和現實中的恐懼和絕望間巨大的矛盾，塑造了一些總是懷抱著曖昧的理想。……，把抑壓到面目不明的馬克思主義同對於貧困粗礪的生活的回憶，同少年時代基督教信仰的神祕與疑惑，連同青年初醒的愛慾，在創作的調色盤中專注地調弄，帶著急促的呼吸在畫布上揮動畫筆，有時甚而迷惑了自己。

但是，他一直不滿意自己停留在文學的世界裡，他自認在那一世界中他只能活在感傷主義和悲觀主義之中，他要在這種不安中突圍出來。這就給他帶來新的困惑和猶疑。在〈加略人猶大的故事〉中，他把基督教《聖經》中猶大出賣耶穌的故事作了新的詮釋。耶穌的道路是平和的、漸進的；猶大的道路是激進的、功利的。於是，在這樣的矛盾中就產生了糾葛。猶大藉著羅馬人的手殺了耶穌，想藉此引發大的反抗力量，結果卻也為之帶來很大的悔恨。陳映真就如此地中述了他對台灣現實的猶疑和焦慮。

於是，理想主義的陳映真便如此地以彷徨、不安、苦悶、焦急的姿態於焉出現在上世紀六〇年代的台灣文壇上。

這就是陳映真在《筆匯》時期透過他的作品，所呈現的生活和思想的面貌。一九六一年《筆匯》停刊，我把他存放在我處的一篇〈哦！蘇姍娜〉寄去香港《好望角》雜誌發表，居然獲得該刊主辦的「現代小說獎」。雖然沒有獎金，卻引起廣泛的注意。這一篇也可以算是《筆匯》時期的作品。

我所以特別把這一時期的作品與他後來的作品劃分開來，是因為一九六二年開始，特別在他大學畢業、入伍當兵以後，他已經在從事新的改變，並且自覺地對自己過往的一切作了總結。他夫子自道地說：

從一九五九年到一九六五年是一個時期，在這個時期裡頭，他顯得憂悒、哀傷、蒼白而苦悶。這種慘綠的色調，在他投稿於《筆匯》月刊的一九五九年到一九六一年間最為嚴重。

而〈哦！蘇姍娜〉所顯示的正是這一時期的彷徨，以及思考著要去尋求一條新的道路。這也就是日本評論家岡崎郁子所說的，他這時期「可以說是陶醉在虛無主義中的。他喜歡描寫死亡。在追求一個理想的終極不可避免必須面對死亡。換言之，他面對的是：理想↓虛無↓絕望↓死（自殺），這種形式的死亡。」（引自〈台灣文學的現實〉）即使如此，就這些作品出現的時代與現實來說，他的虛無主義仍然有別於當時世俗的虛無主義。那時期世俗的虛無主義只是在現實的迷茫和頹廢中原地踏步，陳映真的虛無主義則像舊俄時代那種，可以讓人感到其中孕發出的一股新銳的力量。這些，一注入文學的美感，便發出巨大的吸引力。也為當時正在復甦、有著惡化傾向的工商業社會所產生的迷惘，多多少少起了淨化作用，於是在他身邊便聚集了一些朋友。對當時很多年輕人來說，後來他寫的「賀大哥」，其實就是那時的「陳大哥」。

陳映真的轉變，很多人認為是在一九七五年他出獄之後。譬如前引的日本作家岡崎郁子便說：「在一九七五年之後，始終隱約在陳映真早期作品的死亡陰影，在包括〈賀大哥〉、〈上班族的一日〉等兩篇的七〇年代作品中，已經消失而傾向於寫實主義的文字。這之後他描寫的已不是早期的幻滅和絕望，而是積極地描寫希望和新生。」

其實這一轉變是有它的過渡期的。今天回過頭去檢閱一下，便可發現這一過渡期的轉捩階段應是一九六二年到《文學季刊》創刊的一九六六年之間。在這一段日子裡，我因為患病動了一次大手術，然後進入社會工作，整個人在各方面都顯得非常懶散，陳映真也當兵結束，先進入一間私立中學教書，再去一家藥廠工作。我們見面不多，但知道那是他最活躍的階段。一九六二年，《現代文學》因為主持人白先勇的出國，約請姚一葦主持編務，兩年之間，受到姚先生的邀約，他先後發表了〈文書〉、〈將軍族〉、〈淒慘的無言的嘴〉、〈一綠色之候鳥〉、〈獵人之死〉，並在一九六五年與朋友合辦了《劇場》雜誌，除熱心於二次大戰後西方當代電影的介紹與評論外，還參與了很多現代藝術的活動，但在參與了貝克特（S. Beckett）的《等待果陀》演出後，便對現代主義的文學提出了嚴厲的批評，與劉大任一起退出了《劇場》。這時期他在思想上最明白的宣示便是他從《等待果陀》演出所得到的感受而寫出的那篇〈現代主義的再開發〉。在那裡，他宣示了現代人的無望以及現代主義文學和藝術的無望。他要努力地從那一困境中走出來。

陳映真受魯迅的影響極深，於是他也像魯迅那樣，同樣承襲了尼采的孤傲和憂憤。大概也就因為如此，他便也像魯迅那樣，經由作品中的人物，對於當代的知識分子的出路有著很大的失望和疑惑。在〈故鄉〉中，一心一意要當牧師，當聖徒的哥哥竟然墮落成為賭徒；在〈哦！蘇珊娜〉中，那些具有天才的人物，竟然一個個抓不住往往下一步發展的方向。這使他憂心。他一再稱讚他們是「用夢支持著生活，追求著早已被人類謀殺、酷刑、囚禁和問吊的理想」，但一落到真正的現實，便只能見到他們是有時浪漫而狂熱，有時灑脫而頹廢，言行之間經常流露著又似貴族又似浪子的猶疑和彷徨的作風。面對一個激烈變動的時代，其所作所為往往只能在自我滿足的有限世界打轉，而難以開拓出改革更新的道路。就這樣正如魯迅在〈故鄉〉中一樣，「出走」便成為他緊接下來要思考的主題。像他同一篇名的〈故鄉〉中的弟弟，為了不蹈哥哥的覆轍所作的決定，就是這樣的：

……

跳上列車，我感到的不是旅愁，而是一種悲苦的、帶著眼淚去流浪的快感。我投進了繁華的惡魔的都市，……過著拉丁式的墮落生活。留著長髮，蓄著顎鬚，聽著悲愁的搖滾樂，追逐著女子。

我於是簌簌然地流著淚了。

我用指頭刮著淚。我不回家，我要走，要流浪。我要坐著一列長長的、豪華的列車，駛出這個狹小、這麼悶心的小島，在下雪的荒脊的曠野上飛馳，駛向遙遠的地方，向一望無際的銀色的世界，向滿是星星的夜空，像聖誕老人的雪橇，沒有目的地奔馳著……

我不要回家，我沒有家呀！

雖然如此，對陳映真而言，《筆匯》時期的「出走」與《現代文學》時期的「出走」仍然有著很大的差異。《筆匯》時期所顯示的一切都只是情緒上的，到了《現代文學》時期顯露出來的則是理智上的冷靜和決絕。這是把《筆匯》時期的〈故鄉〉和《現代文學》時期的〈兀自照耀著的太陽〉作一對照，就立刻可以了然的。

在〈兀自照耀的太陽〉中，他不僅認定那些大人們都活得無可奈何的世界之中，而且也認定那一環境中的孩子也只能在等待中走向死亡。所有這些人的所謂活著其實只是在無望和絕望中數著

二〇〇〇年《文學季刊》和《現代文學》同仁齊聚尉天驄家。右起：七等生、尉天驄、陳映真、王文興、季季；左起黃春明、白先勇、陳若曦。

攝影／陳義芝

日子而已。這樣，他們的交往也只是索然的喃喃自語：

「……就不知道要怎麼過完往後的日子？」

「那些過去的日子啊……」

「那些絕望的、欺罔的、疲倦的日子。」

與此一樣，他們對孩子述說的、對未來日子的盼望，同樣地也只是一片茫然：

「請好起來吧！……我們都等著同你一塊兒重新生活呢？」

「……雖然還不曉得得要怎樣過新的生活，但總是要像一個人那樣地生活著。」

「是的，像一個人那樣地生活著。」

「拋棄那些腐敗的、無希望的、有罪的生活……。」

這種身處黑暗與絕望之境的感受，在一九六四年的〈淒慘的無言的嘴〉中，表現得尤其強烈。在這篇作品裡，他以一座精神病院來比喻他所身處的社會。在那裡，不僅病人，就連醫生和在那裡做義工的人，都遭受精神上的摧殘，一心一意要想從這個社會逃出去。這種心情在病人和一位將要出國的人所作的談話中，就很坦然地流露出來：

「離開總是好的，新天新地，什麼都會不同。」

我不置可否。但記得曾這樣隨便問過：

「那是飄泊呀！或者簡直說是放逐呀！」

他忽然那樣筆直的注視著我。我看見他的很美的眉宇之間，有一種毅然的去意。他說：

「你不也正飄泊著嗎？」他笑了：「我們都是沒有根的人。」

而留下來的呢？那就連醫生的夢也只是死亡的呈現：

「夢見我在一個黑房裡，沒有一絲陽光。每樣東西都長了長長的霉。」

「有一個女人躺在我的前面，伊的身上有很多的嘴。」

「那些嘴說了話，說什麼呢？說：『打開窗子，讓陽光送進來囉！』」

「後來有一個羅馬人的勇士，一劍劃破了黑暗，陽光像一股金黃的箭射進來。所有的霉菌都枯死了；蛤蟆、水蛭、蝙蝠枯死了，我也枯死了。」

這種半寓言半控訴的文字，不由得讓人想起曹禺〈日出〉和〈原野〉中的呼喊，而且覺得它比魯迅的〈狂人日記〉更尖銳，也更能震撼讀者的心靈。在這裡，陳映真的虛無主義的確散發出很大的張力。這種集結於內心的憂鬱、苦悶、感傷已經到了非要抓住一條新的出路不可的地步，所以《筆匯》時期的出走是種表現在情緒上的出走，可以稱之為「無根的飄泊和流浪」，那是生命中詩意的顯現。到了《現代文學》時期，則提出了要改造人間現實和實踐的要求，詩意的呈現已經孕涵了革命的意圖。正如〈兀自照耀著的太陽〉裡的那些人，一面盼望

「天一亮，我就好了。」一面掙扎著要「拋棄那些腐敗的、無希望的、有罪的生活。」這些就使得他的小說帶有強烈的批判性、咒罵性；甚至在〈獵人之死〉中，藉著對古希臘神話的詮釋，作了革命的宣示。在這種詮釋裡，他對於獵人阿都尼斯和愛神維納斯的無法結合，不予細緻感性的說明，而是以「神諭」的高高在上的方式，斷然判定在舊社會裡，即便男女之間的情慾也不可能獲得真正的解放。在舊社會中，他們雖然也活在情慾的嚮往和追求之中，卻無法獲得真正心靈上的皈依，於是人們的相愛，仍然只是流浪、只是空虛。一切無望，只能等待另一個新時代的來臨。於是，對於新時代的盼望，也就成了一個動人的政治神話：

> 但流離的年代，將要終結。那時辰男人與女人將無恐怕地、自由地、獨立地、誠實地相愛。

於是他把獵人阿都尼斯和維納斯的年代當成舊的時代；盼望著在他們死後有一個新世界的到來。

> 自從獵人死後，那個古老而墮落的眾神的世界，確乎整個地動盪起來了。那時火種早已自普洛米修斯神之手開始流散在人間。我們便這樣地將歷史從兇惡而充滿了近親相姦廢頹的奧林帕斯山的年代，轉移到人類底世紀了。

這種對原有社會的絕望也同樣呈現在〈將軍族〉那一篇小說上。一對卑微地活在樂隊中擔任表演的小人物，雖然互相關愛，但無法結合，最後只有抱著「待之來生」的抗議，雙雙走上自殺之路。有人認為這篇小說寫的一對卑微小人物的悲劇，其實在其中他要表明的是陳映真的新社會必然到來的歷史觀：唯有一個新社會的到來，人才能彰顯他的意義。理想主義之與他，已到了非走到實踐的道路不可。從這一過渡期走下去，他所盼望的社會是怎樣的，至此已呼之欲出了。

《文學季刊》是在一九六六年創刊的。一開始，陳映真的作品就呈現出嶄新的風格。語言明朗，立場堅定，以往的那些猶疑、曖昧、彷徨、不安，都一掃而光。由此而下，他的小說便一個接著一個漸漸減低文學的藝術性，成為對現實批判、清算歷史的武器。〈唐倩的喜劇〉尖銳地諷刺了上世紀六〇年代台灣思想界西化的淺薄和無根。〈第一件差事〉直指一九四九年以後來台的大陸人士內心所受的折磨和揮之不去的夢魘。〈六月裡的玫瑰花〉則直接把箭頭指向越戰中的美國帝國主義。以往，他對自己和世界未來的走向所作的認識，還是飄忽的，至此已經有一定的標示；內心的掙扎沒有了，語言的直率好像在宣示某種主張，而且他創作小說的興趣已漸為政治評論和思想評論所取代。甚至有人（譬如葉石濤）便認為他的小說人物已充滿妥迷葉（H. Daumier）的諷刺畫的意味。但是對於這類評論，他並不理睬。他所要求的是某種意念的表達和申述。

雖然如此，這樣質樸率直的表現，當時也能夠為一般的現實所接受。那是上世紀的六〇年代，冷戰、越戰、跨國公司，以及這些種種變亂所帶來的，對於台灣社會人性的扭曲和荒廢、分離主義的興起、商品與消費社會的價值觀念、功利主義的氾濫，正不斷攪亂著大家的思維。那時整個世界都在嘗試著、企盼著改變，即使半封閉的台灣的社會也不免感受到國外的一些動盪。巴黎的五月風暴、美國的校園民歌運動和嬉皮活動，也在台北等地區引起了波瀾。當時的台北，除了原有的明星咖啡館外，新開了幾家青年聚會的地方：作家咖啡屋、文藝沙龍、野人咖啡館，每天都有一些年輕人在那裡互發議論，校園裡到處都可以聽到瓊・拜雅、巴布・狄倫的歌曲。各地的加工區出現了，也引發很多年輕人對弱勢民眾的關懷。台灣與中國大陸是隔離的，但也隔空抓藥地帶來一些有關文化大革命的傳聞，為人帶來不少幻想。這是一段人文氣象和現實關懷糾纏在一起的日子。當然其中也包含有成分大小不同的左派氣息。後來海內外的保釣運動的興起，就某些方面來說也是在這一現實中孕發出來的。

在這一時期，陳映真是非常激動的。大約在一九六七年《文學季刊》第五期以後，他立即推動刊物的改組，要求多登載有關現實的報導。並約了幾位美國青年座談美國的校園民歌運動。在報導的同時，他也緊跟著寫了一篇〈最牢固的磐石〉，副標題是「理想主義的貧乏和貧乏的理想主義」，對於當時流布於美國的所謂「文藝復興」作了嚴厲的剖析。他說：

> 他們出身於富裕的中產以上的家庭，在學費昂貴、校譽優良的學府中過著幸福的生活。然而在這富足之中，也開始了一種批評意識。中產階級生活中的惡俗、虛偽、罪惡和人與物的優錯，彷彿在那些俚野的、辛酸的、憤怒的歌聲中，顯得更無法忍受了。攻擊虛偽而墮落的中產階級生活，是十九世紀的自然主義文學的特色之一，以富裕的出身為恥，為罪惡，並且把窮人和窮乏本身的理想化，又是舊俄時代民粹運動的主要精神，也曾影響了有島武郎的文學和當代的思想界。

一九九八年，尉天驄與陳映真於台中合影。　　攝影／尉任之

雖然他讚美了他們的可貴之處，卻仍然認為他們是病弱的、欺罔的，如果真要走出去，便「只有同財主的父親作了堅決的訣別的兒子，才能明白整個的眞理。」

陳映真原先的理想主義便如此蛻變為他的革命主義。他不僅自我期許，也希望整個社會擁抱這樣的變革。這在他的自我檢討中，已經赤裸裸說了出來：

陳映真小說中的小知識分子，便是懷著這種無救贖的、自我破滅的慘苦的悲哀，逼視著新的歷史時期的黎明。在一個歷史的轉型期，市鎮小知識分子的唯一救贖之道，便是介入的實踐行程中，艱苦地做自我的革新，同他們無限依戀的舊世界作毅然的訣絕，從而投入一個更新的時代。

這種訣別，在小說中表現得最堅決、最冷酷的便是他入獄前所寫的那篇〈某個日午〉。在那裡，作為兒子在讀完父親平生資料而自殺前對他父親所作的控訴，就真正成了一篇他對舊社會所作的判決書：

讀完了它們，我才認識了：我的生活和我二十幾年的生涯，都不過是那種你們那時代所惡罵的腐臭的蟲豸。我極嚮往著你們年少時所宣告的新人類的誕生以及他們的世界。然而長年以來，正是您這一時曾極言著人的最高底進化的，卻鑄造了我這種使我和我這一代的人萎縮成為一具腐屍的境遇和生活；並且在日復一日的摧殘中，使我們被閹割成為無能的宦官。您使我開眼，但也使我明白我們一切所恃以生活的，莫非巨大的組織性的欺罔。更其不幸的是：

您使我明白了，我自己便是那欺罔的本身。欺罔者受到欺罔。開眼之後所見的極處，無處不是腐臭和破敗。我崇拜您，但也在那一瞬之際深深地輕蔑著您，更輕蔑著我自己。我無能力自救于這一切的欺罔，我唯願這死亡不復是另一個欺罔……。

到了這個地步，他所謂的「訣別」便必然要經過一番的靈魂煎熬。這話怎麼說呢？陳映真的一位老友南方朔評論過：懷抱烏托邦主義的人在人生態度上有著根本的信念，它的第一要義就是現世乃是一種墮落；「道德的人」被拋棄到了「不道德的世界」；如此一來，他便成為現世的否定者，否定別人，也否定自己。前者是容易的，後者是艱苦的，除非自己作假。訣別必然起於對以往一切事物和作為的決裂，把自己的一切所執迷、所眷戀的澈底打破打碎，這就非有堅定不移的信仰來克制自我不可。如此一來，個人對人世事物的真實感受便漸漸為某種意識形態所牽引，所控制。

這種情況，在《筆匯》時期已經在陳映真的身上發生過，不過較為微弱罷了。發表〈加略人猶大的故事〉時，在作品的後面，附有一篇後來收入全集時刪去的後記，那是這樣寫的：

願以拙文做為我對伊的激情的紀念。伊是個可愛的，好的女子。伊同我走在我底生命中的第一個青春裡，伊接續著母親的襁褓使我長大成人。也許拙文是諸作中最劣的一篇，但我信伊必不計較這些，因我想我底誠摯和愛戀伊必能了解的。我底一生一世都在為伊祈福。

後面附有「一九六一年六月二十七日，凌晨於台北永和。」

這裡所寫的女子，名叫「阿蕙」，這是陳映真多少次向我說及的，在此之前，他們一起寄居在台北市和平西路、泉州街口的一家學生出租宿舍，那宿舍很像法國小說家巴爾札克在《高老頭》中所寫的窮學生宿舍。而陳映真和阿蕙在一起的事，也很像那小說中的情節。陳映真常不時地懷想那一段日子，問及他們何以非分手不可，他又欲言還休。有一次被我逼急了，他竟然叫著我的綽號說：「驢子啊！一個人要是一直沉醉在羅曼蒂克的醉夢裡，是甚麼事也做不出來的！」

我不知道，在夢想與現實之間，這是不是理想主義對他最初的一次考驗和折磨？

與此一樣，在他的小說中，經常出現著一些生活上的矛盾，一邊是他所執著的「知識」告知他的，一邊是他從真實的感性生活中發生出來的。譬如：他也多次地嚮往於中產階級的優雅生活，迷惑於貴夫人的莊重大方，但是，在認知上他總是排斥著中產階級的。於是信仰有時便讓他陷於難局。在這一點上，他對某種思想的執迷和投入很具有教士般的情懷，雖然他說要從宗教的信仰世界走出來，其實沒有，他是用另一種信仰加重了原來的信仰。從〈我的弟弟康雄〉開始，到〈故鄉〉、〈哦！蘇姍娜〉，再到〈加略人猶大的故事〉和〈獵人之死〉，他曾一次又一次刻劃著「聖徒」和「先知」的形象，也不時地以類似這樣的姿態把自己當成帶引社會前進的引航人；蔑視一切浪漫的作為，不願意世俗的事物破壞了自我塑造的完美的形象。記得有一次他安慰我感情上的挫折時，竟然嘲笑著說：「哎呀！你們這些小資產階級總是把愛情看得那麼神聖。甚麼是愛情？那不過是求偶期的荷爾蒙作怪罷了！」他雖然這樣唯物論地解釋世界，卻也不時地為感情所困，罵自己沒有出息。

那時《文學季刊》朋友，在思想上也有爭執。在我們介紹談論義大利電影導演費里尼的

INK PUBLISHING

讀者服務卡

您買的書是：________________________________

生日：　　年　　月　　日

學歷：□國中　□高中　□大專　□研究所（含以上）

職業：□學生　□軍警公教　□服務業

□工　□商　□大衆傳播

□SOHO族　□學生　□其他 ____________

購書方式：□門市 _____ 書店　□網路書店　□親友贈送　□其他 _____

購書原因：□題材吸引　□價格實在　□力挺作者　□設計新穎

□就愛印刻　□其他 ____________（可複選）

購買日期：_______年_______月_______日

你從哪裡得知本書：□書店　□報紙　□雜誌　□網路　□親友介紹

□DM傳單　□廣播　□電視　□其他

你對本書的評價：（請填代號　1.非常滿意　2.滿意　3.普通　4.不滿意）

書名_____　內容_____　封面設計_____　版面設計_____

讀完本書後您覺得：

1.□非常喜歡　2.□喜歡　3.□普通　4.□不喜歡　5.□非常不喜歡

您對於本書建議：

感謝您的惠顧，為了提供更好的服務，請填妥各欄資料，將讀者服務卡直接寄回或傳真本社，我們將隨時提供最新的出版、活動等相關訊息。

讀者服務專線：（02）2228-1626　讀者傳真專線：（02）2228-1598

舒讀網「碼」上看

廣	告	回	信
板橋郵局登記證			
板橋廣字第83號			
免	貼	郵	票

235-53

新北市中和區建一路249號8樓

印刻文學生活雜誌出版有限公司　收

讀者服務部

姓名：＿＿＿＿＿＿＿＿　性別：□男　□女

郵遞區號：＿＿＿＿＿＿＿＿

地址：＿＿＿＿＿＿＿＿

電話：（日）＿＿＿＿＿＿＿＿（夜）＿＿＿＿＿＿＿＿

傳真：＿＿＿＿＿＿＿＿

e-mail：＿＿＿＿＿＿＿＿

INK

《八又二分之一》和日本電影導演黑澤明的《紅鬍子》時，陳映真和七等生的看法是非常不同的。七等生是一位絕對的個人主義者，認為生命就該是生活的自然表現，甚至婚姻都不應該受到先驗的或傳統的觀念約束；陳映真則認為世界上的一切變化和發展，都必須遵照一定的理想和規律而行，而在他的所作所為中便都用左派的法則作為是非對錯的標準。那年代，台灣正流行著存在主義，知識分子間也喜歡談論「自我救贖」，一般來說，那只是浮面地要求人要有活著的尊嚴和自由，而陳映真則直認為那只是資產階級控制下的「狗窩裡的哲學」，對人類的發展沒有助益。在這方面他是左派，認定只有整個社會改造了，才有個人的完成。在那些日子裡，各類的議論也不時地出現在青年族群中，現代主義的作品漸漸成為青年的讀物，而陳映真則經常談論著不知從那裡閱讀到的中國大陸出版的《紅岩》和《西行散記》一類著作。於是，他原有的理想主義便在他的生命裡一步步轉變成為蘇聯式的烏托邦。不過，他的這種真實的轉變過程，我是要到他出獄後，才從他的自白中得知的。根據他的自敘，那情況是這樣的：

> （一九六四年），他結識了一位年輕的日本知識分子，經由這異國友人誠摯而無私的協助，他得以在知識封禁嚴密的台北，讀到關於中國和世界的新的徹底（radical）的知識，擴大了僅僅能從十幾年前的舊書去尋求啟發和信息的來源。
>
> 一九六四年，他的思想像一個堅持己見的主人，對待不情願的伙計那樣，向他提出了實踐的要求。命運是這樣的不可思議，竟然在那偵探遍地的荒蕪時代，讓幾個帶著小資產階級的各種軟弱和缺點的小青年，不約而同地，因為不同的歷程而憧憬著同一個夢想，走到了一起。
>
> 一九六五年他翻譯〈共產黨宣言〉和大正末一個日本社會主義者寫的入門書《現代社會之不

安》，為他的讀書小圈增添讀物。

至此，文學的陳映真便一變成為政治的陳映真。從此以後，他的文學便一變而為他的政治工具，他說他是一個思想性的作家，其實明白點，在他的寫作、認知上，已經有某種力量在控制著他。他用原先的安那琪的世界的夢想來想像蘇俄布爾什維克的世界，把莫斯科和延安設想成自己生命中的耶路撒冷。在其新的「天路歷程」的追求中，成了道道地地的集體主義的擁護者。雖然如此，在實質上，我仍然覺得他是活在夢幻的世界裡，因為他並不曾真正地接觸過現實政治的鬥爭。現實政治的鬥爭是用血淚、屠殺與欺騙進行的，而在他的烏托邦涉想裡卻只見到花香和奉獻。在〈哦！蘇姍娜〉裡，他批評他所不滿的一代都是活在夢中的族群，事實上他自己也一直活在自己編織的夢中。他與他的某些同志和獄中難友，其實也是一直以他們編織的共同夢想來相濡以沫的。讀一讀他的獄中回憶就很清楚。問題是：當這種理想一遭到破碎時，那該怎樣去承受呢？

陳映真是一九六八年入獄的，一九七五年出獄。在此七年之間，也是左派在各地呈現狂熱日

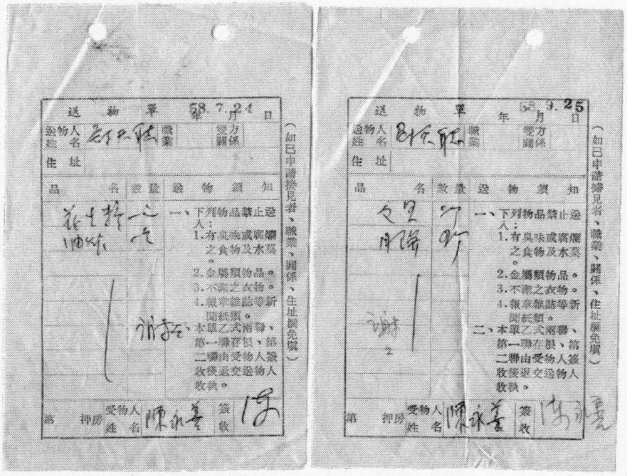

尉天驄當年赴獄中探望陳映真所留下的送物單。

子，很多海外的和居住在台灣的華人有不少人也正癡迷著一個新中國的崛起。香港的《七十年代》、《磐古》等刊物，便不時傳送著這樣的訊息。於是隨伴著這一盼望的出現，很多台灣島內外的活動便很自然地著上了左翼理想和夢想的色彩。一九七〇年保釣運動的出現與發展，不能說與此沒有關係。一九七四年，我應美國愛荷華大學之邀，前往參加國際作家組織，去過美國幾座大城，觸目所及，在大學的書店看到的中文書盡是中共當局紅色的著作，而一些活動也多在左派的引導下狂熱進行。但是，隨著郭松棻、劉大任等人的訪問中國大陸歸來，以及文化大革命真實情況被揭發，這一高潮不久即在華人世界產生嚴重的挫敗，成了過眼的雲煙。

陳映真七年的關禁，並沒有讓他沮喪，出獄後他依然照著他堅持的信念和理則去做他的工作。但文革對他的打擊，同樣也多少影響著他，有一陣子他有些心灰意冷，我就勸他打起勁來寫作，他回答我說：「寫甚麼？人都被打敗了，還談甚麼寫作？」我說：「就寫打敗好了！這不就是一次另一種開始嗎？」他不以為然。對於很多人批評中國大陸依然抱持懷疑的態度，他相信資本主義必然要遭到淘汰，所以他便繼續著力於《華盛頓大樓系列》的寫作，努力於批判以美國為首的跨國企業。之後他寫出了〈鈴噹花〉和〈山路〉，藉以重溫左派理想主義的歷程。在這期間，他仍然貫徹著他在〈賀大哥〉中所堅持的信念。

「你的一生，如果明知道理想的實現，是十百世以後的事，你從哪裡去支取生活的力量啊。」

「不」，他說：「毋寧是清楚地認識到不能及身而見到那『美麗的世界』，你才能開始把自己當做有史以來人類孜孜矻矻地為一個更好、更公平、更自由的世界而堅毅不拔地奮鬥著的

一九九四年，大陸前輩作家汪曾祺先生來台訪問時攝於木柵尉家。前排左起：汪曾祺、姚一葦、黃春明、劉心武；後排左起：李銳、陳映真、呂正惠、尉天驄、林美音、孫桂芝、李映薔（姚一葦夫人）。 攝影／尉任之

潮流裡的一滴水珠，看清楚了這一點，你才沒有了個人的寂寞和無能為力的感覺，……並且也才得以重新取得生活的、愛的、信賴的力量。」

於是，即使他覺知自己嚮往的現實的實踐遭到很大挫敗，理想主義的信念仍然是他人生的第一意義。這一涉想的結果，就使他寫出〈山路〉那樣的作品。

這篇作品文字很長，但卻真實地表述了很多當代中國知識青年的心路歷程。陳映真當然也是其中之一。為了便於瞭解，這裡只好引用錢江潮先生對它的簡述：

三十多年前，黃貞柏、李國木的大哥李國坤、蔡千惠的二哥蔡漢廷，都嚮往共產革命，後來卻有著不同的結果。蔡千惠曾在一條小小而又彎曲的山路上，聆聽黃貞柏講他和好友李國坤他們的工作，講他們的理想，講中國的幸福和光明的遠景，而深受感動。不多時，蔡漢廷在親歷過大陸的恐怖的父母親勸說之下，向當局自首，使得蔡千惠終生都鄙視這個背叛者的二哥，成為後來逃離罪愆家族的主要原因。黃貞柏和李國坤被捕，李國坤被槍決，黃貞柏被判無期徒刑。尚在讀書的蔡千惠，同情李國坤貧窮的煤礦工人家庭，和他革命的殉道精神，謊稱她是李國坤的遺孀，到李家承受了一生的勞苦，侍奉公婆，幫助李國坤的弟弟李國木讀中學讀大學。李國木後來成為會計師，生活因而改善，與三十年前有天淵之別。

蔡千惠對於被判無期徒刑的黃貞柏，三十多年來，漸漸淡忘了。有一天，出乎意外的，忽然從報上看到黃貞柏被釋放的新聞，這個陡然的衝擊，使她熱淚縱橫。她於是回想到過去，回想那彎曲山路的談話，回想正直磊落的李國坤為共產革命而死，回想曾以身相許的黃貞柏為共產革命坐了三十多年牢，而又回想自己為了內心革命的狂熱，鄙視二哥對革命的背叛，要贖回家族的罪愆，離開父母到李家受了三十多年的苦。而現在看到中國大陸的一些變化，那個曾經使許多人投身的革命墮落了，那麼李國坤的死，黃貞柏的半生囚錮，不是成了比死比半生囚禁更殘酷的徒然嗎？而自己處身於由李國木一寸寸建立起來的房子、地毯、冷暖氣、沙發、彩色電視、音響和汽車的享受中，這一切，不正是當初所反對的資本主義的商品嗎？還有那原本應該是一個幸福的婚姻……她懷疑起過去執著的信念，解不開這個憂愁忿怒的情結，因而否定了自己生活的意義，終於萎弱衰竭而死。

畫家吳耀忠身影。

其實也可作為中國幾十年來左派理想主義者的奮鬥小史來看。讀著，讀著，我幾乎弄不清那位執著的獻身者到底是蔡千惠，還是陳映真自己？而且在其間感到有著無法排除的輓歌的滄涼。於是，有人把這篇作品解說成「是陳映真為自己樹立的貞節牌坊」，也不能說沒有道理。

在這樣的情況下，很多人便也會涉想陳映真下一步的走向，如前述的岡崎郁子就質問著：「一直夢想革命創建社會主義的他，目睹中國大陸的墮落（？）包括對自己的反省，會不會使得他不得不又再次走向虛無？」

這種擔心，其實陳映真本人也的確有過。他的一位終身的老友吳耀忠，跟他一起入獄，出獄後由於內心的悲痛和生命的無著，終於在酗酒、病痛中去世。陳映真一九八七年悼念他的那篇〈鳶山〉，除了感傷的回憶外，更有著不知如何解說的憂心。他敘述兩人的當年作為說：

那些年，啊，我和他共讀過多少破舊的新書。讀史諾的《漫記》，使我們心中戰慄、熱淚盈眶；讀艾思奇的《哲學》，世界和生活頃刻改變了意義，當我們偷偷地唱著中國的新歌，有時竟而也使他感極而泣，不能終曲……

然後又敘說了後來的挫敗：

約八〇年以後，我和愛他的朋友們逐漸發現到他心中那至深不可自拔的廢頹。表面上他日日醉酒，任性而又極度的虛無，但實際上他在對自己的許諾和失望、哀怨和忿怒的循環中不住地掙扎，終至於不知從什麼時候起，完全放棄了自己，任自己在那深不可知的憂傷、絕望和頹廢的惡流中，逐波而去。

最後警惕地對自己說：

革命者和頹廢者，天神和魔障，聖徒與敗德者，原是這麼相互酷似的孿生兒啊。幾個驚夢難眠的夜半，我發覺到耀忠那至大、無告的頹廢，其實也赫然地寓居我靈魂深處的某個角落裡，冷冷地獰笑著。

他這些充滿詩意的糾葛雖然沒有明白地說出它的意向，但仍然會讓人感受到他面臨挫敗所產生的憂懼。陳映真自稱他一生中最大的撞擊而又促使他做出改變的便是中國大陸的文化大革命。諸多因素讓他想像著那是一個人類新世紀的開始，也因為如此，後來文革真相的揭發也就必然帶給他很大的痛擊。這是讓人受不了的，他必須為自己取得解脫。就在這一階段，一九八八年台灣的「中國統一聯盟」成立，他當選第一任主席，一九九〇年，他率團訪問中國大陸，會見了中共領導人江澤民，在官方的陪伴下參觀了很多建設，這些物質方面的成果，又再一次重燃起對於共產世界的摯著。他既然無法真正認識中國大陸過去幾十年的血淚統治，當然可以仍然用他一直認定的法則去繼續活在他夢想的烏托邦中。於是，在這以後，他一直依然肯定中共當年的延安整肅，支持中共當局對六四事件的處理，覺得文革是一場大的功業，其態度之堅定和執著，真讓人、甚至多年的老友百思不得其解。

這些年來，每當有人質疑陳映真的變化，我就止不住想起一首他也喜歡的詩，里爾克（Rilker）的〈豹〉：

他的目光被那走不盡的鐵欄
纏得這般疲倦，什麼也不能收留。
好像只有千條的鐵欄杆，
千條的鐵欄杆後便沒有宇宙。

強韌的腳步邁著柔軟的步容，
他在這極小的圈中盤轉，
彷彿力之舞圍繞著一個中心，
在中心一個偉大的意志昏眩。

只有時眼簾無聲地撩起。——
於是有一幅圖像浸入，
通過四肢緊怯的靜寂，
在中心化為烏有。

里爾克寫的是人的處境，一生中總不斷被各種不同類型的鐵欄圍困著。然而，他不知道：

在世界的種種鐵欄之中，政治主義的鐵欄是最難突破的。於是很多人一進入政治的陷阱，便會很快變了樣子。於是，便出現如是的現象，那就是：他們雖然經常反抗某種政治現實，而又不知不覺陷入另一種現實政治的牢籠中；於是就一直活在被鐵欄困繞的小世界裡，在被蒙上眼罩後，不僅看不到自己所不願見到的現實，而且經常會一廂情願地把自己遵崇的政治主義當成判斷是非的唯一標準；在追求此一目標之下，甚至獨裁、專制、暴力、謊言都被當成可行的「正義」。在本文前引的雅可比的書中，他曾歸納著當代很多著名學者的看法，認為近代烏托邦主義的追求，在為達目的不擇手段之下，經常會把理想主義帶上暴力主義和恐怖主義的道路。這不能不說是當代知識分子的一大困局。陳映真喜歡這首詩，不知道他是否真的對它產生感慨！

回顧映真過去歲月，他一直是一個活在自己的理想中、而不斷在掙扎中努力奮鬥的人。幾年前，他曾為我的一本雜文集作序，其中引用的基督教經文一直銘刻在我的心上：

> 那殺身體不能殺靈魂的人，
>
> 不要怕他！

但觸目斯世，在一些政治的運作中，卻有另一種現象，那就如卡謬所說的，統治機構往往經由教育、宣傳、藝文與作為。會把人道主義種種名詞當成自己爭取權勢利益的幌子，讓人活在種種虛擲的的理想之中，然後，在經過一段時日的權力鬥爭和利益的享受後，又澈底改變人的意志；其結果不但殺了人的身體，而且最後也毀壞人的靈魂。而蘇俄和中共對待知識分子的手段正是如此的。大陸當局對待王實味和胡風等人用的是一種暴力手段，改革開放後讓當年遭到迫害的人享受種種利益，使之成為保皇黨，用的是一種收買手段。這正是當代專制主義最惡毒的地方。於是，在這種情況下，一個知識分子的何以自處，就成了椎心瀝血的抉擇。

映真臥病北京這麼久了，我們最大的盼望便是他康復起來，古人說：「不入虎穴，焉得虎子？」但願他在病癒後能夠細緻地、深入地認清中國幾十年來的歷史和現實，在經歷連番的歷煉後，再一次展現自己。

——二〇〇七年十二月《印刻文學生活誌》

二〇一一年六月改正重寫

府城的李白

懷念葉笛

台南被人稱為府城。似乎也只有這樣的稱呼，才讓人面對它時覺得像面對家裡的老人那樣，有著歷史的親切感。我的老友葉笛是台南人，自從認識他以後，那裡也就成了我們一些朋友所熟悉的地方。老葉一說起台南，就會扯出一大篇典故，他說，在府城他最喜歡的地方就是沙卡里巴。

沙卡里巴是台南市的一座古舊的夜食市集，像四十多年前台北市的圓環，感覺上還要老些。所以它帶給人的夢也是古老的。那年代，夜市是不太用電燈的，隨著黃昏的到來而點燃的是一盞盞的電石燈，或者長長的竹竿掛起一盞盞的燈籠，一盞一盞地搖曳著藍色的火燄。望著它，或者漫步其中，都像走在夢裡。

一說起沙卡里巴，就會想著那麼一個少年人。他坐在一張竹椅上，彈著吉他，瞇著雙眼，沙啞地唱著一些不知名的曲子，尾音拖得很長，把酒和夜都融合成一波一波的春水。夜深了，似乎連天上排列的北斗七星也垂下頭來，聽他低吟。這個少年就是葉笛。不過，那時候還沒有人這樣叫他，大家都叫他葉寄民，而且他還沒有資格被人稱之為老葉。

這個景象是一些熟識葉笛的老朋友轉述的，也是根據老葉散亂的回憶捉摸而成的。有時是得自他在異鄉半醉時散發的鄉愁，有時是他微醺、透過電話在與老友瞎扯時對老家所生的懷想。隔著千里的路程，讓人聞到濃濃的酒香。

第一次見到老葉，是一九五三年的事，那時他從台南師範畢業，來台北畢業旅行，匆匆地見了一面。在這之前，經由通信，對他已經有一番認識；其實說是認識，起初一大段日子也只是經由朋友而熟悉他而已。也是因為如此，便就有他的一些趣事在朋友間流傳開來，譬如他在高雄吃完喜酒要回屏東，上了車就昏昏入睡，一覺醒來，已經到了台北。又譬如定情之日，他騎著腳踏車送女友回家，車子緩緩穿越鄉間的小路，心中一興奮就左右搖擺、一遍又一遍地哼起修伯特的〈小夜曲〉起來，走了半天，才感到車子的後座很輕，趕快回程尋找失落的佳人。我一直覺得這個故事編得太笨，但是多少年後又談了起來，葉大嫂說：「那故事不是別人消遣他，是真的，那個失蹤半天的人就是我。」

與老葉認識的年代，雖然籠罩在戒嚴的窒息之中，但人與人無法抑制的關懷，以及浪漫的情操，卻也相對地不時顯露出來。我和老葉就是在這樣的日子裡由認識而熟悉起來的。

台灣剛光復不久，在中學時代，他已經成了文藝青年，不時在《學生

一九六六年，尉天驄、葉笛與姚一葦合影。

雜誌》、《野風》、《半月文藝》發表作品。然後以文會友地與一些朋友相互聯繫起來。那時候，彼此懷想，台南、台北都是很遠的地方。見一次面總是一場興奮，接著大醉一番。到底都興奮些甚麼，卻也說不出來。多少年後回想起來，也不過東拉西扯，胡說八道而已。但那卻是一次次說不出所以然的滿足。

老葉雖然渾身上下都顯示著浪漫的性格，但他並不激進。他說，他像歌德那樣最痛恨暴力，這當然包括戰爭和革命。戰爭和革命原是屬於少數人的事，但很多人都喜歡把它掛在嘴上，當作一種興奮，一種過癮。老葉很欣賞別人興奮和過癮，但絕不攪在其中。他經常講他大哥的一生，說是一生，其實還沒有滿二十歲，就在二次大戰的後期，被日本政府拉去當軍伕，在南洋一次調動後便從此失去消息，據說是整條船被美國空軍炸沉海底。戰爭結束了，很多人都回鄉了，他的母親卻陷入絕望之中。後來有幾個躲在南洋原始森林的老兵被發現送了回來，讓她又燃燒起希望，她經常問老葉：「那裡的森林有多大啊？到底要走多遠。」他就編一些說辭騙她。說那裡也有很多土地可種，也有好奇異的水果，說不定還會討了南洋婆子，帶著孫子回來。他的母親一直到過世之前，每天都殷殷等待這個兒子的歸來；老人家在世的最後幾年，就是這樣活在煎熬和盼望裡的。

老葉說：「我痛恨戰爭，管它是甚麼樣子。甚麼聖戰，甚麼為自由而戰，全是狗屁。我也不喜歡革命，做甚麼事都是連根拔起。很多人喜歡吹噓革命，以革命先進自居。其實，真的是先進，早就犧牲掉了，剩下來的大多是撿現成的投機分子。」他罵得興奮了，就一連兩杯酒下了肚子。

老葉痛恨戰爭，卻無法逃離戰爭。「八二三」金門大砲戰，他在前線服役。他因為吉他彈得出色，被調去在康樂隊工作，後來砲戰打急了，被調回原單位服役。每天穿梭在火網之中，隨時都在等待死亡。他有一系列的詩《火和海》，就是那段日子的紀錄：

「喂，死到底像個甚麼？」
「管他媽的！」
「還不是像射一泡精液昏昏睡去……」
終日酗酒的老戰士瞪著眼說。
大家哄然大笑，
喝酒，吃花生米
咀嚼著細細地
咀嚼著黃昏，
咀嚼著
自己的死亡……

他說，當他一切絕望的時候，就不知不覺地走向被稱為軍中樂園的「特約茶室」，尋求安慰。這時候，說甚麼理論都是沒有意義的，每個人都只等待著發洩，而且要發洩甚麼，滿腦子也只是空白。等待的阿兵哥太多了，那些女子用一張被單半掩蓋著自己裸露的身體，躺在床上，冷冷地催著每一個人：「快點啊，外面還有人！」老葉說，他一生從來沒有被這樣的景況擊得崩潰過，整個人澈澈底底地垮了下來。沒想到，在戰火中一個人的尊嚴被這樣摧殘殆盡。

跟老葉在一起，我學習到很多日本文學的知識。在日本當代作家中，他最喜歡芥川龍之介。他曾多次說過：「在芥川的作品中我看到自己，在他心靈的矛盾處，我感到自己心靈的不安。」他說，芥川的許多歷史小說或現代小說中的人物，都有一抹人生的憂鬱、陰暗、無常以及悲哀，但在他的字裡行間，縹緲的陰鬱裡，卻處處滂沱著追求真實人生的靈魂的呼喚。那是發自靈魂深處的愛。我編《筆匯》時期，他譯介了很多日本當代的文學作品，其中以芥川的作品為多。芥川不僅有著獨特的散文風格，他那處於當代文明之下所造成的心靈掙扎與煎熬更有強烈的現代性，所以他的作品經由老葉的介紹和翻譯，所流露的對於人性的質疑和探尋，以及對於人世的依戀和徬徨，都對當時台灣青年有著相濡以沫的作用，於是芥川作品中所流露著的一些對於生命撕裂後的悲鳴，便也成他們的心聲：

尉天驄與葉笛小聚，約於一九九六年。

・對於二十九歲的他，人生已不再光亮了！

・人生真是不如一行的波特萊爾啊！

・芥川龍之介，芥川龍之介，扎緊你的根吧。你是被風吹著的蘆葦，你從現在起要重新做起。

因此，說到上世紀五〇到六〇年代的台灣文學，如果忽略芥川所引發的波紋，總會讓人有欠缺之感。

有人說：芥川文學是虛無的。老葉不以為然。他說：對於芥川來說，對俗世的厭惡和質疑並不等於他對人的澈底絕望，他的作品裡時時顯現著另一種努力，那便是：由承受生命的煎熬而去追尋生命的意義和出路。這樣，在厭世的喟嘆和悲苦中，便一直企盼著另一個溫馨的理想世界的出現。這是最真的「詩」的精神。這種詩的追尋和宗教般的執著，就是芥川龍之介最深沉的、也最攪動人心的地方。雖然如此，芥川並不採用一般浪漫派的手法，那太膚淺了，在人的心靈深處無法引發出大的震動，他還要往更深處挖鑿，澈澈底底地在人的心的最根柢處，去體認人的善與惡的本質，並由這善與惡的對決來肯定人之所以為人的根本所在。他的作品，特別後來經由電影導演黑澤明的詮釋，更對人的種種有著深刻的啟發。在《竹藪中》（即電影《羅生門》），當那身為人妻的女人要求那位姦汙她的強盜殺死她的丈夫，然後與之逃跑時，那強盜所受到強烈的震撼，與做丈夫的舉刀自殺，與其說是人世的最大悲苦，不如說是一種帶血的覺醒（覺醒於人世之惡竟然到達這種地步！）。「絕望之為希望」，這是人在極端悲苦中往高處的一次爬升。這樣的歷程的至高點便是超越世間的一切功利、得失的心靈境界。把它揭示出來，便是藝術境界。所以，藝術的完成是以面對、穿越慘絕人寰的悲苦而產生的。他的《地獄變》等作品，便是對人生作了如此的反省。到了這一地步，他才能以超越的智慧洞悉人間的諸相，而對生命的美醜、是非等等有了真實的了解。因此，在芥川的文學認知中，他的著眼點往往不是驚天動地的大事情，而是人與人之間的日常小事。例如在《蜜柑》中，那畫面中出現的只不過是幾個窮苦人家微不足道的小人物間的送行，卻能讓人讀著讀著，不期然地在心靈中燃燒出愛的火燄。像在《阿富的貞操》中，一個原想胡作非為的乞丐，竟然在阿富的忠貞中受到了前所未有的悸動，因而改變了自己充滿慾念自私的初衷。這些都讓人真實地見到人性在最深的根柢處所顯現的晶瑩；那也許只是微不足道的瑣屑小事，只是在生命長河中輕若鴻毛的一點，但經由芥川的揭示，就讓人在這小小的一點中，在那一剎那的回望裡，生命受到前所未有過的震撼。而為了這一悸動，心中便有了某種要為之犧牲、為之委身的應許，這就是一種新生命的開始。在這裡，我們看到沉澱在芥川生命裡的佛與儒的「原善」的信心；一種對於西方功利主義提出異議的東方倫理的精神。

四十多年了。至今我仍然忘不了老葉當年談論芥川時的神情。他那樣的嚴肅，完全換成了另一個人。在他過世的前一年，他在我家作客，當我問及日本目前的文學，他無可奈何地說：「純正的文學少了，都是渡邊淳一的《失樂園》一類的沉淪。日本真的被美國的消費文明打垮了。黑澤明一再自殺，就顯示了日本當代的悲哀。」

葉笛的文學世界與芥川的文學世界是分不開的。

他和芥川一樣，不吶喊，不唱高調，只在瑣瑣碎碎的事物中，付出關心，並且在其中注入神聖，再由此而顯示人性的不朽。而且他也和芥川一樣，以作品中語言的波動表現心靈的波動，使作品經由「詩化」而一層層地舒展開來。它們與舊有的寫實主義不同處，在於它們不僅在述說一件事，或宣揚某些現實價值，而是在詩化的語言中，把一個新世界鋪陳在人們的眼前。這是心靈的創造，不是簡單的、枯燥的現實反映。

他承襲了芥川的苦惱，也承襲了與芥川類似的對於人世的關懷，而對於生命中善與惡、真與假，偶然與終極的探究與質疑，更是有相近之處。我們讀芥川的《某傻瓜的一生》、《大導寺信輔的半生》、《闇中問答》，看到的正是青年葉笛的形象：瘦削、孤單、憂鬱而充滿彷徨、探尋的眼神。在兩人的精神伙伴中，我們也看到他們共同的朋友：尼采、叔本華（A. Schopenhauer）、史特林堡（A. Strindberg）等人。而葉笛所特別要顯示的，則是他透過自己生於斯、長於斯，而最後也死於斯的小城中漸漸步上現代都市所產生的關懷和鄉愁。說是鄉愁，並不帶有濃厚的感傷，他不像波特萊爾（C. Baudelaire）的《巴黎的憂鬱》那樣，對於物質化、消費化的市民生活，產生分量很重的憎恨和絕望，也不像尼采的《查拉圖斯特拉如是說》那樣，處處流露著自我的驕傲。他與芥川所相近的，則是一種東方式的憂鬱，語言之間雖有著無奈，卻也處處流露著溫暖。

在作品的情調方面，葉笛的筆觸有些地方很像日本戰後電影導演小津安二郎。葉笛的散文集叫做《浮世繪》，在他筆下，台灣市鎮的媽祖廟、米糕粥、斑鳩、市場、莊稼人……等等，也一一散發著活潑的光輝和溫暖，這些事事物物都日夜吸引著他，而他也終於在六十三歲那年，下定決心，離開日本，束裝返台，定居故鄉。他說他不喜歡台北，台北太擁擠，常會讓人窒息。他對我說：還好你家住在木柵動物園附近，相對之下，還知道自己是人，否則，住在台北這個人像動物的世界裡，久而久之，你就分辨不出自己到底是人還是動物了。

老葉雖然以酒聞名，但對他而言，酒只是交談的方式，他平日言談，有時也很木訥，但是三杯下肚，人就生動起來，夾雜著英語、日語，別有一番風味。一九六一年，我去金門當兵，先到高雄左營金馬賓館報到，說第二天開船，晚上十點以前回營。我把行李放好，就去台南找老葉，兩個人當然又是飲酒聊天，我喝多了，他說：「不是明天開船嗎？明晨一早報到就好了，你這樣走會出問題。」我第二天一早趕去左營，船已開走了。下班船在一個月以後，我只好留在台灣，延遲報到。當我一個月後到達金門時，報到處查了整本名冊找不到我的名字，就問：「你是那個梯次？」我說：「第二。」他說：「你真是糊塗。現在是第三梯次……」說是說了，還是讓我報了到，沒有先關一個星期的禁閉。

他的女兒小蓁，在日本讀完大學，申請就讀政治大學的中文研究所，做了我的學生。他每次由東京來台，必到我家作客。有一次我對他說：「老葉，看到小蓁，我對人生有了信心。」他說：「此話怎講？」我說：「像你這樣的人，竟然也能夠生出這樣出色的女兒，怎能不讓人產生信心呢？」小蓁長得很可愛，人又善良，葉大嫂就常常不放心，交代這，交代那。有一次她又多話了，正好小蓁不在，老葉就說：「桂真，你說這些話，擔這些心幹甚麼？我們不是也當過年輕人嗎？我們甚麼時候規矩過？」害得葉大嫂直捶他的背。他也向我抗議：「真後悔讓小蓁當了你的學生，我的一切上古史都被你掀開了，讓我這位做老爸的人失去了威嚴。」他的上古史就是他的八卦，包括一些早期戀愛情史都一一成為出土文物，成為我送給小蓁的禮物。

其實，他是一個實實在在重感情的人。小蓁就糗他說：「爸爸雖然一副男人的架式，但卻好哭。大陸剛開放，冰心帶了一些作家到東京訪問，講到反右和文革時被鬥被整的經過，他就跑出會場哭了起來，直叫：『人整人怎麼到了這種地步？』前一陣子，他的一位老友人品出了問題，他也痛哭。最糟的是，我結婚頭一天，他哭得像個小孩子一樣，煞我的風景。」

有一次，他們一家人到我家來玩。我問老葉的三個孫女說：「你們阿公是做甚麼的？」她們異口同聲說：「李白。阿公說他是李白。」然後問我：「李白是做甚麼的？」我說：「瘋子！你們阿公是瘋子！」

哪裡想到，這位揮灑自在的瘋子竟然得了癌症，一再受著化療的折磨。

老葉的癌症末期，我太太也進了醫院。她過世時我打電話給老葉，他問：「桂芝怎麼樣？」我忍了一下，說：「桂芝走了！」他說：「怎麼？怎麼？」接著號啕大哭起來。他立刻要趕來台北。我說：「老葉，你這樣做，桂芝會生氣的。聽我的話，你在台南用禱告替桂芝送行好了！」

辦完了桂芝的喪事，我去台南新樓醫院看老葉。他正在沉睡。我和葉嫂、小蓁守在床前，一小時以後，他要翻身，小蓁叫他：「爸爸，尉叔叔來了！」我暗示小蓁不要吵他，小蓁又叫了一次，他竟然掙扎著坐了起來，兩眼空空地望著我，又緊緊抓著我的手不放，無力地對我說：「人生……這就是人生！」他搖搖頭，然後倒下去，又陷入沉睡中。那眼色我不知道該怎樣才能形容出來。二〇〇六年五月九

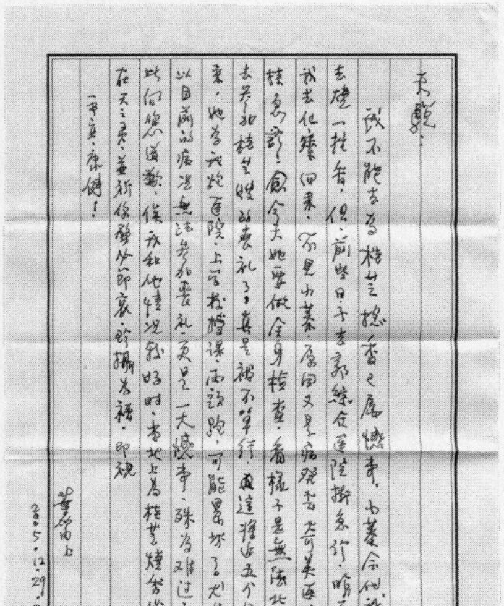

葉笛手函。

日，這位孫女心目的李白，瀟灑地，不捨地，走了。

第二年五月，國家台灣文學館出版《葉笛全集》十八冊，第十七冊（資料卷一）有一封〈葉笛致小島醫師〉（一九九七）的信，讀後不禁熱淚盈眶。

一九九七年八月，老葉的兒子從東京來信告訴他：一歲的孫子發現眼癌，醫生說要挖掉一隻眼珠。他立即給那位醫生寫信，表示要以自己的一隻眼睛移植給孫子：

請您原諒，貿然地寫信給您。我是因「網膜芽腫瘤」而開刀、取出左眼的葉政憲，在台灣的祖父。……

我因小小可愛孫子的殘酷宿命，而無法抑制湧出的淚水。我覺得孫子很可憐，可憐得不知如何是好，不過，我抱著一絲希望想請求醫師您。

如果可以用我的眼睛來維持孫子的光明，我打從心裡很樂意想移植給孫子，因此，希望您能估計其可能性，告知我一聲，這是我無上的榮幸。……

如果能移植的話，我會立刻到日本的。……

這件事以前小秦曾對我說過。雖然後來因為醫學專業的問題，葉笛未能如願把自己的眼睛移植給幼小的孫子。但是翻閱著那封信，讀著，讀著，一位慈悲的祖父形象便在我的心中牢固下來。

——二〇〇七年八月《印刻文學生活誌》

這首〈信天翁〉，是法國詩人波特萊爾的作品（由戴望舒譯出）。每次重讀它，我就會不期而然的想到我的老師紀弦先生。

紀弦原名路逾，一九一三年生。在民國的最先一段歲月裡，他的父親曾擔任過高等的軍職，幹過軍長以上的官位。生活在這樣的家庭中，學的是藝術，活動在揚州、上海、東京之間，算是富家子弟。他很早就辦過詩刊，出過詩集，風格上接近現代主義的風格。那時候中國文壇已由五四後期進入上世紀的三〇年代，夾在兩次世界大戰之間，又遭逢世界經濟大蕭條，整個歐洲的文化界、特別文學藝術界有兩種趨向。一種是極端地與政治結合，成為一股激進的潮流，這潮流又因立場的差異，形成左、右兩派的對峙。另一種則朝向個人內裡的探討。所以，正如蓋伯力克（S. Gablik）所說：那是左派寫實主義的活躍的年代，也是現代主義的黃金時代。（見其所著《現代主義失敗了嗎？》）當時的中國，由於一切現實都處於落後的階段，急於改變的欲望，使得當時的文壇藝壇都普遍受到蘇俄的影響。一九三〇年左翼作家聯盟的成立，便可以說明當時的現狀。在這種情況下，戴望舒、杜衡（蘇汶）所主持的《現代》雜誌，便顯現了另一股風貌。他們不滿意於左派把文學、藝術當成政治、政黨的工具，也不滿意新月派徐志摩等人膚淺的浪漫作風，於是在風格上便接受了歐洲新興藝術的影響。這就是魯迅當年所批評的「第三種人」。左聯成立不久所衍發出來的「自由文藝論戰」就是在這樣的背景中產生的。

在那段日子裡，紀弦開始了他的詩的生涯，連同他的畫，也多多少少具有歐洲象徵主義的風味。他那時用的是「路易士」的筆名，可以算是詩壇的新秀。也是張愛玲最欣賞的詩人，

紀弦的油畫〈自畫像〉，作於一九五二年。

他的努力就是要以美的追尋來建築他的藝術世界。然而，這樣的夢想在當時的中國是無法建構起來的，甚至在時代的大動亂中，連個人和家人的生活都多多少少會受到時代潮流的影響。抗戰初起，他帶著全家人東奔西跑，起先在西南地區奔波，由於生活無著，只好先淪落到香港，最後又不得不又回到上海，陷入與現實政治的交往中，由是而過著是非難分，甚至無法解說的生活。抗戰以後，他改用紀弦的筆名，在黃特（黃紹祖）所辦的《中堅》雜誌發表過一些作品。《中堅》的目的是想在當時國共強烈的對抗中，開拓一條中間的自由主義道路。那當然是辦不到的。走投無路之際，他於一九四八年後來到台灣。先在《平言日報》工作，後來幾經更換，進入台北成功中學任教。一九五一年，結合鍾鼎文等人，借用《自立晚報》主編《新詩週刊》一九五三年以後，又創辦《詩誌》和《現代詩》季刊，成立現代派，可以算是台灣現代派的啟蒙者。然而，擺在他面前的種種，都使之受到種種不同的挫折。從路逾到路易士，再從路易士到紀弦；從十里煙波的揚州到十里洋場的上海，再從落拓的上海飄零到孤島的台灣，後來又移居美國，度著寂寞的晚年，一生混雜在世俗與政治之間，一直想要追尋屬於自己的詩人生活。近年以來，他多次中風，在這樣的風燭晚年，作為一個人，不知他會想些甚麼？作為一個詩人，不知他會想些甚麼？

知道紀弦，是我在台北師院附中（就是今天的師大附中）讀初中的時代。那時候，台灣的一切漸漸與大陸隔離開來，有幾份雜誌還可以接近文學世界，一份是王平陵主編的《中國文藝》，一份是台灣教育廳辦的《學生雜誌》，每期都有世界名作選讀和譯介，另外就是潘壘主編的《寶島文藝》和程大成主編的《半月文藝》。在這些刊物中，我最喜歡《寶島文藝》的紀弦專欄，他的詩很自在，沒有造作氣，而專欄中的一幅炭筆素描的紀弦畫像，特別有味，右手拄著拐杖，左手握著菸斗，小鬍子瀟灑地翹著，還沒讀詩，已讓人著上了詩的情趣。沒有想到，我在附中畢業後考進成功高中，他竟然成了我的導師。

我們的第一場師生接觸，一點也不具有詩意。毋寧說還有些煞風景。他第一次走進教室，我們還沒選出班長，無人宣叫口令，他走上講台，臉拉得像個廟祝，嘴角朝上一翹，叫大家站起來，因為太嚴肅了，大家都站得筆直。他向整間教室左右瞄了一陣，回身在黑板上寫出「路逾」二字，然後大聲說：「我是你們的導師，你們都是我的導生。」說完才叫大家坐下。這「導生」二字，是我第一次聽到，也是最後一次聽到。這奇怪的叫法，至今還覺得非常新鮮奇特。班上的同學竊竊私語，猜想這個老頭子是怎樣的人物，於是路逾二字就在我們的言談中成了古板嚴肅的同義詞。而我，先是懷疑而後肯定：他就是紀弦。

紀弦教我們國文，我盼望著他上課的氣氛。國文課本是華國出版社的，第一課就講元代大儒虞集的古文，好像是講〈述志〉一類的題目。他上課先唸一遍，非常路逾，毫不紀弦，而且比朱熹還要朱熹。一堂課還沒上完，我的詩的世界便完全崩潰了下來。及至第二周上作文課，我想讓他知道我是個文學少年，便使盡功夫學著羅曼•羅蘭和傅雷的氣勢大大炫耀自己的豪情，因為那時很多青年都沉醉在羅曼•羅蘭原作、傅雷翻譯的《貝多芬傳》和《約翰•克利斯多夫》的言詞裡。但是，我們這位老師不喜歡這類調子，用紅筆能刪就盡量予以刪除，還說：「不要裝腔作勢，要說自己心中真想說的話。」我的文學少年氣焰被他壓得好長一段日子抬不起頭來。

但是紀弦是有幾種面貌的。在學校裡他個子高，瘦削的長臉，留著紳士式的鬍子，一手扶著手杖，一手握著菸斗，兩眼平視，也不多話，那的確嚴肅得讓人難以親近。但學生逗他，問他詩的問題，雖然經常問得好笑，他也會立刻變成另一種人。我們讀〈我所知道的康橋〉，就問他徐志摩的詩，他說：「這是公子哥兒的詩，太露骨，太肉麻，就說愛吧，也不能愛啊愛啊的叫個不停，沒有深度，而且也太造作。」問他郭沫若的作品，他立即回應說：「那是口號，不是詩。」在這樣的交談中，我們與他的緊張便因此漸漸紓解了。有一位頑皮的同學批評他的〈脫襪吟〉，並且套用他詩中的句子：「何其臭的襪子，何其臭的腳。這是流浪人的襪子，流浪人的腳……」而開玩笑的說：「何其臭的句子，何其臭的詩……」把他氣得大發脾氣，狠狠地宣稱：「世界上最大的不禮貌，就是公然侮辱詩人！」罵了好幾遍，讓我們那位頑童擔心了一大陣子。

那時的成功中學屬於蔣經國的地盤，他的長子蔣孝文就和我同級不同班。也就因為如此，學校裡的言談經常出現黨言黨語。日子久了，也會在學生中流傳。其中一些是關於紀弦的。他雖然嚴肅，卻很少與人爭吵，倒是不時地皺著眉頭，喃喃自語地罵人，看來像是有難以擺脫的黑雲壓在心上；想辯駁而又無以辯駁，想沉默又不懂得如何沉默。在成功中學裡，也有一些老師是同情紀弦的，而且也經常護著他，如祝豐（筆名司徒衛）就是其中的一位。他多年後曾對我說：老路這個人，誰拿他也沒有辦法，他總忘不了路易士時代的光彩，一興奮，就堵不住嘴巴，不懂政治偏偏陷入政治的漩渦中，有些事日子一久，不談也就罷了，他偏偏喜歡誇耀當年的詩，就跟著把別的事漏了風。

這裡所說的「漏了風」，其實就是他在汪精衛時代的一些現實政治的活動，特別是他與汪政府宣傳部副部長胡蘭成的關係。這些事，台灣有劉心皇寫的《抗戰時期淪陷區文學史》，大陸有古遠清寫的〈紀弦在抗戰時期的歷史問題〉，已經寫了很多，似乎用不著再去追究。但有些我所聞所見的小事，也許有助於對紀弦的了解。

我高一那年，他的《詩誌》停刊了。他又創辦了《現代詩》季刊。十六開的大本，封面設計連同「現代詩」三字，都是他自己的手筆，是在我一位同班同學家的小印刷廠印的，後來才轉去詩人黃荷生（本名黃根福）家的福元印刷廠去印。由於濟南路成功中學的宿舍太小，所以他的編輯工作大部分都在學校的導師辦公室處理，星期天也不例外。他經常找我去幫忙，也把我寫的一些詩修改後發表。日子久了，我就發現他老天真的一面。他每寫一詩，就非常自得，兩眼發亮，鬍子也往上翹了不少，然後沒大沒小的甚麼話都說得出來，當然這是辦公室沒人的時候。他談

詩壇「二弦」合照：紀弦（左）與瘂弦，由純文學出版社發行人林海音攝於一九六八年。

上海，談東京，戴望舒一臉麻子也是他告訴我的。有一次，他寫了一首黑貓詩，用黑貓神祕的眼睛來形容一位女子，他問我：「你知道我在寫誰嗎？」我還沒有回答，他就詭異而得意地說出一位女詩人的名字，然後看看四下無人，就繼續說道：「覃子豪說××愛過他，放屁，她怎麼會喜歡那個黑鬼，她愛的是我！」我怯怯地說：「老師不是家裡有師母嗎？」他說：「有些事不是這樣算的，你太小不懂，詩人的國土是與平常人的世界不一樣的。」既然說我不懂，我也不便再插嘴。不過不久就發生了他與覃子豪的新詩論戰，一直到那位女詩人後來和另一位詩人結了婚，兩個人的作品換了地盤發表，論戰才真正停火。在那一階段，紀弦出版了來台後的第一本詩集《在飛揚的時代》，收錄的都是反共抗俄的戰鬥詩。有一次，他還要我們班上選出三十多人組成詩歌朗誦隊，到台北的三軍球場參與一項公共慶典，朗誦他的作品〈向史大林宣戰〉，由他主誦，我們跟著幫腔：

站起來，亞細亞，
站起來，阿美利加，
站起來，澳洲和非洲，
站起來，歐羅巴，
……

我被指定擔任非洲的角色，穿著白長衫，滿臉塗得黑不溜丟地說有多滑稽就有多滑稽。沒想到表演過後不到幾天，傳來了史大林去世的消息，我們這位老師就得意地說道：「要不是我

一九八五年，紀弦於美國加州優勝美地國家公園。

們罵，史大林哪裡會死得這麼快？」

高中第一年讀完，我因為數學與英文不及格而當了留級生。高一重讀，紀弦竟成了我的美術老師。那時大學實施聯考，考試至上，每次上美術課，繪畫教室只有小貓兩三隻，甚至有時只有紀弦和我。我們一邊聊天，一邊任意塗鴉。他的那幅得意的〈自畫像〉就是那時候完成的。他常感嘆畫家買不起顏料，是世界的一大不公平。在忿忿不平之際，就經常懷想上海孤島時期的那一段歲月。他沉醉地敘說著，讓人覺得那時他的樣子似乎有著畢卡索藍色時期的飄逸，而讀著他那個時期的詩，也覺得他的調子，滿溢著幸福感；像〈傍晚的家〉就有這樣的風格：

傍晚的家有了烏雲的顏色，
風來小小的院子裡。
數完了天上的歸鴉，
孩子們的眼睛遂寂寞了。

晚飯時妻的瑣碎的話——
幾年前的舊事已如煙了。
而在青菜湯的淡味裡，
我覺出了一些生之淒涼。

這種融合了西方印象派畫味的作品，在當年新詩的進程中，怪不得讓人有了新的感受，比《現代》雜誌戴望舒等人的作品更顯得自在。

因為這種懷念，他便把當年以路易士筆名寫的抒情詩選了一些編成《摘星的少年》出版，也不時把他當年的一些舊詩集拿給我看。與此相比，被壓榨在現實政治之下的《在飛揚的時代》，其情調實在是窩囊的，應該改名為《在窩囊的時代》。

成功中學還有一位叫姚谷良的美術教員，就是國畫家姚夢谷，他也當過我兩個月的老師。後來因為國民黨要選總統，先要製造一個國民大會出來，就把以往在大陸參與過選舉而沒有選上的候選人一律遞補上去，姚老師便因此而當上了國大代表，離開了成功中學。多少年後，我到政大教書，在木柵和他做了鄰居，才知道他既是畫家，也是特工人員，當年在大陸專做上海與蘇北地區藝文界的調查工作。所以他最熟悉紀弦的事蹟。他說，抗戰勝利以後，他奉命去抓找路逾，好不容易在一個陋巷的舊屋子找到，一家人擠在寒風裡，生活清苦，結果就把他的案子銷掉了。

姚夢谷雖是畫界的特工人物，倒說過一些真實的話，他說：一個要做詩人和畫家的人，在現實社會中絕對要避免介入政治，也不能喜歡被人吹捧，一聽到別人的掌聲，就會得意忘形，招人嫉妒，變成裡外不是人。他也和蘇北同鄉祝豐一樣惋惜地說：「老路這人一方面不會治生，一方面太喜歡熱鬧，喜歡出風頭，不懂政治還要沾惹，弄得出盡洋相。」其實紀弦並不喜歡談論政治，而是由於詩人的孤傲，常常讓人看不順眼。他一寫詩就如他喝了酒，一興奮就顯得狂放，而校中的一些黨工教員卻不時地要他表態，這就使他有時顯得卑微而可笑。他經常以阿拉伯數字的6與7描繪自己。6是他的菸斗，7是他的手杖，6加7的漫步，於是成了一種灑脫。但6和7相加起來是13，也宿命論地說明了他不幸的命運。他常說自己是世界上最偉大的詩人，要去參加詩人的奧林匹克大會，於是余光中就在《中央日報》副刊發表一首〈致某詩人〉的詩，說是：「你要跟世界詩人賽跑，但願兔子在中途睡覺。」有些人故意唸這些句子給紀弦聽，把他氣得七竅出煙。那時候，紀弦不到五十歲，余光中還是台大的學生，年輕氣盛，再加上文人相輕的習氣，就讓人以為他們有門派之爭。其實並不完全如此。不過，在那段日子裡，紀弦昂然而行的姿態，倒真的成了濟南路上（由學校到宿舍）每天必然的風景。這一點，他那特有的孤傲和好表現性格，直到晚年還是未改。他最後一次從美國回來，應邀返台參加文學會議，寫信要策劃人梅新多安排一些攝影記者，因為他抵達桃園機場時的第一件事便是要學沙烏地阿拉伯費瑟國王那樣親吻台灣的土地。梅新回信告訴他，機門一開便是空橋走廊，跪下來也親吻不到祖國的泥土……。

紀弦表面上一派嚴肅、孤傲，實際上非常隨和，所以大家都以「老朋友」呼之，連我這個正規正矩的學生也不例外。我們對付他的辦法就是激將法。有一年朱沉冬和羅英結婚，寫詩和畫畫的朋友來了不少。那時詩壇畫壇剛剛冒出一股銳氣，每個人都帶有不服輸的架式，偏偏紀弦因為前一陣子酒喝多了，出了洋相，被太太罵了，正式宣布戒酒。他一進會場，就一本正經地重宣斯言。鄭愁予說：「這真掃興，沒人起鬨，那多冷清。」我拉著他說：「不妨。」然後走到紀弦面前，說：「老朋友，你已經戒酒了，我們也無法勉強您喝，但為了敬意，我和愁予連喝三杯，你只沾沾嘴唇就好了！」話還沒落地，他就叫了起來：「能這樣欺負人嗎？咱們還是一對一幹。」此例一開，大家也就跟著如法炮製。這樣一來還不到一小時，他已經在作李白的姿態了。正在此時，剛成立的東方畫會一群人，由秦松帶頭，也殺了過來，大家頭一次見面，只好一瓶一瓶地相敬起來。不一會，他已盡說胡話、手舞足蹈起來。愁予說：「老朋友不行了，叫大個子尉天驄僱三輪車送他回去！」我說：「不行，我是他的學生，他發酒瘋在車上揍我怎麼辦？」於是大家公推于而送他回去。于而者，愛寫現代詩的工專物理學教授也，年紀比紀弦還大。那一次真是運氣，于而陪紀弦回去，三輪車剛經過台大醫院，就感到情況不對，趕緊送往急診處，否則那一次如果由我送他回家，一定會出問題。那一次，紀弦老老實實地在醫院住了將近一個星期。

紀弦是個性情中人，寫起詩來也不一定遵守自訂的藝術標準。他寫過一首〈罵賊篇〉，整篇「毛澤東，大混蛋」，簡直是三流的口號。他寫「飲當歸酒，當歸故鄉／故鄉啊你在何方」，充滿了語言的造作和附會。這不是他的風格，而是在現實政治下無可奈何的作為。一想到這一點，便覺得有時候他也非常可憐。

然而，正因這樣的矛盾性格，使他創辦的《現代詩》季刊產生了獨特的作風。一九三〇年代以來，由於受到現實社會、特別是政治的影響，人們的語言普遍地失去了個人的真實性，演變下來，便使得人們的感覺也隨之失去了個人的真實性，在沒有自覺的情況下，別人騙著自己，自己也為了適應生存的環境，不自覺地騙著自己。這就產生詩的造作風氣。紀弦的《現代詩》從一開始就處在生命低沉的情調之中，很少有光麗的浪漫色彩，這是當時的現實使然。但是《現代詩》這種隨意抒發苦悶的風格，卻使很多人因為有了這一缺口，而讓人藉此把心中的苦悶發洩出來。這是一份小小的詩刊，能夠集匯一些青年，特別是軍中青年的原因。我們回過頭去檢視《現代詩》的作者，便可以發現一個事實，那就是越來越多的軍中作家群的出現。在一九五〇年代，很多人投稿的一大目標固然是為稿費，但沒有稿費的《現代詩》竟然也吸引了一些人為之寫稿，這不能不說是一個值得探討的現象。在這種現象中所發聲的語言雖然是那樣消極，那樣反叛，那樣無奈；並由此擴展、成熟為具有本地特色的現代主義，便也有了它本身所具有的意義。美國詩人、愛荷華大學「國際寫作計畫」創辦人保羅·安格爾曾經追問：西方的現代主義作家大多產生於中產階級的知識界，台灣的現代主義作家何以很多人來自軍中？正由於這樣的質問，我們也就可以見出紀弦主持的《現代詩》所產生的點火作用。後來隨之產生的現代藝術、現代文學等等運動便也有了相互作用的關聯。它們雖然都普遍地有著虛無主義的特質，但也在某些程度上促使了個人的解放和自由。正由於此，如果不從抽象的、呆板的理論來分析，而換成簡單扼要的話來說：這一波的現代主義運動，真也可以算是一系列的自由文藝運動，而在本質上是與戴望舒等人當年的自由文藝運動，有著相近的作用。它們雖然對象不同，爭論方式不同，其作顯現的對抗主流

紀弦創辦《現代詩》季刊，是台灣現代派的啓蒙者。

政治對人們心靈的壓迫，卻是一致的。然而，這一運動由於受到當時外來文化所作的影響，在缺乏自身的歷史的、文化的深厚基礎下，雖然在當時產生了所謂的前衛作用，影響所及，卻也使得台灣文化界的全面現代主義運動只能做到模擬抄襲外來的名詞和口號（如存在主義、後現代主義等）的地步，而沒能產生導啟深厚的反省與自覺的作用。這是它不得已的所在。

也因如此，一九五三年六月紀弦在《現代詩》上所發動成立的「現代派」，雖激動高昂，卻是一次不成熟的烏合運動，且看它的六大信條吧。

第一條：我們是有所揚棄並發揚光大地包容了自波特萊爾以降，一切新興詩派之精神與要素的現代派之一群。

第二條：我們認為新詩乃是橫的移植，而非縱的繼承。這是一個總的看法，一個基本的出發點。無論是理論的建立或創作的實踐。

第三條：新詩的新大陸之探險，詩的處女地之開拓。新的內容之展現，新的形式之創造，新的工具之發現，新的手法之發明。

第四條：知性之強調。

第五條：追求詩的純粹性。

第六條：愛國。反共。擁護自由與民主。

這是詩人帶有詩意的隨意口號，缺乏深一層的思想認識。胡蘭成當年在〈周作人與路易士〉一文曾批評說：「路易士讀書少，那並非懶惰可以解釋，更因他是一個弱者，不能從同儕中看出自己的貧乏，甚至於不能忍受這世界上還有比他強的，這妨礙他寫戲劇、小說與論文，但幸而並不妨礙他寫詩……，路易士的個人主義是病態的，然而是時代的病態……。」歷經多少年的歲月與折磨後，不管世人怎樣看待胡蘭成，這些評論路易士的話仍然可以用在紀弦身上。作為一位文化領導人，他是不夠格的。如果他具有深度的透視力，就知道所謂「橫的移植」等等，如同「歐化」、「西化」、「全盤西化」、「蘇維埃化」一樣，都是經過殖民地、次殖民地、類殖民地文化薰陶的歷史的虛無主義者才會說的語言；只能攪動一時的風雲，成不了大的氣候。甚至走到極端，會顛覆中國語言原有的結構和本質。後來紀弦發現台灣出現了惡性現代主義而宣布解散現代派，也是有著他的無可奈何的。

然而，這不會影響他在台灣現代文學發展中推波助瀾的作用。

紀弦是一位不失其赤子之心的人，雖然有時不免造作，也是時代和環境的使然。他有一首詩叫〈狼之獨步〉，可說是他的寫照：

我乃曠野裡獨來獨往的一匹狼，
不是先知，沒有半個字的嘆息。
而恆以數聲悽厲已極之長嗥
搖撼彼空無一物之天地，
使天地戰慄如同發了瘧疾，
並颳起涼風颯颯的，颯颯颯颯的：
這就是一種過癮。

這樣的狼，其實是非常寂寞的。面對無垠的荒原，可能自己也不知道嚎向誰。他的嚎嘯只表明自己的存在。向上向下向東南西北四方都找不到有甚麼是屬於自己的。他只好自我解嘲，自我瀟灑，在各式各樣的過癮中踱著自己的腳步。這就是他始終一致的詩人性格。

——二〇〇七年十月《印刻文學生活誌》

二〇一〇年九月二十日修改

詩人與同溫層

小記梅新

高中時代，我讀的是台北成功中學，而紀弦先生正好做了我一年級的導師。初中時期我常常讀閱潘壘編的《寶島文藝》，對於其中的「紀弦專欄」尤其感到很新鮮，專欄中紀弦的詩和他自畫像中的兩撇鬍子和手杖更留下深刻的印象。紀弦先生當我們那一班的導師，並且擔任國文課的教學，他上課時道貌岸然，比桐城派還要桐城派。同學們都怕他，只有我不怕，認為他並不真的可怕。所以沒有多久，我就跟他熟悉了起來。他那時在籌劃《現代詩》雜誌，正好班上有位同學，家裡開印刷廠，雜誌就交由他印，其餘的大大小小事務，都由他一人承擔，我也就順理成章地成了他的小幫手。我所以名之為「小」者，因為比我們高兩班的有跟他學寫詩的楊允達和羅行在。紀弦老師家住濟南路學校宿舍，屋小人多，一切活動都在導師辦公室處理，他畫了封面就找我們去觀賞，他有甚麼打算，甚麼不如意，就一五一十地向我們申訴，根本也不管我們聽不聽得懂。第二年，我留了級，紀弦老師教我那一班的美術，同學們常不上課，繪畫教室裡經常就只有我們兩個人。由於他不教人畫石膏像、水果和靜物，我也就放開膽子可以亂畫。那不是真的懂得現代繪畫，而是要代很

梅新身影。 攝影／王永泰

多同學作弊，就不能不速度快而又變換花樣。就因為這樣，我就知道了一些《現代詩》的情況。這情況之一，便是大多數作者，都是來自軍中，而最熟悉的幾位則是羅馬（後來改名為商禽）、袁德星（後來改名為楚戈）、葉泥、張拓蕪、曹陽、沙牧、瘂弦、洛夫、張默、辛鬱。而梅新就是其中的一個。但我跟他並不熟識，只知道他本名章益新，是個浙江佬，住在花蓮。在花蓮做甚麼呢？原來韓戰結束不久，軍中有過一次整頓，有的人退伍後到東部開墾荒地（這就是陳耀圻拍攝紀錄片《劉必稼》的背景）；另一批則投考中、小學的師資訓練班。梅新就是這樣到花蓮師範受訓的。當然，還有很多人仍然留在軍中，過著挨一天算一天的日子。

那時候大家都很窮，出一趟門是很不容易的事，但是一份雜誌、一張小小的副刊往往就會把彼此聯繫起來。這種聯繫有時甚至超過了真正見面的力量。記得多少年後，一些寫詩的朋友從軍中淪落到民間，有的在街道的走廊上擺賣舊書，有的推著舊木板車在城鄉小鎮叫賣日用物品。有一次我和瘂弦走過一條舊街，看著一個人推著車子蹣跚地走過，瘂弦說：「是曹陽嗎？聽說他就是這樣維生的。」像這一樣，很多人就如此地背負著災難、恐怖、無望……在人世間沉淪下去。

在當紀弦老師的學生之時，有一期出了一個詩人楊喚的專輯。楊喚是國防部的上等兵，平時連買香菸的錢也不夠，更不提別的需求了。有一天他得到一張星期天的電影招待券，放映的時間快要到了，他匆匆地趕往西門町，正好這時火車通過中華路的平交道，他躲閃不及，就被活活地輾死了。楊喚死了，但很多類似的事件仍在此出彼落出現著。這樣，一份小小的《現代詩》就自自然然地成了大家互相傾訴的園地。在正常人看來，那些語言有的過於怪異，甚至有時怪異得近乎荒唐。但是就這樣，你的苦難和我的苦難，你的無奈和我的無奈竟然彼此勾連起來，成為友誼。所以，大家見了面，甚至通訊之時，就不期而然地相互間把手熱騰騰地握了起來——同是天涯淪落人，相逢何必曾相識！

在一九五〇年代的台灣，甚至到了六〇年代初期，這種情況漸漸從軍中擴及到校園，普遍發酵起來，而且彼此漸漸地融合成一種文化現象。雖然有人可以把那些人很方便地區分為軍中的或非軍中的作家，事實上他們的背景，大致說來還是很相近的。當時所謂軍中的作家們，其來源多是戰亂中的流亡學生，再不然就是一些在戰亂中為了獲得餬口的機會不得不投入行伍的小知識分子群。這些人夾在世界性的熱戰和冷戰之中，在無望中忍受流浪、漂泊、孤獨、飢餓、監禁等等現實之苦，面對世事的變化，好像甚麼都讓他們想去相信而又不敢去相信。在無所申訴之時，詩和藝術就成了他們最親切的語言。這種事實，就使得其中不可避免地要充斥著虛無主義的色彩和情調；有時甚至也會瀰漫著自絕、自棄的無可奈何。而當時的校園之中，由於普遍地籠罩在教條式的、封閉而又壓制的氣氛之中，也使得一些充滿生機、特別具有理想的青年，由不滿而走向反叛，由反叛不了而在自虐中自我蒼白。這種虛無的日子，有人便稱之為「慘綠的年代」。而二者之交互發展，就成了五〇年代以來台灣式的現代主義發展的根源。而那些單薄的刊物（如《現代詩》、《創世紀》、《藍星詩刊》、《筆匯》、《現代文學》等）、畫會（如「五月」、「東方」等），及少數零星的交誼地點（如「文藝沙龍」、「野人咖啡屋」、「作家咖啡屋」）和軍中交誼處（如左營和林口的軍中電台宿舍），就往往成為這些知識分子在放假日聚合、相濡以沫的「宮殿」。辛鬱寫過一系列的詩，題曰《同溫層》，那正是和他的朋友們同溫共暖的小天地。歐洲當代哲人海德格爾曾形容現代的工商業消費社會，使人面臨著墮入一種毀滅性錯誤的危機之中，而處處充滿使人感到「無家可歸」的悲苦；也許正如他說的那樣，像「同溫層」那樣一無所有的貧瘠（指的是物質）地方，就成為當時一些還要掙扎、還不想投降、還企圖打出一條活路的小山寨。我們如果不認清這一背景和遭遇，恐怕就難了解五〇年代以來台灣的現代詩、現代繪畫、前衛藝術等之所以由一點點星星之火而燎原起來的根本原因。

也因為在那悲苦的歲月，透過一點小小的藝術活動，可以讓人與人之間相互取暖，因此在實際的生活中也就培育出一股無法釋懷的友誼，雖然其中有時不免具有幫會式的情味。舉個例子，《聯合報》以前的總編輯趙玉明，當時就是那些「山寨」（廣播電台一類的機構）的有名的頭頭，他也寫詩，筆名「一夫」。大家有事就去找趙老大，久而久之，他也以老大自居。鄉土文學論戰時，朋友間有了很大的爭執，幾乎互不講話，他老大一出馬，誰也不好把僵局再堅持下去。

「我老大的話，聽不聽？」他端著酒杯就這樣倚老賣老，「天下有甚麼大不了的事？」

「你老大這樣說，那還有甚麼辦法？」說著也只好一口一大杯乾下去，直到每一個人差不多都東倒西歪起來。

而葉泥那時在軍中管人事，誰假日外出和女朋友鬼混怕被關禁閉回不了營，就向他求救。他先是板起面孔訓人一頓，然後便是大吼一聲：「回去報

梅新女兒光霽大學畢業當天的全家福合影，自嘲「機械盲」的梅新為了家人拿起V8。 圖片提供／張素貞

到！」然後偷偷地想法子解除危機。所以天不怕地不怕的楚戈，最怕一夫；無有禁忌的鄭秀陶，最怕葉泥。

我認識梅新，就在這樣的年代。但是，他是另一類型，他悲憤但並不反叛，他虛無但總實實在在地埋頭苦幹。所以，他從幼年兵幹到大頭兵，從大頭兵到花蓮接受師資訓練，然後到石碇鄉的山野當小學教員。那時候日子很苦，他還經常把微薄的薪水資助退伍的朋友，有時陪他們當小販、擺地攤。為了活下去，他接受任何工作，小心謹慎，總想在打開一條活路後，再開拓一片園地，能夠有所作為。不僅他個人如此，還想把他認識的朋友，一齊鼓動起來。所以，在那麼困難的情況下，他仍然艱苦地讀完大學的新聞系，然後在報社、文化機構幹打雜的工作。一直到編《國文天地》、《台灣時報》副刊、《中央日報》副刊，他才漸漸地做些他想做的事。去年他找我說，想集合海內外作家檢討、反省中國文學的發展。於是他約了幾位朋友一次又一次地討論推動起來，想突破困難儘量做得完美。這就是後來召開的「百年來中國文學學術討論會」。

梅新有個功夫，名之曰「歪纏」，也就是不管你怎麼說，他非逼你寫稿子不可。在《國文天地》時如此，在《台灣時報》副刊時如此，在《中央日報》副刊時更是如此。我有時被他逼急了，就反將他一軍：

「梅新，你們貴黨的刊物我怎麼能寫？」

這時他仍然不動聲色，說：

「甚麼貴黨敝黨，你寫你的，我又不刪改你的稿子！」

他的歪纏其實就是他的誠懇。有一次他約我評審一項寫作比賽，評審完了要聚餐，我說

詩壇三劍客，右起梅新、商禽、辛鬱，攝於一九九六年八月，於江蘇周庄。

我不吃，問我為甚麼，我說有某一位自認的大詩人在，食之無味。他推了我一把說：「搞甚麼嘛？你多大了，還鬧小孩脾氣。」結果非把你拖去不可，我說：「梅新，我真是交友不慎，認得你這種朋友！」他說：「你說這話可說晚了，你只好認了！」

但是，我知道他也有他的無奈，有一次他對我說：「很多老朋友對我不諒解，說我不該太遷就現實。有甚麼辦法？這年頭本來就是先退兩步再進一步。」

「那不是不如不走！」

「你錯了，該走的一步只要走出去，加起來就是一段歷程。」

他這種努力不已的態度還有更可愛的一點，那就是他從來不曾利用副刊主編的地位來作自己的社交活動，壯大自己的名聲。

暑假前我和他相遇，我說：「最近你和辛鬱、大荒的詩都有新的進展，真是好事！」他說：「活了一輩子了，孩子也大了；人再飄浮、再虛無；再沒有反省而還硬擠奶水寫些耍貧嘴的句子，還要自鳴得意，名之曰詩，不要別人說，自己也會覺得不好意思。人老了，才真正是寫詩的開始，當然我說的是艾略特、里爾克那類的詩，而不是青年人那一類型隨興而起的詩！」那天他很有勁，我說：梅新，你為甚麼叫梅新？你的第一本詩集為甚麼叫《再生的樹》——還不是想先掙脫生活的綑綁，再開拓生命的新春？好了，有那麼一天，練好了書法，我要寫一幅小長條給你，內容都想好了，是古人的句子：

昨夜風雪中
寒梅一枝開

他聽了也頗為高興。並勸我說：「現在，生活上總可以算是安定了，以後得認真思考幾十年來的人生感受了。為了保持身體的健康，我每天必定到我家附近的師範大學操場跑三圈。」他還勸我要向他學習。誰知道，他竟然沒有發覺癌細胞已經在他身上躲藏了好大一陣子。梅新，誰想到你竟然這麼快就走了呢？

寫到這裡，我真不知道還能說出怎樣的話來！

——一九九七年十一月二日《中央日報》副刊

掉進豬籠草的飛蟲

大荒和他的詩

美國愛荷華大學國際作家寫作中心的創建人保羅・安格爾先生，也是美國當代的著名詩人，由於他的夫人聶華苓女士是台灣的名作家，因此對台灣的文壇頗為熟悉。他曾驚訝於台灣的現代詩人，竟然有那麼多是來自軍中。他認為這是世界特有的現象，其所以如此，常讓他百思不解。有一次赴美在他家做客時，他又向我談到這個問題，我就把近幾十年來中國的苦難，特別是一九四九年前後中國那一場翻天覆地的大變動說給他聽：災難和戰爭來了，一波接著一波，即使未屆成年的兒童和青少年，為了活下去竟也不得不投入軍營，不管是自願還是被迫的自願，當兵便成了他們短時期唯一解脫困境的道路，至於慷慨從軍，不是沒有，說起來，實在為數不多。相反的，被抓兵入伍的卻為數更多，其中很多都是出身於農村社會的知識分子。這些人，在入伍以後，既不能像一般農人、工人出身的那樣可以很快地習慣於兵士的勞苦，也很難在艱苦的處境中找到甚麼生存的意義和希望。

在這樣的情況下，寫作也就成為唯一可以廉價發抒自己心靈的管道。這管道也許並不寬暢，但在那樣窒息的境遇下，也多多少少可以成為朋友與朋友間相濡以沫的溫床。在講到這一現實時，我曾舉了一些人作例子。管管就是被抓來的一個，所以他的詩充滿了無奈和自嘲。我也講到商禽，談到他的詩何以總是以「逃亡」為主題。我更說起楊喚，為了看一場免費招待電影，如何被火車輾死……。我今天仍然記得安格爾先生在聽了我的解釋後所顯現的激動。

我和安格爾先生的這一段談話，其實就是一九四九年以來，台灣現代詩的背景。然後擴及到繪畫、到小說、到實驗劇場，於是五〇年代的台灣就很像康定斯基（Kandinsky）「藍騎士」時代的歐洲，在連續的戰亂後的安定喘息中，便努力著去突破沉悶的現實而去嘗試各種試驗和追求。於是，在那樣的承受著熱戰冷戰的交互造成的悶局下，一些極膚淺的從外面舶來的呼喊，也就成為觸媒，像一絲火種那樣，立刻在人們心靈中燃燒起來。生命的悲苦顯現出來的便是一股活生生的「存在主義」，其中沒有多少義理的解說，卻真真實實地呈現了生存的面貌、不安、掙扎和無奈，而其中的種種，在空虛中也就必然地呈現出狂熱的虛無主義的情調。這就是五〇年代以降，台灣的現代主義的特色。而大荒就是其中的一員。他出身於安徽的農家子弟，在戰亂中，無可奈何地成為軍旅中的一分子。雖然後來他和一些朋友被稱為詩人和作家，在當時也不過是藉著寫作在操練、做工、演習的貧困日子裡相互安慰而已。

大荒原名伍鳴皋，一九三一年生，安徽無為人。我認識他的時候，是在上世紀的五〇年代初期。那時國共的內戰剛剛平靜，台灣正在喘息中往前發展。當時國防部有一份為軍人而辦的《青年戰士報》（即今天的《青年日報》），它的副刊主編潘壽康是我姑父任卓宣（葉青）的學生，一個人在中和我姑父家對面租房而居。他因為喜愛文學，就趁著報社印刷廠的方便，辦了一份《現代文藝》月刊。我那時正在成功中學念高中，是紀弦的學生。因為好讀文藝作品，便成天到潘壽康處聊天，他也不嫌我年少，甚麼事都跟我談，有時候他看過的稿子要我再替他看一遍，有時候也幫他修改別人的稿子。那時候，大家都苦悶，為了打發日子，很多軍人就自動地隨意寫作，其中以新詩最多，有的連稿紙也沒有，隨便抄在一張紙上，就寄了過來。雖然沒有多少藝術水平，卻讓人在其中聽到不少牢騷。而且，由於這副刊是有稿費的，所以很多人都想藉此賺些小錢來花。在這樣的稿件眾多的情況下，我經常被抓去看稿、改稿，由是對於軍中的作家有了一個概略的了解。

那時潘壽康手上保有一些三〇和四〇年代的舊雜誌，《現代文藝》為了要有好的水平，於

詩人大荒。

圖片提供／文訊雜誌社

是便經常把以往的一些在舊雜誌發表過的作品予以重刊（這當然不會找那些有名的作家的作品）。第一期他把汪曾祺的〈復仇〉，用曾祺的名字重新刊登出來，就被有些人看了出來，有人來質問，潘壽康就要我回答說：「此人現住澳門。」以此掩飾過去。這一作法雖然不足為取，但卻由此而轉載了很多好的文學作品，包括翻譯在內。

《現代文藝》有一個編輯名單，都是只掛名不參與任何工作的。其中有兩個是裝甲兵作家，一個是唐靜予，一個是伍鳴皋。他們雖然不參與任何工作，但有時碰到放假，也會到中和來看潘壽康，大家無處可去，就一起去逛圓通寺。就在那時，我認識了伍鳴皋，也只是點頭之交而已，而且要到好多年之後，才知道他就是大荒。

上世紀的六〇年代，大荒在詩的創作上有著很大的進展。一九六一年我到金門服兵役的時候，大荒和辛鬱、管管等都正好在金門駐防。大荒是尉級軍官，可以調動軍車，載大家出遊，那時金門砲戰過後不久，戰爭的緊張仍然瀰漫著全島，也許正是這種對生死的切實體驗，從而使之對於人生的意義有了最深沉的思考。大荒是一位勤於閱讀的人，他的故鄉無為又是一個容易引發歷史思考的地方。從那裡往四處擴展出去，常讓人想起嚴子陵、李白、謝翱那一類人物，夾在長江和富春江之間，又是浙東學派發祥之地。這一些就造成大荒的歷史和詩的兩重性格。隨後，大荒參加軍中人員的教師培訓，退伍後，在中學當了文史兩方面的教員。在這一階段，他花了很大的功力研讀中國的經典著作，我因為和他同是文史教員，所以在這方面也就不時有著交談。我發現：對他來說，「詩的純粹」和「歷史的探索」，漸漸成了無法擺脫的糾葛；當他倦於人世的複雜，這種詩和歷史的兩種引力一糾結在一起，有時竟使之成為欲哭欲笑，甚至不知何去何從的天涯倦客。在四顧茫然之下，便孕育出他的〈存愁〉那樣的作品。

〈存愁〉的基調是虛無主義的。

但是在虛無中卻隱藏著濃厚的嚴肅。這是成為詩人的重要因素。它必須找尋出口。否則，作為詩人，他只能像一般人那樣，停止在憤世嫉俗、玩世不恭、自賣風流、沽名釣譽的層次，而不能有紮紮實實的成長。這是大荒那一代出身軍旅的作家們所面臨的問題。他們自軍旅退伍以後，都面對著更多必須去思考、去克服的處境，這是比物質的缺乏、生理的飢渴、人世的得失，更讓人朝夕不安的探索和追尋。他們如果不走上自我放棄、沉淪人海的道路，便必須從自身的虛無主義中尋求嚴肅的意義。這是一段更艱苦的歷程，也唯其如此，這才是一段艱辛的掙扎和成長。在這成長的過程中，一方面他必須尋求生命力量的資源，一方面走出個人的小世界作更深更遠的探索，而最後對自己、對人類、對

二〇〇二年的農曆大年初三，現代詩人聚會於辛鬱、孝惠家中。後排左起：向明、碧果、尉天驄；前排左起：大荒、丁文智、張默、商禽、楚戈、辛鬱。

人世間的是是非非作一終極的追究。否則，一位詩人或藝術家，如果沒有真誠的關懷、艱苦的奮鬥、心靈的交戰，這追尋的結果不是成為玩弄文字的遊戲者，就是成為吹噓自己作品寓有哲理的「野狐禪」。

而這正是台灣現代詩人發展下來的普遍現象。何以如此？這是因為我們從五四以來的新文化運動一直是以否定或鄙夷的態度來對待自己的文化和歷史的原故。全盤西化和文化建設上的「橫的移植」，就使得我們的現代史成了無根的成長。於是很多的現代詩便以「創新」為名而澈徹底底地顛覆了自己語言的形式和本質。在這種情況下，大荒有著很大的警覺。他的生命裡有兩股力量在推動他，一個名之為「歷史」，一個名之為「詩」。「歷史」既然成了他的生命的源泉，於是經由「詩」的寫作，他一方面活在「歷史」的欣喜裡，也活在歷史的沉痛中。「歷史」中活生生的情趣，使之能把紛紜的現實帶入詩境，也經常使之痛苦得無法自抑。看起來是「歷史」害了他，但仔細體認一下，也是「歷史」救了他，即使最無望的時候，他仍然可以以「歷史」所給予的營養活在當前的世界裡。

大荒就是這樣經由自己民族的歷史和文學精神來思考、探索人生的。即使，所謂的民族，所謂的國家，都已經支離破碎得讓人不堪入目，他仍然那樣死心眼地滴著血淚地去思考著它的一切。對於自身的無能為力，這不能不說是最大的寂寞。他對友人說：「在台灣，我大概是詠史最多的人，因此朋友們都戲稱我有歷史癖。歷史與地理構成人類生存座標，避開它，你算是老幾呢？至於我，歷史既是扛在背上的十字架，又是一架雷達——觀照的範圍。」這是歷史的寂寞，文化的寂寞。比「前不見古人，後不見來者，念天地之悠悠，獨愴然而涕下」的寂寞更寂寞的心靈。有好幾次，大荒和我談到柳宗元的〈江雪〉：

千山鳥飛絕，萬徑人蹤滅，
孤舟簑笠翁，獨釣寒江雪。

我們都深深地體認了那種無人了解、無人相通的孤獨。也懂得這種「獨」才是每一時代不甘就此了此殘生的知識分子所必備的存在基礎。王國維在《人間詞話》中，談到要成大器的人物必須先要進入這樣的第一個層次：「昨夜西風凋碧樹，獨上高樓，望盡天涯路」，大荒對我說：沒有這一「獨」字，人的心靈是無法上升的。正是如此，它才能使人在這悲苦中對人類的未來有了信心，有了喜悅。這就是台灣藝術界的一些人隨著五〇到六〇年代的虛無而在六〇到七〇年代經由回到中國的文化傳統而開闢著的新道路。在這方面，我們便可以在大荒的詩中見到他與晉代左思和唐代杜甫相互呼應的歷史感嘆。我曾勸大荒的詩必須加註，因為不知道歷史的典故，沒有歷史悲苦的體認，就見不出大荒詩中的悲苦。例如在〈謁杜甫草堂〉中，他的詩的背後，不僅是大唐從開元到天寶到安史亂後的大動亂，也不僅是杜甫個人的窮苦和悲愁，而更是經由杜甫詩的世界，投射著近代中國人的動亂和悲苦。我們如果記得杜甫流落四川在絕望中忽然聽到戰爭勝利的聲音而寫下：

劍外忽傳收薊北，初聞涕淚滿衣裳，
卻看妻子愁何在，漫卷詩書喜欲狂。
白日放歌須縱酒，青春作伴好還鄉，

即從巴峽穿巫峽，便下襄陽向洛陽。

就會體認到大荒在〈謁杜甫草堂〉中在面對「杜甫」時，所顯現的更深一層的陣痛：

……

你常斜倚北斗
搔越稀越短的白髮
問天而又自問
家事、國事
全然不像寫詩那樣由你經營
何時洗兵馬？
何時干戈打成犁頭？
你實在很迂，很天真
僅僅聽見劍外一記輕雷
便喜孜孜的相信春回大地

這陣痛所顯現的是甚麼呢？那是歷史上和現實中的中國人由短暫的勝利而又陷入更大悲苦的大挫敗、大失望。（就近而言，抗戰勝利的列為五強不是一下子又落入更大、更無望的破碎嗎？）這使人想著朱熹〈觀書〉那首詩：

半畝方塘一鑑開，天光雲影共徘徊，
問渠那得清如許？為有源頭活水來。

而大荒的詩的源頭活水便是悲苦的現實，也是歷史所賦予的沉痛。這是真正中國詩的精神，因此我們在大荒詩中處處可以見到屈原的鬼魂、左思的鬼魂、杜甫的鬼魂、嚴子陵的鬼魂、謝翱的鬼魂、文天祥的鬼魂、丘逢甲和近代台灣詩人的鬼魂，以及無數無數莫名其妙被置於死地的鬼魂。但他並不是僅僅套用或變化前人的句子來作文字的遊戲（如「常倚北斗」之與杜甫之「夔府孤城落日斜，每依北斗望京華」……），而是作為一個靈魂不死的人對人類，對歷史的關心。千古同一嘆，古今同一哭，此之謂也。在大荒的詩中他不僅深入地體會中國的悲苦，更體會在悲苦中成長的中國人的靈魂，而且由日常生活現象出發去往更深更高的層次發展。中國的《詩經》，通常分為風、雅、頌三個部分，而且一般人都把它們平列地看待，事實上，由風而雅而頌是一層次一層次的向上發展，如用圖表示，是這樣的：

頌←——雅←——風

在這裡，「風」是人在大自然、在人世中的顯現；「雅」是再把它們提升到人文精神的層次；而「頌」則把人的精神提升到比一般人文更高的哲學和宗教的層次。而且，還不只是層層地往上提升，更是一層層向外擴大，由個人的「有限」走向眾生的「無限」：

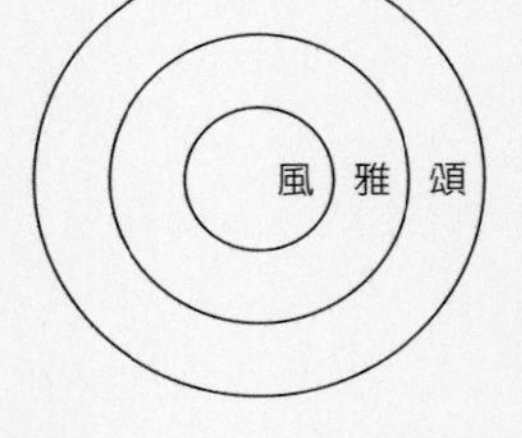

於是詩的完成也就是人的完成。在大荒的詩裡，隨著他的年齡的增長，經驗的磨煉，他的詩也正是朝著這樣的路線進展的。他的〈九聲〉正是最好的證明。從屈原開始，中國詩人經常用一套作品申抒對歷史、對人世、對未來的感慨，這就是那些以「九」為名的一系列作品：〈九歌〉、〈九辯〉、〈九章〉……。這「九」，是另一形式的走向史詩階段的發展。按照中國傳統的認識，「九」是代表一階段的完成，接著再往另一階段發展。生生不已。要努力於這樣的發展，同時就得面對歷史的悲苦、無奈，作不斷的沉思和試探，拋棄世俗利益的誘惑，忍受心靈的孤單，有時真是到了「無告」的地步。這不僅是「獨釣寒江雪」，更須學習達摩那樣的面壁十年。如此才能見到人世的根本的意義。真正的禪詩應該是這樣產生的，而不是玩世不恭地做文字遊戲。大荒開始創作〈九聲〉，可以想見他所懷抱的心胸。他自嘲自己的寫詩是「掉進豬籠草的飛蟲」；其實那豬籠草正是我們無法逃脫的人間苦難。不管那是陶淵明「誤落塵網中」的「誤落」，還是不得不投入那個世界，都必須誠懇地予以對待。寫詩，也許就是最適意的安慰和自遣。

這些年來我就是如此地與大荒相互交換著對詩的看法。他為人太認真，作詩也太認真，他是屬於杜甫型的詩人，即使在退休以後，也不能像一般人那樣瀟脫自在地過閒散的生活。有一次我開玩笑地問他：「何必自苦乃耳？」他說：「個性如此，有甚麼辦法？」沒想到他竟然如此早地離開了他所關心的人世！

——二〇一〇年九月重訂舊作

那個時代，那樣的生活，那些人

懷念商禽

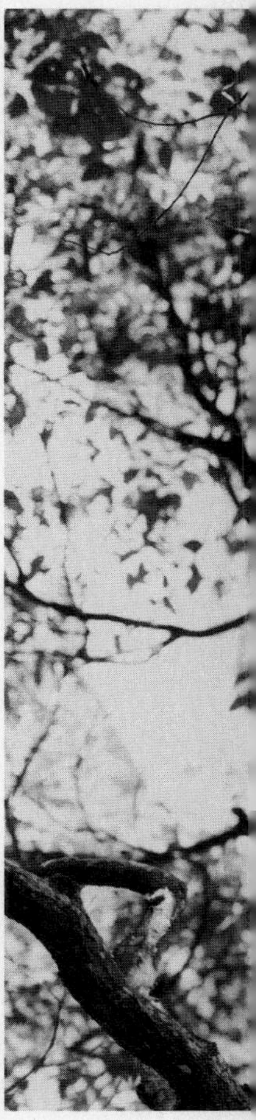

今年的六、七月是一個極不順遂的季節，老友先後走了兩個，先是商禽，接著就是許世旭。辛鬱告知商禽去世的消息時，我們都想著老許一定會從韓國趕來台北送商禽一程，沒想到還不到幾天，竟又傳來他的死訊。許世旭是韓國人，大家都稱之為「高麗棒子」，他是第一個來台攻讀中國文學博士的，但大學研究所的拘謹，使得他的學習呈現一片刻板，直到一個偶然的機會他認識了紀弦，開始了和商禽、楚戈等人的「鬼混」生活，他身上的詩的細胞開始躍動起來，這才開啟了他的想像世界。人一靈活，語言的窒礙也就隨之暢通起來；隨興的交談，隨興的喝酒，路邊攤的胡說八道，這一些相加起來，就使得老許整個人變成另一個樣子，敢於放鬆自己，也敢於表現自己，於是沒有多久，他就坦坦然然地入了台灣文壇的戶籍。他寫了一些現代詩，而且用中文出版了一本詩集和中譯了韓國古典小說《春香傳》。有一次，朋友們讀著他新作的詩，問道：「這到底是韓國詩，還是中國詩？」他一本正經地說：「這是台灣的詩。」所以他回到韓國以後，成了漢學大師，每隔一陣子總要回來台灣住上幾天，要不然他會鄉愁得要死。

現在商禽和老許都離開人世了，回想那一段日子，真不知道要用怎樣的形容詞來下評語。那段日子，如果要稍作劃分，主要的階段應該是上世紀的五〇年代後期和緊接著而來的六〇年代。那時候商禽（當時叫作羅馬）和楚戈（當時叫作袁德星）、張拓蕪（當時叫作沈甸）都還在當一等兵。他們加上雖不是一等兵但位階也高不到哪裡去的管管、大荒、唐靜予、沙牧、曹陽、梅新、彩羽、菩提、王容、丁文智、瘂弦、張默、洛夫、朱沉冬、周夢蝶等人，前前後後都出現在紀弦創刊的《現代詩》和其他的小雜誌上。《現代詩》在風味上與三〇年代戴望舒主編的《現代》有接近的地方，但顯得非常粗獷，語言上不拘形式，文字也沒有章法，發抒出來，經常是信口開河，毫無忌憚，其間很少見到書卷氣。但面對它們，讀著讀著，常讓人有無可奈何的感覺，但又無法準確說出那是甚麼情味。這也難怪，因為表面上一個個都是衛國戰士的這批人，實際上不是被抓來的兵，就是在戰亂中為了活下去而不得不投身軍旅的年輕人，他們的年齡大都在二十歲上下。軍營中的歌聲和口號是昂揚的，實際上，他們過的卻是囚徒一般的生活；沒有盼望，也不知道為甚麼活著。例如王容的一首〈監獄〉就是這樣寫的：

無人過問，無人管，無人開釋的，
一座監獄，常年落著鎖。

無人打聽，無人採訪，無人探望的，
監獄裡囚的何等何類犯，無人知道。

一天一天的，不知有多少天。
一年一年的，不知有多少年。
犯者底掙扎微弱了，犯者的呻吟低啞了。

從無消息傳來。從無音訊涉及。
無限期囚著些無名犯——啊啊我！
我是一座無人查考的監獄。

表面上，那些語言所呈現的多是死一般的沉默，其中卻埋藏著很多抗議。不信，請讀一讀張拓蕪的〈豪語〉：

我生來就喜歡搗毀偶像的。
廿世紀原子科學時代仍有傳說的神鬼之出現嗎？
我的不迷信受達爾文和愛因斯坦影響很深很深。

假如誰敢說他是一尊菩薩並且敢擺在我的面前，
那麼，瞧著！
我將剝他臉上的泥金，漆司蒂克，撕扯金龍的蟒抱當抹布，
然後，抱著他的禿頭當木馬騎。

這樣的言說感覺上是憤怒的，實在探究起來，其中確是瀰漫著屈辱和茫然。在夜以繼日的立正、稍息，向左轉、向右轉……的操作中，甚至，連寂寞是甚麼，都一片空白。那是一個一無所有的年代，經常連最劣質的香菸也成為一種奢侈，我至今仍然記得，在讀中學時，學校經常駐兵，也常常見到那些士兵撿拾別人丟棄的菸蒂，然後把它們拆散了，再用白報紙捲成香菸。每當望著他們蹲在操場邊的樹下一邊無神地望著天空，一邊軟軟地吐出一縷縷的青煙，我就每每地在其間聽到一種有聲而又無聲的聲音，比弔喪的嗩吶還要蒼涼。

這些人平日裡的一切作為都是在指令下運作的，但他們放假的日子卻更為難堪：無錢、無人，也無處可去。而這種情況，不止軍中如此，同樣的低氣壓也瀰漫在一般的社會中，只不過程度大小深淺不同罷了。這種孤寂，要想找一首詩來涉想其中的況味，實在是很不容易的。那時候，方思翻譯了一首美國詩人帕稱（K. Patchen）的〈街頭大學〉，其中所抒寫的情懷，倒是和當時那群人的境遇有些相似——

明年墓草將遮蓋我們。
我們現在站著，而且大笑；
注視女孩子們走過，
對跑得慢的馬打賭；

一九六〇年當代詩人作家於鳳山聚會，右起張默、瘂弦、司馬中原、尉天驄、常青樹、方艮。

飲賤價的燒酒
我們沒有事做，沒有地方去，沒有人。
去年是一年以前，沒有甚麼更多。
我們那時也未更為年輕，現在也未更老。

我們勉力裝出年輕人應有的面貌，
我們在我們的臉後不感覺甚麼，一個方式或另一個。

我們或許將不死透當我們死去。
我們絕不老是任何東西，甚至也不老是兵士。

我們是被侮辱的，弟兄，孤零零的孩子們。
在一黑暗與可怕的土地內的夢遊者。
那裡孤獨是放在我們咽喉上的一柄汙穢的小刀。
冷冷的星注視我們，伙伴，
冷冷的星與娼婦們。

當時的台灣所呈現的現象與上述這首詩描寫的非常相近，當時在軍中或社會上也萌生出詩壇與畫界的新面孔，除了我們談到的詩人外，東方畫會、五月畫會、現代版畫會也接連出現。評論家何凡稱東方畫會的成員為「響馬」，這個稱號非常真實，他其實指出了那個年代年輕藝術家普遍存在的反叛性。由此觀之，商禽的那首〈火燄〉便特別具有代表的意義——

每當西風走過，每當暗夜，每當鼻塞，每當獨行，
儘管我的步伐依然穩健，卻為何我的身影總是忽明忽滅？

遂想起那年，他們在打斷了整綑扁擔之後，
竟捨棄刀槍不用而改以一壺冷水灌進我的鼻孔我的嘴巴，
直到我停息了謾罵。
難道，他們那時就已經得知，我的生命本是一團火燄，
是一盞從古佛殿前逃亡的明燈？

而且那不是屬於某些個人的，而是人們普遍的遭遇，這種受苦的心靈散布在每一個地方，卻經由一些文學與藝術的活動，把大家串連起來。而一些小雜誌也不只是一份刊物，而是像《水滸傳》裡的梁山那樣把大家聚集在一塊。回想起來，也不記得是怎樣的力量，大家就滾雪球那樣彼此熟識起來。那時台北也有幾家咖啡館，但沒有人有能力進得去，彼此相見的地方不是公園的大樹下，就是火車站的休息室，誰口袋裡有錢就邀大家去吃路邊攤，一碗米酒大家輪喝，花生米、豆腐乾是隨手就抓的。有時無事可幹，就找些點子，相互嘲謔，用以紓解一段

時日在營房裡所遭受到的綑綁。那時日，一個人乃至一群人所受到的沉壓不是大喊一聲、大罵一陣就可以解脫的，於是就只好以「痞」的姿態來予以應付，甚至彼此之間也經常相互以「痞」來顯示自己的存在。那時大家青春正盛，渴望著與異性交往，但又由於貧窮自卑而拙於表現出來。楚戈多日緊跟一位女詩人之後，不知道該用甚麼語言表達，於是獨創出他學自達達派的字句，來形容這位小姐的迷人——

妳的頭髮太濃太密
也太豈有此理

商禽描寫軍中體罰的一首詩作〈藍〉（〈五彩友誼〉之三），也有著同樣的風格——

謝謝你這同情的一腳
把我踢翻轉來
使我能再看一次
天
又高
又遠
又藍

一九六九年，商禽應愛荷華國際寫作計畫之邀赴美。　圖片提供／羅珊珊

因之，我們雖然無以名之而稱之為「痞」，但這「痞」與阿Q式的痞是大不相同的。阿Q活在一個沒有尊嚴的社會裡，商禽們則是經由痞來宣示自己的尊嚴。也許我們可以把它稱之為「犬儒式的」，但那樣一來就太學術味了，顯示不出那群人的味道。「我痞故我在」，這是一種具有台灣特色的活生生的存在主義。這樣的詩雖然有著獨特的況味，但對很多學院派的讀者來說，這感覺可能會像隔著一層。我大學畢業後，依照規定在軍中服役，兩次在夜半親身經歷營房鬧營。當時大多數人都在沉睡，卻不知從哪裡響起鬼一般的喊叫：「喉——喉——喉」，像從地獄裡邊傳來，不一會，整個營

房都在無意識中吼叫起來，比嚴刑拷打下的喊叫還要淒厲。當我後來跟商禽等人談到這種經驗時，他們笑笑說：「那算甚麼？這世界上的事，你想不到、見不到的還多得是！」

他們這一群人中，雖然很多沒有受過良好的教育，但由於對於生活有著深刻的體認，往往在偶然獲得的知識裡得到隻字片語的啟發，便會由此而滋生出新義。商禽有一首詩〈長頸鹿〉，就由獄中人對於歲月和外在世界的嚮往而涉想到長頸鹿的脖子所以為「長」的奧義：

那個年輕的獄卒發覺囚犯們每次體格檢查時身長的逐月增加都是在脖子之後，他報告典獄長說：「長官，窗子太高了！」而他得到的回答卻是：「不，他們瞻望歲月！」

這種手法與其說是卡夫卡式的，毋寧說那是對自身生活悲涼的反省和自嘲。又如有一首〈醒〉，則用一種獨創的超現實的手法，抒寫出對現實的悲憤和無奈：自己的靈魂在夜晚出竅遠遊去了，當他歸來之時，卻發現那躺在床上的，已是「被人們改造得不成人形了的、自己的軀體。」連自己也無法認識那就是自己。這是人世間最沉痛的驚醒，也是商禽那一代人真實的生活寫照。跟這一樣，有一次管管帶著兵在台北市六張犁山邊的墓地做工，那裡葬有一些在白色恐怖中被殺的人，無家無眷，孤魂野鬼地散落在荒煙蔓草間。有一天竟然有一條死人的腿從黃土中露了出來，管管看見了就大哭起來直喊著：「他媽的，這是俺的腿啊，這是俺的腿啊！」他們類似這樣的扎進痛苦中突然激發出來的嘶喊，就成了個人獨特的語言。

也正是這樣的從各種折磨、挫敗、無望中殺進生活，又從這種生活中掙脫出來，於是他們對於人世間的種種，便會經由日常的瑣瑣碎碎產生異乎平常的體認。有一次談到造句，商禽說：「碧果詩裡那一句『一格娼妓』，用得真好！」

我問：「何以見得？」

他說：「老弟，你沒有見過三等妓女戶，那些女孩子坐在一格一格的接待室裡，一個個都像等待被殺的雞一樣。這『格』字用得令人落淚。」

這樣的書寫，如果稱之為詩，便無法不讓人有怪異的感覺，但是，在與商禽多次的言談裡，他曾表示不要把他稱之為一位超現實主義者。他說：我哪裡懂得甚麼是超現實主義，老實說，我是一個真正扎根到現實生活的人，如果說那是荒謬，也是生活的錯綜紊亂所賦予的。例如，在那一首〈池塘（枯槁哪吒）〉中，就由神話中那位從荷葉重生的少年英雄哪吒，想到自己的一生；其所呈現的真是血淚的歷史，毫無超現實可言：

從汙泥中竄長出來，開過花也曾聽過雨。結果，終還要把種籽撒到汙泥中去。唯有吃過蓮子的人才知道其心之苦。

父親和母親早已先後過世，少小從軍，十五歲起便為自己的一切罪行負完全的責任了。這就是所謂的「存在」。僅餘下少數的魂、少數的魄、且倒立在遠遠的雲端欣賞自己水中的身影。

深秋後池塘裡孑然的一枝殘荷。

他不喜歡亂玩時空交錯的故弄玄虛，更不喜歡亂耍禪宗的故布啞謎。他承認他的生命情調是虛無的，但他是以虛無來對抗人世的偽善的。所以，他的虛無並不是絕望，而是經由虛無而在變化不已、五顏六色中體認出生命中最真實的東西。

商禽有一首叫作〈阿蓮〉的詩，被朋友們嘲弄為「黃色」的作品。但讀著讀著，卻帶給人無限的悲劇意味。在那樣一個與世間事物隔絕的時代，性的需求並不只是肉體的，而是需要與人的交往，需要別人的關懷，需要愛，也需要溫暖。然而在無法獲得的煎熬下，廉價的性交易於是就成了唯一相互盼望的管道。這樣，那些受苦受難的鄉下來的小女子就一一成了自己心靈中的維納斯。也由於這樣，在理想與現實、渴求和破滅之間，便在內心深處，產生難以紓解的矛盾。

如果沒有夜，阿蓮
白晝不來，黃昏永逝
如果在無盡的黎明裡
淡紫的雙乳飾著垂死的魚
有人的臂會石化在枕上
有人的頸將浮雕在那裡
結晶的鹽，且被流星擊碎

在這裡，結晶的淚水和肢體間的種種，已不是被稱為sex的那種「性」，而是最真實的人

一九九八年，商禽攝於金門天空下。　　圖片提供／羅珊珊

性和神性。也由於此，如果接下來再去讀他的那首〈遙遠的催眠〉，我們在企求的纏綿中必然會領受到難以解說的蒼涼。

我和商禽、楚戈（還包括劉大任、鄭秀陶）那一批人所以認識，是以詩結緣的。當然也與我當時正在編《筆匯》雜誌有關。和他們一熟識，這刊物也就成了大家的地盤。這緣一結，圈子也就一天天擴大起來。於是一些不是軍營出身的像鄭愁予、白萩、葉笛等人，就有形無形的成了一群一見就熟的朋友。熟識以後，彼此很快就把詩的一切擺在其次，一見面就毫無顧忌地瞎胡扯起來，有時也相互出些點子來打發各人的窮困和無聊。

在這些人中我是一個比較呆板的人，他們說我「莊重」，實際上是太拘謹、放不開。但與他們在一起，看他們胡鬧，聽他們比賽黃色笑話，心靈上也得到不少愉悅或自在，這種坦率、真誠也是大家一直保持著友誼的基礎。鄭秀陶大學畢業去當兵，想念女友想得發瘋，結果由鄭愁予冒充他的叔父，用毛筆和十行紙正正經經地寫信寄去軍中，信中大致說著這樣的話：「汝祖母年近九十，近日病危，盼速請假回來。」就這樣愁予成了秀陶的小叔，直到如今。還有一次，秀陶玩瘋了，逾假兩週未歸，就軍法而言，那是很嚴重的。大家就教他去找葉泥。葉泥原名戴蘭村，時任國防部的人事官。他平日一本正經，加上又是伊斯蘭教的信徒，誰見他都不敢亂開玩笑。秀陶找到他，說明原委，葉泥兩眼一瞪說：「還不趕快回營，待在這裡幹麼？」秀陶說：「要被槍斃了怎麼辦？」葉泥說：「活該！」臨走又叫了回來問道：「你是哪一師的？師長叫甚麼名字？」等秀陶報告完了，大聲喝道：「滾！」秀陶回去以後，被關了一個星期的禁閉，沒有被槍斃。葉泥雖然一本正經，但《筆匯》每次向他邀稿，總是有求必應。別人問他為甚麼這樣地怕尉天驄，他說：「這小子會耍賴，他聲稱如果我不交稿，他會把火腿掛在我家門口。」

我大學畢業被分到小金門服役，因為在高雄等船時去台南和葉笛喝酒，誤了船期，延遲到下一個月後才去前線報到。一到前線，我屬下的老班長立刻告訴我：這些日子有人在金門電台點歌給我聽，而且馬祖電台也有人在朗誦我的散文〈奶奶跟騎駱駝的〉。我一片猜疑，就寫信去電台查問，原來是辛鬱和張拓蕪在打聽我去了何處。半年之後，部隊返台，先派我回去辦事，名之曰「打前站」。我一到金門，辛鬱就立即把管管、大荒、常青樹一大票人找來。大荒是裝甲兵少尉，可以調動車子和汽油，就這樣我們盡興地玩了兩天。

秀陶是台大商學院的高材生，也是古典音樂高手，他家徒四壁，但唱片特多，他將由不同指揮、不同樂團演奏的同樣樂曲一一放給我聽，然後問：「懂了沒有？懂了沒有？」從他那裡我學會了欣賞音樂。有一次某位詩人發表了一首題為〈我的禪立〉的詩，我問阿陶：「甚麼是禪立？」阿陶說：「屁啦！這種詩鬼才懂！」後來他盲腸開刀，手術後第一次小便經過一陣痛苦掙扎後終於尿了出來，他告訴我：「這樣的爽快讓我終於懂得甚麼是禪立了！」笑得半天合不攏嘴。他雖然學商，一直混得不好，後來去了越南一家公司做事。越戰打得緊了，從此沒有他的消息。二十年後，一天有電話找我，我問：「請問你是誰？」對方說：「你猜嘛！」我立刻罵了回去：「混蛋王八蛋，你不是鬼嗎？早在越南打死了！」他問：「你怎麼曉得是我？」我說：「你他媽燒成灰我也認得出來！」

有一次暑假，我正在木柵政大單身宿舍午睡，兩個人遊遊蕩蕩地來找我，一個是鄭愁予，一個是許世旭。那年頭大家都沒電話，誰想誰，就信步往訪。他們來了，大家便東拉西扯聊起來。傍晚了，我問：「找個地方吃飯吧！」老許說：「我最喜歡萬國戲院對面屋簷下的路邊攤。」於是我們又逛回台北。一瓶高粱一開，老許先端了一盤滷豬耳朵過來，他說：「韓國沒有文化，這從他們不懂得吃豬耳朵拌大蔥可以看出。」我們於是一杯一杯交戰起來。兩個台北詩壇有名的酒仙，都成了我的手下敗將。但直到今天，愁予還在賴皮，他說：「我跟老許怕你口袋的錢不夠，故意裝醉的。」想不到這樣的日子一過已是五十年前的事了。

這些人中，就數管管的嗓門最大，一副山東響馬的架式，所以退伍後演電影中的土匪，根本不用化妝。辛鬱永遠是冷臉的正經，故人稱之為「冷公」，楚戈不知要怎樣說他，他絕不是好人，因為好人無法讓人覺得可愛，但他也不可能是壞人，因為我們這批人一眼就會看透壞人是甚麼樣子。楚戈愛女人，死皮賴臉，但一直堅持：「我風流但不下流。」大荒有時太嚴肅，一副訓導主任的樣子。在和這些人相處中，商禽會靜靜地聽別人發謬論，多聽幾遍，就會歪著嘴（故人稱之為老歪），微微一笑，笑得很詭，也很鬼，經常會在別人不注意的所在發現某些奧祕。但他並不戲謔，甚至笑中帶有沉痛。有一次，我讀他〈五彩友誼〉系列中的一首〈紅〉：

獰笑著
你把刀子從我的胸膛
拔出來
順著刀口流
而從刀尖滴落的　那　些　血
真紅

我就形而下地問他：「老歪，你筆下寫的那個混蛋是誰？」他笑笑說：「你真俗氣，詩就是詩，這麼認真幹麼？」

在軍隊中，商禽和楚戈是禁閉室的常客。久而久之，這間關人的小天地就成了他們逃亡的天堂。商禽的很多詩常被視為難懂，其實了解了他的處境，就會豁然貫通。〈逃亡的天空〉、〈天河的斜度〉、〈事件〉，甚至〈門或者天空〉都是他涉想生命意義的蒲團。在他的認識裡，當代人世的生活實在是一種囚禁的生活，在這樣的生活裡，不是別人囚禁你，便是你也不得不囚禁自己。但是，人到底是不願被囚禁的，於是便只好逃亡。而當無處可逃時，便只好逃向天空。這便是商禽生命中經常出現的主題。因此，他一直把自己當成一朵無所歸依的蒲公英。他寫過〈出峽而去〉，一程又一程地離開了故鄉，那麼淒苦，訴說了無言的告別。我問他何時再寫「歸去來兮」，他只苦苦一笑。他很少談詩，但好幾次跟我說：「愁予是幸福的，他的詩永遠那樣讓人感到溫暖，即使邊塞的殘堡和野店，也永遠是那麼輕柔。」

他從軍中退伍後，和別人一樣各自去謀生活。那時候也沒有退休金，一肩行囊，就各自去謀自己的營生。我問他為甚麼不像瘂弦那樣去考幹校？或者像大荒、梅新那樣去參加軍中的培訓，畢業後去當國中教員？他笑笑說：「再怎麼去，還不是進入另一種陷阱。」這些人有的混得不錯，但也有很多人淪為拾荒者，還有一些至今還被關在精神病院。對他來說，集體主義的生活，他是無法適應的。一九七〇年他應美國愛荷華大學國際寫作計畫之邀去了那裡一年，那時海外保釣運動正熱，他也參加過遊行但沒有再繼續參加以後的活動。有一陣他也想繼續留在美國，因為不能適應，終於還是孤單單地回來台灣。為了生活，他和太太辦過托兒所，也在永和橋頭賣過牛肉麵。逯耀東主編官方的《中華文化復興月刊》時他打過一陣零工，也在《時報周刊》幹過一陣編輯。那一段日子的心情，在那首〈雞〉中，可以讓人體會出來——

星期天，我坐在公園中靜僻的一角一張缺腿的鐵凳上，享受從速食店買來的午餐。啃著啃著，忽然想起我已經好幾十年沒有聽過雞叫了。

我試圖用那些骨骼拼成一隻能夠呼喚太陽的禽鳥。我找不到聲帶。因為牠們已經無須啼叫。工作就是不斷進食，而牠們生產牠們自己。

在人類製造的日光下
既沒有夢
也沒有黎明

雖然如此活在塵世之中，他仍把自己想像為傳說中那位被燒死也不願再進入人世的古人介之推，在〈寒食〉中他這樣描寫綿山火燒過後的景象——

燭天的火光中夜降臨無人知曉
焚燼後的山林邀來早到的黎明
山谷中有一泓清水
溪流旁有一株老樹

樹下站著一個
燒焦了的人
餘煙在紛紛的細雨中
冉冉上升

燒焦了而依然站直在那裡。這正是商禽經由詩所宣示的尊嚴。

記得六〇年代，台北有一次現代藝術活動，其中有一個節目是辛鬱朗誦商禽的〈遙遠的催眠〉。當天晚上節目開始前，愁予和我先在耕莘文教院附近一家小館子喝了一小瓶高粱。節目開始，我和愁予坐在禮堂後面的乒乓台子上，我對愁予還有其他人說：咱們來一段即興表演，當辛鬱每唸完一段詩中的「守著你」，咱們就緊跟著連唸四聲「守著你」。節目開始了，當第一段辛鬱剛剛唸完，我們的和聲立即跟上。這氣氛把辛鬱燃燒

商禽晚年身影。

《商禽詩全集》書影。

起來，第二段更加起勁，也更加蒼涼，我們的和聲也隨之有勁起來。那一場演出的方式從此成為以後演出的經典。去年，政大中文系為商禽辦了一場活動，名之為「承受和反叛」，我們又照這方式演出一次，但到場的商禽卻只能使盡力氣、帶著淚水，說聲謝謝。在晚年的時候，有一次他對我說：「我的人生，也沒有大的盼望，只希望真誠地談一次小小的戀愛，每天隨意地喝幾杯小酒，做幾首小詩。」

商禽告訴我，大陸上發現的三星堆文化，地點就在他老家那裡。而且他老家還有一個特殊的景象：懸棺。我對他說：商禽，我一直覺得你長得不像漢人，現在再看你，的確是三星堆人的嫡系子孫。你的眼深沉充滿想像，幾乎看透人世，那不是三星堆的子孫才怪。我們說到懸棺，他說死後能夠葬在那裡也真好，在那裡可以聽風，聽雨，如果老友們入蜀，也可以很遠就跟大家打個招呼。

商禽，現在你真的已經返鄉，住在那遙遠而高聳的懸崖之上了嗎？

——二〇一〇年八月《文訊》

苦行的旅者

追念楚戈

楚戈過世已經三個多月了，想著他便隨之想起跟他在一起的一些事情。

楚戈的很多事，都是隨興而作的，他有一首叫做〈行程〉的詩，就是這樣寫了出來：

人用雙腳行走，獸用四足行走，鳥用翅膀行走，蛇用身體行走，
花用開謝行走，石頭用堅損行走，東西用心行走，生用死行走，
熱用冷行走，冷用冰行走，有用無行走，動用靜行走，陰用陽行走，
海用雲霧行走，星球用引力行走，火用燃燒行走，水用流動行走，
詩用文字行走，歷史用過去行走，行走用行走行走。

誰讀這樣的句子，都會把它當成一篇廢話。

但是經過楚戈的擺布，這廢話就有了情趣，使胡扯蛻化成美學。引人遐思，引人低迴；從而把人從低俗提升到高雅的境界。

這樣，人們就不能不把它稱之為藝術。

楚戈平日所努力的正是這類的事，因為他平日最喜歡莊子所說的「化腐朽為神奇」。所以他的詩、散文、繪畫、乃至雕塑，便從平凡中開發了新意。這樣的做法，有人戲稱為「瞎攪和」，但正是這樣，他的眾多的作品才能在揮灑中創作了出來。

這就是楚戈性格中的一大特質，朋友們戲謔之為「死皮賴臉」。其原因便由於他碰到任何東西、任何玩意，總是纏著不放。見到女人如此，見到雜七雜八的東西，即使像繩子、破布、樹皮、舊磚、爛瓦，也都用盡心力，想在其中找尋出它們的奧祕。於是面對每一樣東西，他

都像小孩子辦家家酒那樣玩得津津有味，並且由此深入每一事物內裡抓到它們各自的美感；在「相看兩不厭」中，經由他的創作，煥發出晶瑩的生命，同時也為楚戈本人帶來很大的喜悅。

楚戈似愚而聰。愚聰之間，給予人的卻是一片拙樸，故認識他的人，不分男女老少，皆稱之為袁寶（楚戈本名袁德星，湖南人）而不名。這種拙樸顯現在他的日常舉動中，有時常不免被人視之為笨。他在軍旅中的所作所為，更是給人如此的印象。所以，不管在軍中還是退伍以後，他對世間事物的態度總是不按牌理出牌，卻也讓他在一些微不足道的雞零狗碎中抓住一般人見不到的生趣。孔老夫子說「繪事後素」，楚戈則在生活中一直不失其赤子之心，即使碰到不如

一九八七年前後，楚戈在木柵尉家作畫。右一為陳映真夫人陳麗娜，右二為尉天驄夫人孫桂芝。

意的事，也經常以憨和笑面對之，故被人認定為一輩子做不出甚麼大事。但那卻是天生的藝術家的料子。就因為如此，俞大綱教授才說他往往能夠「在平凡中見出天機」。袁寶的作品，不管寫詩、畫畫和雕塑，一向沒有固定的筆法，幾乎都是無師自通，出之天然。他詩中的不經修飾的語言和他繪畫中的構圖、線條以及隨意的塗抹，仔細看去，差不多都是我們在日常生活中經常見到的；有的曾經在老舊破碗的陶紋中見到，有的則見於老樹幹的舊痕，也有的很像泥水匠的敗筆、抹布上的斑點，都被他一一吸收過來，成為表達心意的隨筆。就正規的審美觀點看來，這些哪能被稱之為藝術呢？但經他一攪和，卻處處都有了趣味，每一破敗的廢物都由此而有了它們獨自的生命，澈澈底底地粉碎了世俗的價值觀念。

楚戈的藝術世界就是如此開拓出來的。

我和楚戈是在上世紀五〇年代後期認識的。那時他還在軍中當兵，不時在紀弦的《現代詩》發表作品。和他經常混在一起的還有商禽、沙牧、張拓蕪、辛鬱等人，他們原都是經由胡亂寫詩來打發無聊的一群，彼此熟識了就成了臭味相投的難兄難弟。這些人的當兵，並沒有背負甚麼使命，大多是為了逃離戰亂、飢餓而投入軍營的。他們在當兵之前，曾經多多少少念過一些書，當起兵來完全沒有兵的架式，與軍人的生活經常格格不入，被認為是一夥異類人物，成了禁閉室的常客。說起禁閉室，那本是軍中處罰人犯的所在，被人視為「短時期的監牢」，但對於這些所謂的「軍中知識分子」來說，即使有時對之無可奈何，卻也往往會把那裡當作躲避操練和勞役、藉以作夢的地方。對於楚戈和商禽而言，那甚至是他們唯一可得的樂園。在那裡，他們任意或蹲或臥，也可以閉上雙眼去雲遊世界。這樣的夢想於是就成為商禽詩中所描寫的「用髮行走」。他的一首〈天河的斜度〉，就纏綿不斷地經由禁閉室（特別在夜晚的時候）的一線天空，去把那裡幻想成天河和三月裡放牧的草原，以及心中所假想的戀人：

……

自從天河將它的斜度
移置於我平平的額角
在霄裡北北之西
有日也有夜
夜去了不來
日來了不去
三月在兩肩晃動
裙裾被凝睇所焚，胴體
溶失於一巷陽光
餘下天河的斜度
在空空的杯盞裡

與商禽不同的，楚戈則在那片小天地中另得其樂。不管別人如何看待，這類人物放在哪裡都無法擺脫他們的浪子性格。多少年後朋友們嘲弄楚戈面對關禁閉生活故作的瀟灑，而把他挖苦為犬儒主義的信徒，他笑笑說：「你們這些人哪裡懂得犬儒主義面對強勢壓力時所呈現的積極意義？」他雖然一切都不在乎，在這些人中，卻一直是最用功的一個。有一段日子，他所屬的部隊借駐在湖口的一所學校裡，他便用他自詡的纏（禪）功，跟管理人搭上了交情，不到半年就把學校圖書館的文學藝術書刊借出來讀了大半。其中一本黎巴嫩詩人紀伯倫（K. Gibran）的詩集《先知》，是冰心翻譯的，破舊不堪，卻成了照亮他心靈的明燈。他抄了又抄，背了又背，幾乎變成了他自己的作品，讓他在思想上拉開了廣大的視野。

軍隊的規矩是嚴格的，它的另一面就孕育出他玩世不恭的人生態度。有一次，他不曉得從哪裡讀到法國超現實主義者布魯東讚揚達達主義的話，帶給他前未曾有的啟發：

它宣布了藝術與邏輯的決裂，闡明了「完成一個巨大的否定工作」的必要性，對個人的自發性作了最大的肯定。

這對他產生了鼓舞，幾經思考，他便決定學習以「否定的態度」面對那些被迫認定的「神聖」的事物和教訓。而這便讓他的心靈獲得了很大的解放。因此，在他出版第一本詩集《青菓》時，就在〈後記〉中坦然地說：「很長一段時期，我對一切懷抱著懷疑的態度，我為朋友所詬病的便是不願肯定什麼。坦白地說；我一直是很虛無的。」

但是，他雖然以「非神聖化」的態度對待人間的一切，卻又把「美的追尋」當成他最大的志業。所以在這點上，他與商禽便有著不同的作風。商禽認定的人生主題是「逃亡」和「流浪」（如他在〈逃亡的天空〉、〈事件〉等作品中所透露的）；楚戈則想在世間的任何事物間抓住美的所在。有一次他對我說：「只有抓住了事物中所蘊涵的美，就能獲得一種生命的境界。一位女子隨意飄下來的幾根鬢髮，似雲似霧，讓人一見就會產生心靈的悸動。這悸動就可以讓人促發出一種新的人生意義出來。里爾克的第一首〈杜依諾哀歌〉有一句詩說：『美不是甚麼，只是一種生命的戰慄！』其實寫作和繪畫根本不是甚麼寫實不寫實。只要能使心靈顫動，一根線條，一片塗抹，就是生命的呈現。」就這點來說，他的表現似乎又不是虛無主義。記得有一次他對我抗議說：「你有時批評虛無主義也太過份。——在我們所遭遇的現實中，虛無主義有時也真有啟蒙的作用。不突破四處的綑綁，人是不會被激動起來的。」

大概就由於能這樣一切放得開，所以他才能無師自通、膽大包天地在繪畫上走著創新的道路，並常在報刊雜誌上寫一些藝術評論的文章，結婚後他的太太叫他投考板橋的國立藝專，結果錄取為夜間部的學生。當時俞大綱先生在文化大學擔任藝術研究所的所長，看了他一些文章後，就要他前往任教，他告訴俞先生自己還是個學生，不過年齡大些罷了。俞先生看了看他說：「這也好辦！你就夜晚當學生，白天當老師好了！」在那段日子，他開始過著有勁的生活，看上去混身充滿了生氣。

他生於一九三二年，三十五歲那年進入台北故宮博物院工作，朋友們都慶幸他的生活有了著落，但也擔

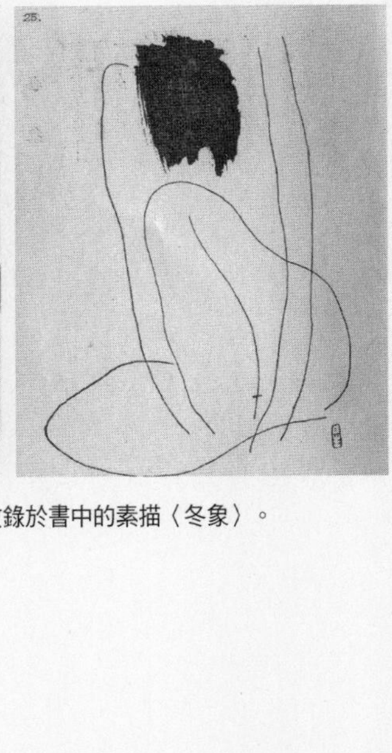

楚戈第一本詩集《青菓》，右為收錄於書中的素描〈冬象〉。

心他會在呆板的考古工作中無法過得自在。哪裡知道野馬是拴不住的，沒多久，他不僅全神貫注地投入了工作，還幹得別有心得。他對朋友們說：面對那些器物，越是靜下心來就越覺得那些線條和花紋都滿帶生意地躍動了起來，而且讓人在這些躍動中滋生出新的感受和創見。

這一啟發，就讓他的創作找到了生命的源頭活水。當別人沉迷於舊器物經常感到煩悶之時，他卻以詩的敏感在那些器物中尋找出新的曙光。當他一遍又一遍地臨摹著那些器物的線條和結構之時，便深深地感受到那是活潑潑的生命在那裡展現。它們的粗細、婉轉、交疊、重複，每一種顯現，無不攪動人的心靈。就這樣，他雖然面對的是久遠年代的舊物，領受的卻是新鮮的心靈的愉悅。有一次，他拿出一幅二里頭出土的商代銅器上的鳥龍合體的圖騰紋給我看，興奮地說：「這紋路一環扣著一環，綿綿不斷，讓人感到生命的層層相繼，永不止息。」就由於這樣的領會，他不僅把這樣的情調融入自己的創作之中，更進一步把古器物的研究從呆板的考古中解放出來。平日裡我曾經戲謔他的個性是死皮賴臉，其實那也是他做事時流露出的「死心眼」。他進故宮在器物中得到啟發以後，幾乎花了三十年的時間，經由對器物的直覺感受，去探索中國文化原創的精神，也跑遍了大陸、日本及東亞的博物館，把所能見到的器物上的線條、紋路一一臨摹下來。一方面要藉此豐富自己的生命，另一方面要經由美學開拓學術研究的道路。他說：希臘的神話、詩歌、舞蹈開啟了歐洲人的心靈，中國文化也必然會為人類帶來新的希望；所以我們也應該經由神話、藝術、宗教的原創的精神來擴大我們的智慧。二〇〇九年他獨資出版的大書《龍史》，就是他心血的成果。

楚戈常誇說他不怕死，但他卻不時地經由「死」這個問題彷徨著人生的意義，他表面上不知人間愁苦，卻在他的詩中，不斷地感受著對幻滅和死亡的無奈。這些都早見於詩集《青菓》中。由於他說自己常會「對於死亡的衝動勝過生的夢」；由此而使他不時地進出於在宗教的領域。剛從軍中退伍出來的時候，面對人世的茫茫，他曾一段日子當過台北松山寺道安法師的徒弟，在道安的掛名下，編過《獅子吼》那樣的佛教刊物，非常人間，非常新穎，不但沒有宗教嚴肅的意味，反而使人在對生命的思維中年輕起來。那一陣子，他的確真心向佛，經常自稱是「方外人」，還請道安為他起了一個法號；卻一點沒有佛門子弟的樣子。所以朋友們便取笑他修的是「野狐禪」。其實，他在這一方面是很篤實的，真的想經由佛的揭示，獲得生命的灑脫。然而，面對寺院的清規，他也不時顯露著獨有的風趣。松山寺的素菜是遠近馳名的，但不對外開放，這就引發起學界一些前

二〇〇六年一月二十八日（農曆除夕夜）朋友聚會。後排左起：楚戈、陳映真、季季、尉天驄、黃春明。前排左起：陶幼春、陳麗娜、趙容旋（黃春明兒媳）、林美音。

攝影／尉任之

輩的興趣，大家知道楚戈與道安的關係，就請他代向道安表達心意。道安同意了，一聽前來的人有臺靜農、孔德成、夏德儀、莊嚴、王夢鷗、昌彼得等人，便要親自作陪。日程排定好了，大家就私下議論，這樣的場面如果不喝酒，豈不是太煞風景，要我跟楚戈疏通。好在道安非常通達，師徒二人商量的結果是：先把酒灌到汽水瓶裡，而且一再吩咐，師父只喝汽水，不要倒錯。那天賓主暢歡，每個人都意猶未盡。事後我們就開楚戈的玩笑說：「有甚麼樣的徒弟，就有甚麼樣的師父！」楚戈卻一本正經地說：「你們那裡懂得甚麼是佛？佛的真意就是拋除貪、癡和悲苦，追求『自在』和『隨意』。」而且他還坦白承認佛給他最大的啟示就是「不滯於物，也不滯於人。」他的生涯就是如此這般走出來的。

有一次，碰到一群大學生在做社會調查，有人面對楚戈問他的宗教信仰。他不經意地回答說：「佛教！」我們就起哄說：「不是佛教，是白蓮教！」我們所以如此說，實在是他甚麼教都信，甚麼教也都不信。說起他對宗教的態度，他說是來自自己的母親：在湖南鄉下，每個人家供奉的菩薩真是三教九流都有，甚至連耶穌和聖母瑪利亞也包括在內，面對這些神像，家裡人每一根香都燒得虔誠。他們不懂得甚麼是有神論，甚麼是無神論，也從不理會這一套。他們顯示出來的是誠懇，年節時連牛槽馬槽都拜得實在。這些影響到楚戈，使他自認為是一個屈原式的拜物教徒，認定每一個事物都有各自的靈性和美。他稱這是他們楚文化的精神，不懂得這些，就無法在楚文化（特別在屈原的〈九歌〉和〈天問〉）中，見出一個活生生的世界。

有一次我問及他湘西趕屍的事，他說他雖然沒有見過，但相信家裡的老人不會騙人，他也認為確有其事。我問他原因，他說：在他們湖南，人死了之後都盛行招魂，那就是屈原寫〈招魂〉的來源。人死了，要魂歸故土。中國習俗在人死了七七四十九天以後才算真的告別人世，死在外鄉也要在通常的「頭七」前回歸老家。人死了，他的最大的企望便是回歸出生的地方。所以那些趕屍人就用一些巫術幫助他們返回故鄉。我就說這根本是神話和鬼話，他立即反應說：「不要忘了，神話所保存的才是人的真實心靈。至於鬼話，也比人話蘊涵著更多的道理。我從來就不相信哲學，那些都是死板板沒有生命的東西。也不相信科學，那會把人帶向機械化。崇尚科學，也會造成新的迷信。只有經由神話和原始的宗教，才能真正讓人懂得生命。而這些只有經由器物上留下的造型和紋路，以及自古傳下來的頌歌中，才能有所領會。」他說得如此坦然，使人在他嘻皮笑臉之間感受到他嚴肅的一面。我家保有一張古舊的前代張天師畫的符，我把它裝框掛在書房裡，他每次來我家都會全神貫注地看上半天。一直到今天，我還不知道他在其中見到甚麼祕密。

他觀察事物的專注，有時真到了癡的地步。他說詩和繪畫之第一義便是抓住事物的靈性，沒有靈性，就沒有生氣。不談這些，只談寫實不寫實，實在非常膚淺。有一次不曉得怎麼說起的，他忽然對我說：紀弦這老傢伙，真有他的一手，他的一首〈戀人之目〉的三行詩，每一句都抓得那麼精確，沒有人會比他寫得更好。這題目不叫〈情人之眼〉而叫〈戀人之目〉，就具有他特別的詩人慧根。楚戈不習慣朗誦，就用手一個字一個字為我指點著書中的字句：

戀人之目，
黑而且美。
十一月，獅子座的流星雨。

楚戈與其畫作合影。　　圖片提供／文訊雜誌社

這樣的沉醉得讓我第一次覺得他真的像個詩人。他同時對我說：「我喜歡紀伯倫，就在於他的詩能直透人的心靈！」我也隨即為他出了一道難題說：「元好問有一句詩『出門一笑大江橫』，那種人在天地間的灑脫，一直留在我的心上，你能不能畫出來送給我？」他告訴我，他沒有這個能耐，接著又說：世間有很多事物，看來容易，要真的去表現出來，有時卻也很難。像彌勒佛的造像，滿街都是，有多少人真正了解？他看起來笑口常開，而那個大肚子裡卻有多少別人無法了解的苦水？他這樣說著，我立即直覺地想起他的幾行詩：我用欺矇滋補我的德性，用笑洗刷傷口，用喧嘩保持冷靜。一時間忽然讓我覺得坐在我身旁的袁寶似乎也有很多的悲苦壓在他的肩上，潛藏在心中。當此之際，他既然沒有明說，作為多年的老友，我當然也就不便追問。因為他雖然嘻皮笑臉，有一次卻很莊重地對我說過這樣的話：「你不要一直罵我：我這個人絕對是風流而不下流，雖然玩世不恭，絕不會自喪人品。」

二十多年來，半殘的楚戈都是由陶幼春小姐照顧的。因為陶小姐是我任教政治大學的學生，雖然我沒有教過她，也仍然開玩笑地逼著楚戈在輩分上降格一級。朋友們既沒有把他視為病人，他也毫不以自己的身體為意，而且在繪畫上更加施展開來，色彩鮮麗、潑墨有力。大家聚餐，他因為只能在腹部開口灌食，便只好在一旁觀望，還自我得意地說：「你們吃吃喝喝，沒有一個人能像我這樣享受食物的美感！」似乎食物之真味，已經在他心中化為另一種境界。因此大家就說他是打不死的蟑螂，年紀越大，越是顯得「返老還童」起來。

然而，他真的是事事看得開嗎？

楚戈過世的前幾個月商禽走了，大家都不敢漏出消息，小陶更把那幾天刊登商禽死亡的報紙藏了起來。沒想到就在這個時候，許世旭也在韓國過世了，大家就約定把這消息隱瞞起來。誰知道老許在去世之前就已經說好要來台灣探望楚戈，他的太太遵守遺言在辦完老許的喪事後來到台北，並請一位韓國駐台的外交官陪她前往。韓國駐台辦事處先來了通知，這一來就非告知楚戈不可。陶小姐告訴我說：那天晚上，楚戈知道以後，坐在客廳裡，一聲不語，整整哭了一夜。第二天，老許的太太來了，他也一直呆呆地坐在那裡，眼淚一直流個不止。

楚戈已經走了。他的一生一片灑脫，卻在詩中聲稱自己是「苦行的旅者」。這使人不能不想起他那首題為〈年代〉的詩，以及潛藏在他心中的孤寂——

…………

誰知道太陽及其親族正奔向何處？
飽食之後的胃，餓得想塞進一個宇宙
一個純粹饑荒的年代在我的迴腸之間展開
焦躁在神經之極處戰慄
細胞在嚷著要分離
目光在球後視神經炎上瘋狂了
渴望在頭蓋骨上開一小小的窗
以釋放形役很久了的慾望

願楚戈真正獲得了安息！

——二〇一一年七月

江湖寥落那漢子

懷念逯耀東

逯耀東，和我是徐州同鄉，我一直叫他逯大哥，五十多年來一直如此。不過有時候也有例外，譬如在某一場合，許久不見，看到他，我會走過去叫聲，「逯老您好！」或者「逯教授您好！」但接下來一定是互相的戲謔。這時陪在他身邊的逯大嫂必然會說：「甚麼逯老、逯教授，聽起來好像是叫別人！」逯大哥就是這樣一個人，讓人見了就熟，全無忌諱，喝酒閒扯，雖不瀟灑，卻讓人彼此都覺得自在。但是，有時候他也很彆扭，遇著不對胃口的人，常呆坐著一言不發。別人跟他交談，他只一直「是！是！」的回答，臉上的肌肉繃得很緊。有幾次我們被人邀去一家大飯店參加宴會，禮也送了，位子也坐定了，但一看同桌的某些人，他就拉我出去：「走，吃牛肉麵去！」

我說：「酒宴就要開始了！」

他繼續拉我出去，說：「這種飯你也吃得下去？你也不看看同桌的是甚麼貨色！」

還有一次參加一位長輩的壽宴，剛被安排坐下，隔座是一位常在電視上出現的立法委員，一見人就立刻遞上名片。

他接過名片，不一會就拉我離座：「到老張家吃餡餅去，跟這種人瞎扯真是倒盡胃口！」因此我們有些朋友常說他不夠通達，無法做官。他笑笑說：「這也不一定，就看有沒有機會？」

其實有機會他也不行。蔣經國當了總統以後，選了一批所謂的青年才俊到陽明山受訓，第一批有二十八個，被人戲稱「二十八宿」；他也是其中之一。這些人後來大都分居要職，只有他一無所得，孤獨地上了山，又孤獨地下來。我就挖苦他說：「逯大哥，天下還有比你更差的人嗎？別人當部長的當部長，當次長的當次長，當大學校長的當校長，無一不變成新貴，你既然喜歡喝酒，最起碼也應該搞個公賣局長幹幹，怎麼啥也沒有落到？」他笑著說：「別說喝酒了，就因為好喝酒，說話任性，被教官打報告說我床底下都是酒瓶，下場當然可以想見……」

他說，那二十八宿，大部分都是熟人，一上了山，一個比一個裝得人模人樣，有一位姓黃的，平常又菸又酒，一上了山，一身中山裝，一筆不苟地記筆記，比賈寶玉的父親還要正經，怪不得下山不久，就飛黃騰達起來。再見面，說的話就成了另一種語言，那種陌生感真叫人直打寒顫。他笑笑說：「我的老師沈剛伯先生，曾經送我四個字『量才適性』，我掂量一下自己，才知道有些活不是我這塊料幹得了的。——不過，要說當官，我也不是不想，只是我不想當公賣局局長，我只盼望幹個電檢處處長，讓我好好欣賞一下那些剪掉的片子。」

他經常回味那段山中的歲月，不僅體會到官場的倫理，也明白了要認清這種倫理，先得把自己徹頭徹尾地改頭換面。要做官先要學會做假。

我們也常常開他玩笑說：「你也不必洩氣，你教書多年，至少門下也出了一些名人，金××，不就是『今上』的紅人嗎？」金××是大家都知道的人物，他經常以自由主義者自居，但最會逢迎權貴，隔不了多久，就會在電視上歌功頌德，讓人聽了以後，渾身起雞皮疙瘩。

每逢我們這樣說時，他就會臉色一沉地連喝兩杯酒，冷冷地說：「他豈止是我的學生，他的第一個工作還是我推薦的呢！人要變，要無恥，爹娘也拿他沒有辦法；老師又算得了甚麼？」雖然他滿臉說不出的無奈，但是每逢碰到半生不熟的人，我們仍會故意介紹說：「這位是逯教授，金××的老師！」逗他多喝幾杯。這時，他會把酒杯一舉而盡，接著就狠狠地抽幾口菸。

逯大哥抽菸也是毫無顧忌的，有時他雖然也會連連抱歉，卻照抽不誤。我第一次認識他，是他剛考完大學入學考試的時候，那時是一九五三年的暑假。那時節，學校的訓導處不准學生抽菸，管得很嚴，但逯大哥卻抽菸抽得那麼自在，看在眼裡，真叫人羨慕不已。但是，一直到好幾年後，我才知道他的菸癮是他蹲號子時培育出來的。所謂蹲號子，就是關監牢。原來他剛讀高中不久，因為作文中用了一些類似左派的語言，便以思想有問題被關了將近半年。他回憶說：

蹲號子沒有甚麼好想的，沒有期盼，只有等待。倒是釋放後卻被一種無形的恐懼緊裹著，有時在教室上課，走廊上有陌生人走過，就會有一陣心悸，走在路上突然回頭，看看後面是否有人跟監。……我在家的居室四疊，臨街，每當夜深人靜時有磨石燈的腳踏車從窗前經過，我就會從榻榻米上驚起，啟開窗子一線外窺，長街寂寂，慘白的燈光下，有隻拖著尾巴的狗走過。於是，我燃著一根菸在黑暗裡吸起來。（見〈吸煙室懷想〉）

正是因為從少年時代他就有著這樣的生活體驗，在讀大學時他就比同輩的朋友懂得現代文學中的荒謬感。他說：「卡夫卡的《審判》寫一個人無緣由地被捕了，經過無緣由的審判，又無緣由地被釋放出來。誰也不知道是甚麼原因，甚至連自己和審判自己的人也不知道，留下的只是永遠猜不透的疑問和永遠無法消失的不安。這樣的世界我是懂得的。」因此，他雖然是讀歷史而後成為歷史學者，而讓人感受到的卻是濃厚的文學氣息，浪漫中帶有虛無的憂鬱。而散出來的，起先便是「年輕時，把酒瓶擲向藍天的豪情，吐出煙圈，又把煙圈吹散的惆悵。」（見〈又來的時候〉）接著則是對於自己生活的時代產生難以滅除的糾葛。而這正是他成長時代所顯現出來的情況。在這一現實中，他一再申述：「不幸地，我念的竟然是歷史，現在讀的教的又是歷史。」這使他無法從歷史的悲苦中游離出來，因而陷入逃無可逃的境遇中。所以他便不能不有如此的感嘆：

> 生活在這個時代，無論有形或無形的山水，都被腐蝕殆盡，我們忽然失去了隱蔽，已經再也找不到一個藏身之所了。徘徊歧路，更無路可退，只好暴露在外，任由評點，不然就自我標售，了無尊嚴可言。
>
> 在這個沒有山林的時代，不論願或不願，都被迫捲入無謂的喧雜裡。
>
> （見〈這一池寧靜〉）

二〇〇三年元月文友聚會。左起：高信疆、陳曉林、尉天驄、逯耀東。　　圖片提供／楊樹清

這就使他那一代的很多人，不管是流落國外還是活在自己的國土上的，都有著異鄉人的感覺。他常套用德國小說家雷馬克的話說：「沒有根的生活是需要勇氣的。」這裡所謂的失根，不僅是故土的失落，更是生命的無所皈依。這正是一九四九年以來，中國知識分子所面臨的處境：忘記了自己的所屬，抓不住何去何從，這就形成了除了身分證或護照上的籍貫而沒有真正的籍貫，那就是：「忘記了自己的籍貫，剩下只有漂泊。漂泊，本身就是沉重的負擔。即使窩在安靜溫暖的室內，也是個痛苦的歷程。」（見〈暫時忘了的籍貫〉）而彼此類似的情懷，便是：

翹首鄉關，卻有家難奔，有國難投。一鞭斜陽，滿襟西風，長亭連短亭，不識歸向何處。不禁悲從中來，泫然欲涕。（見〈這一池寧靜〉）

於是活在這一現實的人，正如某位作家所說的那樣，如不是澈底地麻木和腐爛，便必然要承受另一些讓人朝夕不安的寂寞：無根的寂寞，花果飄零的寂寞，無所事事的寂寞，彼此嘲諷以消磨時光的寂寞。而這些就成了那一時代知識分子共有的、活生生卻又抓不住意義的「存在主義」。

而這一些，就顯現在他的「那漢子」那一形象中。

那漢子，是逯耀東一系列散文作品《那漢子》中的主要人物，而且自頭至尾也只是那樣一個孤孤單單、踽踽而行、四處尋夢、行盡天涯的漂泊者。這一形象雖然很容易讓人想到波特萊爾筆下的異鄉人，但在他筆下卻灑脫多了，溫柔多了；雖單薄而不淒絕，而且充滿了俠的豪邁。那一年代中，朋輩中有兩個人最具有這種氣質，一個是逯耀東，一個是唐文標。唐文標交遊滿天下，但衡量彼此相知的程度，他還自有分寸。有位朋友，樣樣都好，但唐文標仍然說與他彼此之間，無法推心置腹，他稱之「還無法一起上梁山」。有一次，有人問老唐：「如果你的比喻可以成立，在梁山寨中你是哪號人物？」他說：「我只能當開酒店的朱貴，為人穿針引線。」這種俠的氣質，也出現在逯耀東身上，而且根據資料，「那漢子」的形象，早在他少年的時代，就已經在他的生命中扎根了，而且一直跟他緊附在一起。這也許因為它是道道地地的豐沛子弟；劉邦、項羽、樊噲那類人物，以及瓦崗寨的十八條好漢的行跡，打他一生下來就滋潤了他的心靈；望不盡的黃淮平原，背劍而行的豪情，於是就成了他自小嚮往的旅程。而在《那漢子》中，這些就如此地鋪擺開來：

那一年
雙騎並馳在高原

橋邊柳蔭繫馬
酒肆橋頭買醉
鞭指窗外揚起的塵土
且看昏鴉燒向晚林

捋鬚笑談別後歲月
更想當年：
揮劍斬斷繞指柔
散金嘯過長街

那一年，那是遙遠的一年

這雖然是逯耀東的豪情，實在也是長久以來，中國傳統知識分子瀟灑的夢想。它與下層社會的企求：「路見不平，拔刀相助，心腹相推，義結金蘭，大塊吃肉，大碗喝酒……」的種種，便分割了兩個不同的世界，成了中國人生活的一部分。而兩者所形成的矛盾，也交織著發展成為兩條不同的道路，那就是：詩人們在都市中任由夢幻塑造的遊俠世界，和那種一把火燒過來又一把火燒過去的民間暴力世界。然而不管怎樣，俠的存在不僅顯示生命的存在，而且也在無能為力的現實下，顯示著對生命意義的探索和堅持。而到了近代，雖然俠有時也會淪落為商品，然而就在這荒誕的、支離破碎的點點滴滴之中，仍然散發著人們無法熄滅的願望，特別在一九四九年以後，它更成為眾多由熱切的追求而至於大崩盤後的知識分子殘餘的浪漫和寄託。這是一個金庸世界一步步顯現的時代：以似有若無的夢幻來填補歷史與現實的失落。

然而，這一夢幻一落實到真正的江湖紅塵之間，便必然帶來層層不斷的挫敗與失落。這正是逯耀東在大學時代到四十五歲之間，亦即二次大戰後韓戰、越戰以及熱戰、冷戰交互展開，而中國正承受千古未有的變局的那一時代，所奔波於海峽兩岸三地的心路歷程。這自然就產生他在《那漢子》的〈夜讀〉那一節中所發的唏噓：

是的，那風聲他是熟悉的，尤其這些年來，自己寄跡於江湖之中，託身於紅塵之上。既然家事已不堪想，國事又不堪問。但祇為了胸中所留存的那一點孤憤，他仍一匹駿馬，兩尾瘦驢，馱著幾筐殘卷，東西南北穿梭往來，秋山悵望，春江醉臥，到如今，幾陣霜風，已吹染了項上一簪愁髮，數行雁鳴，更唱皺了眉前幾疊淚痕。踟躕前路，樓前簷下——他已聽慣了太多的風聲雨聲。

於是，他所得到的，便是一片索然。這使人想起唐吉訶德的寂寞。但是，唐吉訶德在寂寞中還有他的自得，而「那漢子」的瀟灑卻是只有一片落拓。落拓中，他實實在在地領悟到自己「既不是一個志士，也不是一個劍客，只是一個淪落江湖獨來獨往的卑微的個人」。這樣，幾經顛簸，他就賣馬當劍，告別了俠的夢想，「自逐於紛紜之外」而結束了他這一階段的追尋生涯。這是逯耀東既俠又詩的申述，用直樸的話來說，那就是從理想主義的性格落實到當今無奈的人生。

但是，那個時候，台、港及海外的很多華人的青年知識分子，受到歐洲五月風暴一類風潮的影響，仍在混亂的迷茫中燃燒著狂熱的火焰，保釣運動、鄉土文學運動等，便是其中的幾個，在這樣的時刻，逯耀東甚至包括和他同一類型的朋友（如唐文標、劉大任等）所顯現的「告別」等等，當然會被更年輕的一群視為走上了逃避的道路，自甘於沒落，於是便招致了尖銳的批評，那指責是這樣的：

唉！你們去退隱江湖吧！像黎明前隱去的昨日之星，明日的朝陽在無垠的空中照耀，就要發光發熱，能要讓你們黯然失色。中世紀的黑暗時期終將過去，偉大的啟蒙時代必將來臨。這是歷史的必然，也是邏輯的必然。（引自〈江湖老了那漢子之後〉）

這真是五四，特別是三〇年代以來的激進主義的遺緒。這也是一種浪漫的激情。而這類的激情在五四和三〇年代往往又以不同的所謂「革命」作為它們的落實點。但是事實證明：這種繼續和堅持著類似俠的夢幻的追求，一落實到現實中，便只有兩條路可走，要麼走向淪落，要麼就落實為一刀一槍的戰鬥。那些一走向類似革命的行當，便往往是赤裸裸的相互屠殺，而屠殺之後便是由火到灰的幻滅。而更怕的一點是：這些作為一遇到幻滅或野心家的操縱和摧殘，又極可能使人性中的「俠」的性格變質為「痞」。這便形成人格的徹底墮落和毀滅。而這正是中國當代史所呈現的現實。於是，面對幾十年現實的種種，很多人把俠的情懷與真實的現實冷靜地惦量之後，便止不住有著另一番的寂寞感，其風貌就是這樣的：「在一陣江湖廝殺之後，死傷累累，四野寂寂；殘陽默默。」到後來還可能是「江湖上的險象環生，一旦傷身，就難以自拔」。逯耀東所遭遇的情況正是如此。於是，他就從吶喊的憤然中，冷靜地重回人間，而結束了他的漂泊生涯。

這一回歸對他來說也是必然的，因為知識分子所謂的俠原是高蹈於現實之上的，這對於逯耀東來說，實在是一大難題，主要的原因便是他無法從對歷史所生的感情中超脫出來。他常說：「做一個知識分子，必然對自己生存的時代，有難以割捨的感情。這幾年，我們的確遭受到幾次我們該痛哭流涕的歷史的激盪。也許自己是學歷史的，實際生活在現代，而常常做歷史的回顧。」（〈外務之餘〉）這就使他無法澈底地從歷史與現實連根拔起。既然拔不出來，就必然會深入歷史與現實的深處，讓那些悲苦割傷自己的靈魂。即使如此，他仍然期盼著能有機會有所作為。

這期間，他編過一份公家出版的《中華文化復興月刊》和一份由某些人士支持的《中國人月刊》，企圖經由文化上的思索與反省，為這一時代貢獻一番心力。結果得到的教訓是：只要一有政治和黨派利益介入，所謂文化便會虛假得失去尊嚴，而且要活在那一個境遇中，即使面對親戚朋友，在政治需求下，也必須懂得如何切割，維護「於自己有利」的人際關係。他好幾次三杯老酒過後，又回想一段舊事：

「當王曉波幾個傢伙因台大的民族主義座談會事件被列為異己分子時，很多人不敢去理會他們，他們就只好夜晚到我家喝酒。他那時沒有收入，我就把他一篇純粹的學術文章拿去發表。結果遭到質問。我說：再怎麼樣總得讓他吃飯，買包菸抽吧！誰知一位被奉為大將的王姓人物，面孔一沉，竟然說：王曉波要吃飯，叫他跪下來申請！我一聽，就立刻反駁說：你們要王曉波下跪，門都沒有！就這樣，我很自然就跟他們的距離愈拉愈大了。」這就是他又一次出走的一個原因。

這次的重返香港，雖然在文化大革命結束之後，讓人對中國的未來懷抱很大的希望，但是對過去將近五十年種種事實的揭發，撞擊他心靈的卻是千古未有的史學的滄桑。這滄桑首先是在官方和官方所製造的壓力下對中國歷史的扭曲和汙辱，與此同時進行的則是對人性的普遍摧殘，而接著則是在苟活的現實下，知識分子自己對自己的踐踏；驚訝於史學的沉淪和墮落，更是讓人的心緒難以平靜。而老學人季羨林在那段「關牛棚」的日子的遭遇，便是最具一般性的代表；讓逯耀東久久無法忘懷：

季先生說他覺得隱忍苟活是可恥的，「士可殺，不可辱」，但到這個時候完全拋到腦後了。剛離開「牛棚」時，他說雖生猶死，成了半個白痴，到商店買東西，不知怎麼說話。讓他抬頭來走路，覺得非常不習慣。耳邊不再響起「媽的」、「混蛋」、「王八蛋」一類的詞，但卻覺得奇怪。見了人，是口欲張而囁囁，幾乎變成一具行尸走肉，他已經「異化」為非人了。（見〈天涼好個冬〉）

因此，逯耀東除了再浸沉於史學的探討和講授，更加注意於在苦難折磨下的當代知識分子。中共建國以後，不僅是統治階層，即一般的學者和作家，也都自認自身、甚至自己的家族和祖先，都有著「原罪」的包袱，於是從這種「原罪」的認知出發，便使得社會上展開了對於歷史和文化的摧殘和腐蝕。在這樣的現實下，他除了在老學人陳寅恪及周一良等人的遭遇和所表現出來的風格有所比較、有所深思、有所認知外，更在自己的心靈上激發出種種新的難題。他好幾次對我說：「把歷史讀熟了，更不知道在現實中何以自處？」我說：「你這種態度是道地的虛無。」他說：「即使是虛無，在其中也應該藏有起碼的嚴肅。」我問：「那是甚麼？」他說：「那就是陳寅恪失明臏足，棲身嶺表，仍然堅持著不『曲學阿世』，然後思考新的出路。」

他的歷史專業是魏晉南北朝史。這是中國歷史上大變動的時代。而由歷史上的大變動再想到中國近百年大變動，對他來說，其感慨與沉痛已不再是學術和知識的問題，而是生命的激盪。於是工作中，他便一次又一次地想著劉知幾在《史通》中最後所說的話：

撫卷漣濡，淚盡而繼之以血也。

而在這樣的思考下，他不能不想到中國知識分子的問題。他認為：「雖然傳統書生有許多可愛的性格，但卻自來就有依附政治的懦弱性，而且他們有天真浪漫的情懷，在近代民族運動思緒激勵下往往會誤墜入野心家的彀中。」這也就是中國紛擾和紊亂的一部分。而處於這樣的四顧茫然之際，就使得他從「那漢子」的豪情變得非常自抑。當有人稱他為教授、學者，甚至大師時，他卻苦苦一笑，自我解嘲說：「甚麼也不是！」他寫了很多飲食的文章，被人尊稱為美食家，他只笑笑說：「我只是好吃、口饞而已。」他很少接受大飯店的邀請，更堅拒上電視、接受訪問。他寫過兩篇歷史小品〈嵇康過年〉、〈清燉阿堵〉，就藉嵇康、王導等人之口大罵那些吃來吃去的人，只不過一群「吃錢」的俗物而已，因此，他請客吃飯有一個基本原則：「不能價錢高。」而認識他的人都知道，他的談吃只不過藉以自遣和交遊，打發寂寞而已。而且在其中也追尋某些即將失去了的文化上的鄉愁：

前些日子，路經仁愛路，想到在路旁推車子賣符離集燒雞的老傅，不知還在那裡不。於是，彎過去看看他，他正低著頭為客人切滷菜，等他忙完了，我拍了他的肩膀，他轉過頭來看到我笑著說：「天呀，你甚麼時候回來的？」於是，他放下生意，端了張椅子讓我坐定，他蹲在地上說起家常來了。正是黃昏下班的時候，路上行人匆匆往來，我們卻在那裡優閒地談笑，似一對久別的老友，相遇在秋收後鄉村的道路上，在樹下，悠然閒話桑麻。（見〈吃的懷想〉）

因此，一次一家小飯館的老闆在他離開台北時，提了一大盒親手烙製、剛出爐的醬肉燒餅，趕到機場送他，說：「這燒餅留著您上路吃。」這「上路」二字的舊社會語言，讓他一陣心熱，一直溫暖在他的心頭。

然而在飲食中，他也體會到一些道理。他說：民以食為天，從人的製造食品最可以見到人的智慧和原創力。一個社會發展得如何、有文化和沒有文化，都可以從吃上看得出來。而且一個社會的變遷也可以從食品上見到人的變化。所以他從飲食史上也發現很多歷史上不曾注意的問題，認為文化一提高，吃就不僅僅是為了腸胃，而是顯現生活的品味。大陸開放以後，他到所至之地觀察人們的飲食文化，感嘆說：「只剩下聲色的徵逐矣！」當他這樣說時，我們就笑著說：「咱們也就算是酒肉朋友吧！」他笑著說：「在今天這樣的消費社會裡，生活中只有一個字——忙。在趕場式的都市生活中，要找幾個真正的酒肉朋友，又是談何容易？」因此，他的理想也不高，只盼望一個清靜的地方，有一二好友無所要求地過著適意的日子。他寫過一篇〈石碇買茶〉，就是如此地顯現他閒適的一面：兩個在鄉野相遇的人，舒坦地喝著茶，忘掉了誰是買茶的，誰是賣茶的，像一雙久別又逢的朋友，在溪水奔流聲裡，面對窗外的斜風細雨。這是一篇淡雅的小品，我對他說：想不到我們的逯大哥竟然豐子愷起來了。後來，逯大嫂在他家不遠的面山處，買了一間公寓房，作為他的書房，取名曰「糊塗齋」，逯大嫂常笑他無事不糊塗，我嘲笑他說：「誰知道你是真糊塗，還是假糊塗、裝糊塗？」他笑著說：「反正我書房裡掛的是一幅鄭板橋的〈難得糊塗〉，這就夠了。——從此我要隱居於市郊的一隅了。」

我說：「你要做隱士，絕不可能。咱們徐州自古以來出過皇帝，出過將軍，出過英雄豪傑，也出過強盜響馬，就是沒出過隱士。風水不對。」

他說：「你錯了。徐州雲龍山上有一座放鶴亭，那個放鶴的張天驥不就是一個？」

我說：「那是蘇東坡在〈放鶴亭記〉中編的瞎話，你還當真？而且，你如果真的成為張天驥，那兩隻鶴還不早就被你殺了紅燒吃掉了！」

我說他做不了隱士，還嘲笑他說：「古人說，小隱隱山林，大隱隱市朝，你要隱恐怕只好隱到廚房去了！」這雖是一句玩笑話，但卻有幾分真實。他常在幾家小食館邀朋友小聚，去了之後，並不時去廚房和廚師聊天，菜上來後，他又會招呼大廚上桌共飲幾杯。於是我們都成了一些小飯館的老友。朋友們要邀人小聚，也會學著他先到廚房招呼一聲：「照逯教授的單子！」這樣一來，不僅菜味好而且價格便宜。

他最後一次由香港返台，正是台灣政黨輪替，一片混亂的日子。混亂中，他力求平靜，關於飲食的文章也就寫得多了。他自稱是修心養性，調和鼎鼐，但仍然流露他的北方人的性格。有一次李錫奇受金門文化局之託，邀了一批文藝界的朋友去他的故鄉金門訪問，也有一些大陸作家參加。一天晚上，月白風清，大家圍坐在招待所的草坪上聊天。談著談著，不免談到政治問題，一位女作家忽然侃侃而談，大發議論起來，我也不免附和幾句，逯大哥忽然大聲說：

「天驄，就你學問大！這麼好的月色都被你汙染了！」

一九九八年的聚餐照片，後排左起：瘂弦、逯耀東、張拓蕪；前排左起：古月、李戎子（逯夫人）、孫桂芝。

說完就進房去了。第二天清晨，在用餐的時候，逯大嫂走過來對我說：

「你逯大哥昨晚把你罵了！你別生氣，他神經病！」

他走過來說：「我不是罵你，我是罵××××。亂談政治，也不怕有識者笑。她是女的，我不能罵，只好罵你，把那種空氣沖散掉。」

我說：「原來你拿我背黑鍋。——好了！這場損失怎麼算法？」

逯大嫂說：「回台北，叫他請客！」

還有一次，有一位留美學人來台灣，他是美國政府派去大陸交換的教授，因為偶然機會他在南京認識我的大哥，就受委託帶信給我。我當然盡地主之誼，請他吃飯。他是學歷史的，便預定約了一些歷史界我認識的人作陪。這當然想到了逯大哥，他一接電話，立刻答應。但等我告訴他來客的名字，他又立刻說：「不吃！不吃！想起了，那天我還有要事。」

事後我問他原因，他說：「甚麼學人！他根本是替美國政府跑腿的。他講中國史完全是美國人的觀點。」

不僅如此，有時他也會不通情理。卜少夫先生是港台間的聞人，交遊滿天下，他每次來台，總會先打電話要邀人一聚。有一次是要逯大哥請客，也邀我參加。卜老有一個習慣，每次請客，他一定會帶上四、五個人。那一天來的是幾個專科學校董事會的董事。大家喝酒聊天，有兩位董事興致一來，大放厥辭。不一會談到香港的舊事，逯大哥借酒裝瘋，把卜老批了一頓，而且說：

「你卜老，講義氣，夠朋友，但你是個爛好人，甚麼人都交，像×××，是甚麼貨色，你也跟他稱兄道弟……」

卜老說：「耀東啊！你不懂，──你──你──」

卜老老於江湖，長於應對，還好沒有不歡而散。

吃完飯，我送逯大哥回家，路上就批評他說：「是不是大嫂不在，你就發酒瘋了？你既然請客，為甚麼還要罵人，不知道的人，還認為你捨不得花錢！」

他說：「我是故意的。卜少夫甚麼人都交，今天這幾個人說是甚麼董事？都是開學店的。這些滿口黃話的人跟我們一塊吃飯，怎麼不讓人生氣？」

最後他還是拋出一句：「回去好好閉門思過！」

以後他的確越來越心平氣和，不過偶然也不務正業。有一次，報上說他在大學的課堂上講

《後漢書》中的鬼，見面之時我就抗議說：

「逯大哥，咱們一九五三年第一次在中和王公璵先生家見面那天，晚飯後一群人相約去夜遊圓通寺，在荒煙蔓草中，你講鬼故事，把人嚇得要死，這一景象到現在還記憶猶新。那裡想到幾十年過去了，你仍然把講鬼當成課業來講。這本是我們中文系小說課的行當，你越界未免越得過分了吧！」

他笑著說：「講歷史講到東漢末年，就會覺得鬼比人可愛。而這麼多年的塵世經驗，也覺得鬼的世界要比人的世界溫暖多了，質樸多了。有人說鬼代表可怕的一面，其實，鬼並不可怕，可怕的是人，為了目的，甚麼奸詐都使得出來……。我有時也覺得講歷史如果失卻了鬼的部分，就好像少了很多東西。」一時間，他好像已成了《聊齋》中的蒲松齡。

這顯示他貌似閒談，其實心中另有感慨。他寫過一篇歷史小品〈返棹〉，演義明亡之際黃宗羲之事。每一段落都是敘述黃宗羲的慟哭，第一次是崇禎年間為報父仇手刃閹黨的慟哭，第二次是為挽救明亡，求助日本，流落異邦的慟哭，第三次是清兵入關，帶兵救亡，聞說老師（大思想家劉宗周）決定絕食殉國，等待死亡，特前往告別的慟哭，第四次是暫停後期的反清復明工作，回家救母而與老戰友吳鍾巒告別時的慟哭。而以這最後一次的哭，最為悲痛，因為那裡面充滿了對時代、對現實無能為力的絕望。這裡所寄的正是逯大哥自己的心情，於是在絕望之際他還禁不住說：蘇東坡赤壁懷古曾感慨浪花淘盡英雄，而今面對此一敗亡的時代，「又能有幾多英雄，禁得起浪花來淘呢？」這真是一位歷史學者面對當前世界的無可奈何。

兩年以前，故鄉徐州當局想邀約在台的徐屬作家回去訪問，我徵詢他的意見。他說：「老家我已經回去過了，卻陌生得不知如何言說。說起還鄉，總會想起與徐州有關的兩個人，一個是『大風起兮雲飛揚』的劉邦，一個是『虞兮虞兮奈若何』的項羽，不管是成功還是失敗，都是回去得很有體面。我上次回鄉探親，連祖墳也找不到，只有在猜想的地方插香膜拜，我大哥哭叫著：爺爺奶奶，我們回來看您啦！我跪在那裡，卻是一片茫然。今天我們所面對的是：一邊是故土已被踏踐得不成樣子，而活在此間的這塊地方，又日漸敗亡。在這世界上，我到底是哪號人物？」

我說：「有一號像你。——王國維身當衰敗之世，有一首詞自遣：天末彤雲暗四垂，失行孤雁逆風飛，江湖寥落爾安歸？你就是寥落江湖的那個漢子罷！」

他說：「不對。我不是說過，那漢子早已在江湖上消失了嗎？」

我說：「不管怎麼說，你這輩子也寫過將近十本著作，在史學上也有獨特的認識，有著不少讀者。」

他說：「那算甚麼？徐復觀先生最後一次去香港時，談到梁啟超去世之前曾流涕批評自己：『著作等身，無可傳後』，他也像梁任公那樣一片悽然。前輩如此，我們又算甚麼？在《那漢子》〈夜讀〉那一篇裡，我早說過：『想想自己這幾年，馬不停蹄，風塵僕僕，所為何來？有時會以『知其不可為』來搪塞自已。但到頭來卻落得似隱非隱，似俠非俠，不知自己到底像甚麼？』到如今，與當年的感慨也相距不遠，只不過從《史記》的〈夷齊列傳〉學得『求仁得仁，又何怨乎』的心得而已。」他停一下又說：「再怎麼說，我這把劍是絕不賣與帝王家的！」

在這樣的心情下，他一再說：要「自逐於紛紜之外」，卻有時仍壓抑不下胸中的不平，這兩年來，台灣各級學校的歷史教學課程在「去中國化」的作為下，作了大幅不像樣的更改。他的幾個親近的弟子也介入其中，這就惹起他有力的撻伐。他的那篇文章在報上刊出時，我一大清早就打電話給他。我說：

「逯大哥，你今年多大歲數了？」

他說：「怎麼？你要替我作壽？」

我說：「您老人家這麼大歲數了，怎麼還有這樣的火氣？」

他一聽就明白了，說：「修改歷史的人是別人我還可以不說，弄到我的弟子跟在那個姓杜的身邊瞎攪和，我如果不管，還有臉見人嗎？」

後來朋友們相聚，都稱讚他這篇文章是「天人之怒」，他說：「那有這麼偉大？不過盡盡本分而已！」他告訴大家說，這些年他真正在做的是研究司馬遷：「書已大致完成，只是有一個場景一直寫得不滿意：想用文學的筆法寫出來：年老身殘的司馬遷，獨居陋室，一盞孤燈，緬懷古今，不知是怎樣的心情？」這番聚會還沒多久，就得到他病逝的消息。朋友們都覺得突然。我不但愴然，而且悲弔之餘還作著一個推想：中國習俗，說人過世以後，最後在進入另一世界時，要登上望鄉台，回望故國，作為最後的告別。我一直在猜：如果這說法當真，不知逯大哥在臨別回望故國時，想著的都是些甚麼？

——二〇〇六年七月《聯合報》副刊

去奚淞家看畫

小記奚淞

好長一陣子，奚淞沒有開過畫展了，朋友們都只好去他家看畫。到了那裡，大家先坐在他畫室的榻榻米上飲茶聊天，然後走到捱著窗子的畫架邊去看畫，他把畫一幅幅搬出來，和大家一起觀看，閒話家常。近三十多年來，他住在新店幾近鄉下的地方，過著像梭羅在《湖濱散記》中那樣的生活，他的作品所呈現的也是讓人羨慕的安適和寧靜。他指著一幅窗邊的寫生說：「太陽一大早就照進來。光可以停留好幾個鐘點，它緩緩地移動，坐在這裡，似乎可以聽見它的腳步聲，那種溫柔令人好半天都捨不得離開。」有一幅〈野山葵〉，那盆栽就擺在窗前的長凳上，他指著葉子上枯黃的霉點說：「這盆栽看久了，會讓人在其中發現很多奧秘。」

除了這些，他投入最大心力的，是一系列的關於釋迦行跡的大幅油畫，從釋迦的出生到釋迦的圓寂，每一幅都在虔靜和莊嚴中瀰漫著人間的溫暖。讓人感到這不僅是藝術的事，也是生命的事。二者的融合，帶給人的是一個新穎的世界。以往，在敦煌的文物中，有一大批為眾人所知的、被稱為「變相」的有關佛祖的壁畫，雖然經歷那麼長久的歲月，仍然帶給人很大的啟發。那是多少年代以前的人的心願和心境。奚淞這些畫則是另一條道路的嘗試和開拓，完全是現代人的感受和企望。

二十多年以前，奚淞的母親故世，住進醫院以前，她吩咐家人在她病危時不要急救。真的到了那個時候，由於不忍和不捨，奚淞還是違背了母親的交代，於是面對的便是一場椎心瀝血的天人交戰。喪事辦完了，他在沉痛中大發悲願，摒除了四處的喧囂，花了很長一段時間，畫了三十三幅觀音像。同時，他全神貫注地抄寫佛經，每一筆、每一畫，都充滿了對舊日的回想，也都是自己對自己的探詢。從少年時代起，奚淞就對任何事都懷抱興趣，這包括他的熱望和他的懷疑。他雖然平和，在其中也經常流露著他的不安。然而在經歷過這一階段的沉靜和沉潛以後，在各方面他都有著很大的變化，顯現得那麼瀟灑，那麼自在。劉勰在《文心雕龍》的〈神思〉篇中，曾經談到人的心靈成長，是一段由「困而思之」到「打通窒礙」而至於「神與物遊」的艱辛過程；奚淞這些年所走過的道路似乎也是如此。這使人想到義大利文藝復興時代的少年但丁，在經歷了人世的種種糾葛、彷徨和焦慮後，最後獲得的不是虛無，不是幻滅，而是肯定和喜悅。這是一個人邁向成熟的必然旅程，也是生命的另一新的開始。

奚淞經常和摯友黃銘昌到印度和東南亞旅行，走遍釋迦當年走過的地方，坐在釋迦圓寂的菩提樹下，領會那裡的陽光、那裡的風、那裡的曠野、那裡的舒展的枝葉，以及當年那個偉大的心靈。然後讓佛的腳步引導自己的腳步，並且滿懷一顆安定的心重回人間。當他這樣和朋友談說那些旅程時，令人不期而然地想到美國小說家索爾・貝婁的《雨王亨德森》，一位披戴滿身物質繁華的年輕人，離開眾人注目的紐約，想盡辦法去洗滌渾身的煩惱，最後回到非洲那樣的原始大原野去。當他在那裡把自己心中的汙穢嘔吐得一乾二淨，才真正重新感受到人間的清新。

貝婁說的是一篇寓言，奚淞所做的則是真實的追尋。

這些年來，人們都熱中於在物質世界中競逐，以至於忙碌終日，心身交疲。在奚淞那裡，得到的卻是一種舒坦、一種安詳。與奚淞相對，兩三個鐘點下來，雖是看畫，卻連一句有關藝術的話也沒說，就適意地過了一個下午。

最早認識奚淞是一九六六年前後的事。那一年代正是台灣在第二次大戰後由紊亂、匱乏、喘息而漸漸走向復甦的日子，一股萌芽的氣象便隨之引發著一些刊物和藝術社團的出現，小雜

二〇〇七年九月，奚淞與尉天驄在周渝（右）的「藤居」合影。 攝影／邁克

誌如《筆匯》、《現代文學》、《劇場》、《設計家》、《文星》、《文學季刊》以及五月畫會、東方畫會、現代版畫會等，紛紛露出了頭角。這些都是自發的，藉著這些活動，年輕的一代開始向著制式的生活發出各式各樣的詢問。那時，《文學季刊》創刊不久，奚淞剛進入設在板橋的藝術專科學校就讀，和黃永松、王淳義等人同班。他們組成了一個叫做「UP」的畫會，第一次的展覽在台北市南海路的藝術館舉行。那一次奚淞的畫是怎樣的，已是沒有記憶，但對王淳義的作品卻留下很深的驚訝。一進會場，一大幅很長的畫布，經由畫框從牆壁上一直斜斜地拖到地上，血紅血紅地像一條瀑布向人世嘶喊著血的抗議。由於這幅作品的關係，他們的展覽受到了執政當局的注意。我和《文

學季刊》的朋友就是在這樣的境遇裡認識了奚淞並開始有了交往。

我結婚後，住在台北市南門市場附近，離奚淞家不遠，他們一群朋友，如蔣勳、王津平、施叔青、李昂、周渝等人，常來我家小聚。我家住在一座公寓的頂樓，門不上鎖，有時他們來了，碰巧我們外出，他們也會盤桓一陣才走。有時他們也帶了菜來煮，手藝最好的是奚淞，無論切菜、炒菜，都是全神貫注，一副治大國若烹小鮮的樣子。由於屋子小，大家席地而坐，興致一來就唱〈我的家在松花江上〉、〈黃河三部曲〉、〈雨夜花〉、〈綠島小夜曲〉。一唱歌，王津平就變得一副荊軻相，他唱〈馬賽曲〉、〈國際歌〉，甚至連〈東方紅〉也唱了出來，十足革命家的派頭。其實，他們連甚麼是革命也根本弄不清楚，只覺得喊喊叫叫就可撞垮綑綁自己的壓力，大過一番乾癮。激昂而虛無，正是那一時代不甘現實束縛的年輕人普遍的心態。

但奚淞只是欣然地看著別人。如果說別人的理想主義是是激越的，他卻是安靜而彷徨型的。那時候大家都窮，但誰也沒有把它放在心上。我家的一些小盆栽和大家喝的酒，也多是奚淞從家裡拿（偷）來的。奚淞家在植物園旁邊，是台灣銀行的宿舍，院子裡有一幢不用的車房，改造後成了奚淞的住處，那裡就自然地成了他們那一夥的梁山寨。由於這山寨與正房有一些距離，他們就可以在那裡任意地高談闊論。他們也找了一些不易看到的書來讀：王爾德的《快樂王子集》、紀德的《地糧》和《浪子回家集》，羅曼・羅蘭的《三巨人傳》、雨果的《孤星淚》，還有屠格涅夫等人的舊俄小說，都成了他們的食糧。由於得到了這樣的滋養，他們便一個個成了不同類型的追星的、作夢的族群。有一次，大概是奚淞的生日，他們有一次較大的聚會，當年還是少女的歐陽菲菲也來參加，由於人多，改在他家的客廳舉行。我因為比他們大了好多歲，只好坐在一旁觀望。一陣熱鬧過後，忽然奚淞拉我上樓去見他的家人，一走進起座間，他就一本正經地對他父母說：「這就是尉大哥！」老人家笑臉相迎，也從上往下把我打量了一番，似乎從此解除了我在他們心中的疑慮。

奚淞生長在環境很好的家庭。論說可以成為鴛鴦蝴蝶派中的人物，但多少年來的交往，我們對他的感受卻一直是質樸的。他念的科系是美術，熱中於繪畫，也對文學和其他人文的思考具有濃厚的興趣，而且碰到甚麼都會作深一層次的揣想。說那是哲學式的，會太誇張，也太嚴肅，他不是那類人。他甚麼事都想試試：世界為甚麼是這個樣子，不是另一個樣子？碰到思想那一類的事，他會很緊張而不自在。但他一抽菸，一切都變得瀟灑起來。直到最近，我曾經向朋友們詢問過：「哪一位見過奚淞穿西裝、打領帶的？」結果一個人也沒有，更沒有人見過他和別人拍過桌子大喊大叫。他唯一的一次一本正經，是大二那年站在明星咖啡館陳映真面前聽他講革命理論，他說：「陳大哥那樣嚴肅，他講的道理我又摸不著邊際，所以只好立正恭聽。」平日他是一個非常隨和的人，一雙雪亮的眼睛，成天充滿了盼望，一副希臘古代少年納西瑟斯那樣的神態，渾身上下充滿了夢的迷茫。質樸得幾乎讓每一個見到他的人，都想和他接近。

他身處於一個舊式的家庭，他的兄姊都循規蹈矩、按照一般的標準生活著，唯獨他是一個異類。他所追尋的是他們所不了解的另一個世界。他的父親愈是操心，他承受的壓力也就愈大。這就造成了兩個人的緊張關係。這種倫理的緊張曾帶給他很大苦惱，經過了好長好長的一段日子，才終於獲得了紓解。姚一葦先生曾經告訴我：他在台灣銀行工作，奚淞的父親是他的

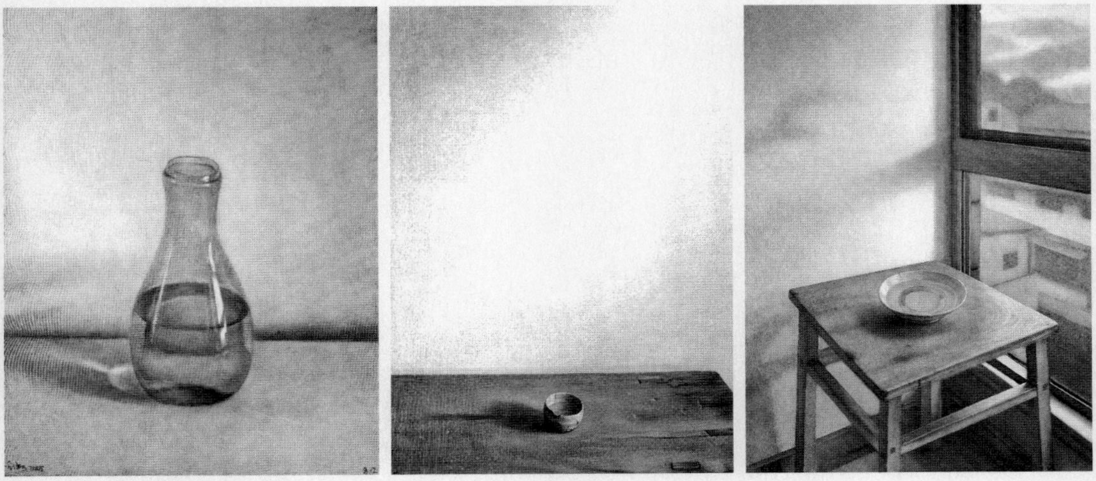

奚淞〈平淡家族〉組畫。

頂頭上司，有一次到他辦公室問他：「姚先生，聽我家小淞說，他經常和你認識的一些年輕人在一起，你看小淞這孩子還成材嗎？」姚先生把奚淞稱讚了一回，直誇他有才氣，有氣質。奚老爹樂得大半天合不攏嘴來，比中了彩券還高興。

奚淞不反叛，但也有他獨自的憂鬱。雖然如此，卻經常面帶微笑。他是一個懂得生活情趣的人，不僅與人為善，更與物相親。一顆番薯、一枚海螺，一些不起眼的東西，都一一視為珍寶。然而面對現實世界的榮枯變幻，卻也有時會一面歡喜讚嘆，一面頹然若失。這本是世間的常態，但他的失落不是屬於宋玉悲秋、王粲登樓那一類，而是對於生命的困惑。似乎有一陣，他也曾在弘一大師的世界出入過。這本不是他那樣年輕的人所能解決得了的。於是他愈是想擺脫前一代人所遺留下來的窠臼，也往往又對自己的莽撞產生內疚，以為會觸犯了甚麼。他的苦惱不是「少年維特」式的，他比較深沉，於是莎士比亞所說的「to be or not to be」那類的猶疑，就成了他的心靈折磨，在他身上似乎也有了哈姆雷特一般的不安、戰慄和自責。他渴求解脫，四處探索，甚至連古老的神話都成了他試著開啟奧祕的鑰匙。他寫的小說《封神榜裡的哪吒》就是在那一成長期他對自己所作的自剖和自白。

這種對於生命成長的質疑，不僅屬於奚淞個人，也是當時與他同年歲的青少年所共同具有的。於是，經由奚淞之手，少年哪吒那種「捨棄骨肉，化身蓮花」的神話，至此就蛻變成為那一階段的青少年的寓言。然而，在奚淞這裡，那並不意味著是對於現存世界的澈底的否定和決裂，而是脫去生命中奢浮的、因襲的、腐朽的、虛偽的外殼破繭而出。這是從蛹到蝶的歷程，必然要經過心靈的撕裂的煎熬。通過了這一關口，才能擺脫慘綠少年的飄泊無根，獲得成長的喜悅。於是，在哪吒對師傅的表白中我們聽到奚淞們成長的聲音：

師傅，我終於得到自由了，自由到想哭的地步。

有時我隨風流轉，又有時像無所不在，彷彿一個過分睡眠之後伸一個長長的懶腰，就如灰煙一樣散了。我的記憶及記憶中的血腥都遠了。可是多麼空漠啊……如果我因為感覺靈魂重要而拋棄不合適的肉身如一件衣服，我希望能有一個我所期望的歸宿。

那時，他雖然說是得到了自由，其實還沒有真的做到。他所說的「自由到想哭的地步」，其實是一種心靈處於解凍時期的舒暢，也是一股對未來殷切的盼望。

我終於用血償還了我短短人間一些所有虧欠的。我得到最終的自由，我可以俯臨人世。沒有時間、空間的世界於是變成平面的圖畫，無一處不和諧。我應該快樂，可是師傅，正如你所見的，我還是在哭，忍不住的眼淚，使我還想加入到世間的不完美裡去，而且在眼淚裡，我看見波光粼粼的河，就像是在那個五月的下午……

從「償還所有虧欠的」到「獲得最終的自由」，這一歷程是充滿糾葛和矛盾的；塵世間物慾和情慾的誘惑和追求，一方面會為人帶來重重的喜樂，一方面也會為人帶來煩惱和毀滅。特別是在當前一切都廣告化的時代，特別是處身於生機勃勃的青年期。這是一個人成長的最難度過的十字路口，宗教家稱之為魔鬼的試探，視之為等待人們通過的「窄門」。在這裡，我們接觸了青少年期奚淞深深的苦惱。他需要一種新的磨鍊，新的覺醒，來帶給他心靈的引導，而文學和藝術就成了他自我救贖的道路。正由於此，文學和藝術對他來說，已經成為生命的態度問題，而不只是技藝的問題。它是人的一種自我探索、自我完成的功業，名和利應該都不是主要的目的。

從大學畢業、當兵、到法國留學和返國工作，是奚淞的新的旅程。他像《西遊記》中的唐僧一樣，要再經歷一些關口，看似瀟灑，卻也是一次又一次的考驗。在這段日子裡，大家庭的解體、親身面對的生離死別，再加上社會上快速變化所呈現的起起伏伏，在在讓他更加深一層次地體認到人間的況味。在巴黎，他接觸到西方在近代文明激流及激流過後的茫然；在台灣，他接到東方在長期衰敗及衰敗後猛然面對近代文明後的慌亂。這些讓他驚異，也讓他迷失得找不到方向。而法國現代藝術的真實面貌，包括光怪陸離的新藝術表現和商業化的藝壇活動（從畫廊經營到宣傳、銷售的整個制度），更給他帶來極大的衝擊。他說：

在巴黎的雙年展中，有雕塑家塑出被支解、血淋淋的人體肢體五臟，布置成超級市場中肉攤子的模樣。在高級的藝廊中，有藝術家藉照片展示用刀片殘割自己身體的模樣。在重要的美術雜誌中，我讀到一位藝術家，他甚麼也不做，只在脖子上掛了一塊「我是藝術家」的牌子，呆坐在馬路上，竟也變成了藝術家了。

那時正是歐洲上世紀蒼白的七〇年代，除了這類的藝術家外，在街道上、在地鐵站裡，他看到的也多是在現代文明下被摧殘的人類。只有病苦、只有死亡，而見不到欣欣向榮的真實生命和希望。

例如他描繪巴黎地鐵站的〈拉手風琴的老人〉、〈巴黎車座上的乘客〉，就讓人聞到波特萊爾《巴黎的憂鬱》那樣的霉味，畫中的人物似乎都是盲人，令人從中聽到他們聲音中的蒼涼和無助。陰鬱而茫然，似乎是奚淞自己心靈的寫照。這讓他的繪畫想到人的問題。而他見到的普世的人性的改變更助長了他的憂心。而從這一階段開始，他就一步步把藝術拉到一個更深更高的層次去思考。不久以前，他還多次和我談到人類的未來，並為這些年來整個世界的「沒有救藥的消費主義」和「無可替代的『追求進步』觀念」所推衍出來的紛擾而耿耿於懷，不知何適何從。

然而在另外一面，在這種表面物質繁華忙碌不可終日後面，他也看到人間的「生之不易」。奚淞在本質上是一個敏感的人。記得一位佛學大師說過：人之可貴，在於他一生下來就有慈悲之心，而這種原初的慈悲之心一經萌芽生長擴大，就是生命嚴肅的開始。這種嚴肅不是道貌岸然，而是面對任何人、任何事物都以莊敬之心對待之；沒有任何階級、功利之念摻雜其中。

奚淞從巴黎回來以後，在生活的根本態度上就是如此。

猶記初識奚淞後的一段日子，陳耀圻從美國回來，帶來了《劉必稼》、《上山》、《后羿》等電影實驗作品。《文學季刊》為他辦了一次作品發表會。牟敦芾的影片《不敢跟你講》雖然不准公開放映，卻在朋友中間流傳著。陳映真的小說〈我的弟弟康雄〉所呈現的浪漫、虛無而一時找不到出路，甚至走上自殺之路的景象，正是當時台灣一般青年的寫照。那時候，陳耀圻策劃把康雄搬上舞台，大家公認那角色除奚淞不作第二人想；他簡直就是活生生的康雄。

這件事因為受到陳映真入獄的牽連，被擱置下來。後來仔細一想，那實在是不幸中之大幸。如果奚淞真的上了舞台，那真不知道將是怎樣的情況。大家只看到奚淞羸弱、憂鬱一面，而不及於他的深沉、扎實之處。何況大家所感受到的羸弱、憂鬱，只是浮面的印象。要認識奚淞，僅僅這點，還是不夠的。

此話怎樣講呢？因為，如果說上世紀的六〇、七〇年代，正是台灣最激動的年代，八〇年則是一個重要的轉型期。在激昂的年代裡，青年人顯現了他們浪漫的前衛精神；台灣現代主義的文學和現代主義的藝術就是在這一境遇下產生、萌芽而興盛的。它的反叛、它的試探都有現實的意義。文學和藝術的根本是人的精神生命，只在技術上突破，而不對生命的現狀和未來作深入的、根本的反省，便容易走上虛無主義的道路。固然虛無主義

也會為人帶來一時的快感，但如果只在技術上要來耍去、在語言上變去變來，長久下去也會讓人產生疲憊之感。這是文學和藝術走向衰敗的朕兆。早在奚淞留學巴黎之時，他已認識到台灣現代主義在先天上具有濃厚的模仿性。而所謂的「本土化」，常也只是第二手的移植；雖然可以藉機表達自身的覺醒和反抗，卻往往只是販賣別人的頹廢和絕望，成為另一種抄襲。其結果只有玩弄技巧，在商品價值的追逐中，連生命的起碼意義也丟失殆盡。上世紀八〇年代後台灣越來越深地陷入消費社會的運作中，一切活動捲到商業社會的漩渦裡，就更加使得人們的生活完全變了樣子。物質的追求，使得人們的感官普遍遭到麻木。在這種社會下，藝術便也一變而成為市場霸權操控下的玩物。沒有藝術價值的作品在商業市場操縱下，成為高價的商品。例如爆破這種轟動一時的活動，也不過只能成為逞一時快感的市民活動罷了。某些所謂藝術家的被市場神聖化，其實也就是人的澈底的商品化、物質化，很少能夠讓人感到生命的力量。不僅台灣如此，連開放後的中國大陸也是一樣，甚至有過之而無不及。二〇〇八年，大陸《天涯》雜誌連續批判這種藝術、文學被澈底「偽神聖化」、「妖魔化」的現象，說那一些前一階段要求人性解放、思想自由的現代主義者至此已經被金錢「招安到一個他們以前厭惡、反對的體制之下」。這是從這種唯物主義變換成另一種唯物主義或二者的交互作用的結果。如此以來，在人們的觀念裡，不僅把一切東西都視之為物，也把人視之為物，甚至把自己也視之為物，為了短暫的利益，可以隨時出賣。沒有尊嚴、沒有自由。

有一次和奚淞談到一些當前大陸畫家的作品，賣價甚高，作品庸俗到毫無人味，我們有一個共同的看法：這不但是藝術的危機，更是人的精神生命日趨敗壞的現象。比虛無主義更虛無，而且往往會使得藝術成為罪惡氾濫的幫凶。《天涯》雜誌譴責當前的這類展覽會時，就

二〇〇四年，黃銘昌、白先勇、章詒和、奚淞相聚於尉天驄家中。　攝影／張漢明

說：「一進去有種說不出的腐敗味道，像一個停屍房」，這就為當前人類的未來，嚴正地發出了訊號。在這樣普世拜物、拜金的風潮下，奚淞選擇他遠離塵囂的寧靜道路，是有他的道理存在的。他為了追求自我的心靈自在，對於無謂的外物都以老子「損之又損」的方法予以取捨，也予以珍惜，正由於如此，他才能在體會「五色令人目盲，五音令人耳聾」的真義後，更能體會到事物真實的價值。在《封神榜裡的哪吒》裡，他自言獲得了自由，卻又說「我還是在哭，還想加入到世間的不完美去……」，這種想出世而又出不了世的矛盾，使他的自我救贖不能不走上自我磨煉的道路。將近三十年來，他投入兒童讀物的編寫，到大陸邊遠的窯洞地區和那些窮苦之人住在一起，並且在他們生活的細微末節中去體會以往沒有體會過的東西。在每一細微、每一被視為平凡得不能再平凡的所在，見到晶瑩剔透的生命的顯現，在使人與事物的最卑賤和最難忍受的汙穢處，見到一些無法被人損毀的堅實所在。並經由此類的發現，獲得心靈的喜悅。

這些，在他的散文隨筆《大樹之歌》等書中一再流露出來。即使在他重寫的一系列的神話故事裡，也一一宣示了人的希望所在。他所繪的人物，如盤古，如夸父，如鯀和禹，如女媧，每一人物的生命過程原都是由生到死，而人們感受到啟發的，則是由死到生的連續不已。夸父追日看來失敗了，但他的手杖經過時間的滋潤，卻生長出綠葉來，長成一棵桃樹。「桃樹結桃子，桃子掉落在地上，長成了漫山的桃林。每到黃昏日落時，累累碩重的桃實與晚霞比競著紅豔。」

我們很可以相信，盤古這樣一個簡單的神話，居然能夠一代代流傳下來，在中國人的精神領域裡，必有它不可磨滅的價值罷。中國人眷戀山川大地，珍惜一切有生，當我們想到自己和萬物原都隸屬於同一莊嚴的大生命的時候，居住在盤古身上的中國人實在不會感到寂寞的了。

生命與愛情、死亡和虛無，看來是那麼截然而分的兩回事，然而它們又是多麼相依相連啊。鯀因盜天上的息壤而死，屍身剖開，誕生了大禹，禹的妻女嬌化石而亡，石塊迸裂，蹦出懷藏的嬰兒……在遠古的神話世界裡，不死的是人間無私的大愛。

這些，說的是神話故事，更是從真實的生活裡得到的認識和智慧。這便演發了奚淞對於藝術的態度：世間沒有固定的美，也沒有固定的不美，正如世間沒有固定的雅和固定的俗。它們不是兩種不可排解的相互對立。是美還是不美，要看它們間的相互作用，相互的融合。這在他的繪畫裡也獲得了實踐，一張破舊的條凳、被歲月磨損的裂紋、半杯清水，都成了寧靜活潑的生命。

他在畫佛的事跡時，起初每一幅都還有佛的形象：佛的行走，佛的坐臥、圓寂。到了最後，這些都減少了，甚至沒有了，但每一道陽光，每一片樹葉，每一根小草，甚至每一片留白，都讓人感受到和諧的、喜悅的、欣然自得的生命。佛不見了，祂已化為萬有，看不見佛，佛卻無處不在。在此，佛給予人的已不是世俗所說的空，而是真實的存在，永恆的喜悅。

奚淞的日常生活也是如此。我們去他家看畫，興猶未盡，常留在他家晚飯。飯菜都很簡單，有時候就是一碗麵，幾只小碟也多是日常所見的空心菜、小黃瓜、四季豆一類的菜蔬，有些還是田間散步撿來的野菜。這些一經他的手，就珍惜樸素成為另一個樣子。奚淞的居處，捱著新店溪不遠，每次颱風過後，他就會去河邊撿了一些石頭、漂木、瓦盆一類的廢物回來。他略作整理就在石頭上密密麻麻地畫了些畫，寫了些字，或者仿著敦煌壁畫，畫上佛傳的故事，使得一間客廳成為一座安適、寧靜的莫高窟。幾把椅子、墊子也是撿來的，一架檯燈也是用破了的炒菜鍋改造成的。在這裡會使人覺得世間真沒有可以名之為「廢物」的東西。這樣一來，他就真正能夠享受安適、寧靜的喜悅，使之在微不足道的平凡事物中，見到活潑躍動的生命。一切都成了神奇，成為藝術。

奚淞說過：當他的生命與世間的一切融合在一起時，就覺得大家已成為一體。要把這種欣然自得呈現出來，往往要花盡心力才能下筆。在這樣要趨於完成時，有時即使是一根線條的由隱而顯，也會讓人由心痒而至於心醉。而那一歷程之艱辛，一想起來，也往往會讓人獲得很大的喜悅。

生命的探尋如此，藝術的追求也該是如此罷！

——二〇〇八年四月《印刻文學生活誌》

愴然的回望

聶華苓《三生三世》的回想

過去的時代仍在眼前閃光，
對於它，
我們只能獻上帶淚的悼念！

——某舊俄流亡詩人

收到聶華苓大姊寄來的新書已經將近一年了。讀了以後，一直想要寫下一些內心的感受，來作為回應。但是斷斷續續地只有一些片段，一直無法成篇。其原因是感慨太多，以至於過多的思緒反而會弄得散漫無章。這本書叫做《三生三世》，可以算是她的回憶錄。在這裡她所講的雖然大多是她個人家族和一些朋友間的瑣事，但在其中卻讓人感受到一個破敗的家族和一個破敗的國家對人所帶來的傷害和挫敗。這不僅是聶華苓個人的經歷，也是很多人都有過的經歷。於是，讀著，讀著，便不能不產生激動和沉思了。

聶華苓生於一九二五年，但她的回憶卻追溯到清末民初，從她爺爺的那個時代開始。就時間而言，長達將近一個世紀。熟悉歷史的人都知道，這一個叫做二十世紀的時代是怎麼樣一個讓人受盡煎熬的時代，於是，隨著作者的幾番訴說，並隨著這些訴說而重新經歷了她那已經過去或尚未完全消失的世界以後，便深深地體會到她所說的「三生三世」，實在是一場又一場，混雜著各種難以言說的歷程和夢魘，讓人感喟，讓人悲憤，讓人絕望，讓人無奈。就在這樣的混雜和惘然（此生可待成追憶，只是當時已惘然）中，即使有時也有一些事讓人感到溫馨，然而若再加以回味，仍然會在其中感受到難以解說的辛酸。於是，僅就書名而言，在直覺中已使人興起無限淒涼之感。在書中，她多少次說：「那時我已經死了！」多少次她回憶說：「戰亂，死亡，流浪，逃亡，革命。那以前，我實在是一個壞女孩。」她這樣追思著，這並不表明她真的是個壞女孩，而是讓人想見她心靈深處所受到的折磨。

但是心靈折磨也往往最能顯現生命的真實。這是最能引發人去作深一層次思考和探索的所在。因此，讀了她的《三生三世》以後，便很自然地想起了她的小說。因為二者的相互關係，不能不讓人把它們聯想在一起。於是便找出她的《桑青與桃紅》、《千山外，水長流》，乃至於另一類似悼亡之作的《鹿園情事》來讀。這使人更加清楚地對她悲愴的情懷有著深一層次的認識。並且由此而在這些作品中見到一個共同的主題：一群受盡折磨的中國人和一群受盡折磨的人在那裡生活著的中國；連帶的，當然

聶華苓女士與保羅．安格爾，一九八八年攝於木柵尉家，右為陳映真夫婦。

還有他們的流放和流亡。

所以，這些不單單是聶華苓個人的作品，更是這一時代連續不斷的「受難記」。在這裡，她不僅只是一位作者而已，更是一位受傷者在痛定之後再對過去的種種作出椎心的反芻。讀著這些作品，會讓人感到：她的每一過去的回想和沉思，都像被剮下鱗片的魚那樣，再一次接受痛苦的煎熬。我們所以說得如此沉重，其原因便由於在人生的歷程中，特別在我們這樣的時代，特別在我們這樣的國家，時間已不僅僅是從過去到現在，以及再往前推進的歷程；空間已不僅僅是從這個地方到另外一個地方的移動。那還要包括著一次又一次的飄泊，一次又一次的無依，以及在其間的：多少次的肉體與心靈的折磨與摧殘，多少次肉體與心靈的死亡與重生。而除了這些以外，對於聶華苓來說，她還要面對這一時代和際遇所加於一個女性的悲苦，不管是宿命的還是非宿命的、家族的還是個人的，她都得承受下來。有時沉淪、有時掙扎、有時重壓、有時隱忍。女性的浪漫和母性的堅持，給她帶來各種糾葛和衝突。這正是在新舊交替和重疊中，這一代女性難以逃避的命運。

在《三生三世》的扉頁，作者一開始就寫下了這樣的話：

我是一棵樹。
根在大陸。
幹在台灣。
枝葉在愛荷華。

這說明了她的顛沛與流離。雖然她的後半生平靜地落腳於美國的愛荷華大學，與夫婿保羅・安格爾一同主持國際寫作中心，但讓人愴懷的，在將近一世紀的翻天覆地中，卻屢次被祖國的權力機構視為異類，遭到放逐。而河山的破碎，世事的全非，讓人面對的卻是：樹的根已被拔起，樹的幹已歷盡殘傷，連帶著樹的枝葉的敗落，經過漫長的歲月的浸蝕，就算還有些花果，也漸漸地四處飄零了。當代心理學家容格曾經說過：二十世紀是一個讓人在心靈上感到「無家可歸」的時代。這話可以拿來更貼切地形容這一代的中國人，尤其對於女性來說，她們不僅經常要承受「無家」的無助，更必須經常在前所未有的孤獨與寂寞中，尋求一條活下去的道路。

除這種情況而外，我們在聶華苓那裡還可以見到新舊兩代和中西差異所帶來的困境。因此，在她的作品中，也就讓人更能領會她這一代女性所付出的心血和辛酸。在《三生三世》的〈母親的自白〉、〈誰騙了我的母親〉、〈母與子〉、〈再生緣〉中，我們所見的先是屬於她母親那一代的無奈，她們常說：「唉，想起來，

聶華苓的回憶錄巨著《三生影像》（2007）、《三輩子》（2011）皆由《三生三世》（2004）發展而來。

做女人真沒意思。」又常說：「我受了一輩子騙。」埋怨歸埋怨，到最後依然要挑起一家人生活的負擔。這是多少代以來，中國人歷代母親們一直無法擺脫得了的重負。她們一直生活在古老的土地上，永遠被關在狹小的圈子裡，聽由命運的安排與擺布。而在聶華苓這一代身上，似乎仍然還留有這種明顯的痕跡。她們雖然開始有了易卜生（H. Ibsen）娜拉式的覺醒，但是卻也要像娜拉一樣承受更多的試探與考驗。比起以往那種屬於命定式的「絕望」來說，很多時候還必須赤裸裸地接受現實的摧殘，讓生命不得不遊走於種種考驗之間。這是她的《三生三世》、《桑青與桃紅》、《千山外，水長流》所給予人的印象。讀著這樣的女性生活史，不知為甚麼，我會馬上在心中浮現法國畫家米勒（J-F. Millet）的〈晚鐘〉，以及馮至所寫的十四行：

我時常看見在原野裡
一個村童，或一個農婦
向著無語的晴空啼哭。
是為了一個懲罰，還是

為了一個玩具的毀棄？
是為了丈夫的死亡，
還是為了兒子的病創？
啼哭得那樣沒有停息

像整個的生命都嵌在
一個框子裡，在框子外
沒有人生，也沒有世界。

我覺得他們好像從古來
就一任眼淚不住地流
為了一個絕望的宇宙。

而聶華苓就是從這樣的現實中走出來的。但是她並不像一些後現代評論家說的那樣，認為：處於落後地區的很多作家，面對自己的同胞，大多抱持的只是對待阿Q的態度，覺得他們死皮賴臉，毫無尊嚴地活下去，根本沒有希望可言。聶華苓不是如此，所以，他的日子延續下去便成了她艱辛的追尋。這便是她的《三生三世》和她的小說以不同的語言所呈現的世界。這是一個混亂的世界，處處都是試探，處處都是陷阱，處處都是絕望，處處讓人感到猶疑和彷徨。然而，讓人感動的卻是她們並不因此而放棄希望。

如此的層層心路歷程要如何才能說得清楚呢？這又使人想起一首詩，也許可以借來作為對它的形容，那就是方思的〈給〉：

倘若每一思念，每一渴望，
每一充盈苦痛的心跳都是存在，

那麼，多少次短暫而永恆的經驗，
我已活過，
多少次的死亡，多少次的重生。
你是遠赴天邊的西風，
我是那鷹追趕希望，
你是智慧，
我是以有涯逐無涯的凡人，
擲滿懷信仰的一生於真理的等待。

這就是聶華苓曲曲折折的幾十年歲月。面對它，當然會讓人生出很多感慨。

聶華苓一出生，面對的就是一個即將走入被人稱為「青黃不接」和「天崩地陷」的時代。那時節雖然夕陽仍有餘溫，卻已一步步走入了黃昏，甚至比之更暗的黑夜。關於這樣一個時代，她的敘述就是從自己的爺爺開始的：

爺爺是個詩人，沒有留下詩，喜歡做官，一輩子沒有做過官。……爺爺是晚清秀才，坐轎子上任當知縣，武昌起義，革命成功了，轎子半路打道回鄉，埋怨了一輩子。他捧著小宜興茶壺咕嚕：革命？這叫甚麼革命？城裡扔幾百個電燈泡當炸彈，說是武昌城裡炸彈響了，城外的炮兵馬上響應打炮，革命就成功了。革命又有甚麼用？民猶是也，革了命，剪了辮子，男不男，女不女，說話也不成體統，男女不分，長幼不分，統統叫同胞！我和我兒子是同胞？我和我孫子是同胞？哎？

這可以說是中國舊文人的典型，新時代一來，他們必然成為被遺棄的一代。（茅盾在《子夜》裡，不就叫著：「我已經看見五千年老殭屍的舊中國已經在新時代的暴風雨中，很快地很快的在那裡風化了！」）一旦成了遺老，除了頑固的脾氣，他們的一切都癱瘓了。於是只能在他們殘存的家產保護下哀傷以終老。作詩於是就成了呻吟，甚至有些人便只好在麻將的方陣循環，和鴉片的煙霧濛濛中度完餘生。也由於此，麻將、鴉片、鴛鴦蝴蝶派，和麒麟童一腔哀調，就慢慢渲染成為一般國民的承平景象。這種景象出現在新舊交替的時代，有它的腐敗，也不一定都是腐敗，然而在時代的激流中，卻往往被人刻意也隨意地當成舊中國的代表，並在他們身上貼上了某種標籤（例如「封建××」之類）。這種標籤一被貼上之後，它不僅就此成為對某些個人、某些家族，從遠祖到後代的一切評定的標準，而且成了這一家族每一個人難以排除的「原罪」。而這原罪浸蝕到人的靈魂，便永遠成為他時時困擾的夢魘。巴金的《激流三部曲》（《家》、《春》、《秋》）、茅盾的《蝕》（《追求》、《動搖》、《幻滅》三部曲）等等作品，在面對自己的家族和家庭時所流露出來的「認識」正是如此。他們如果不是迎合潮流，就是無意間為了自己的反叛先對自己的家庭定下了判詞。由此原罪再往上推，祖先和歷史便成為他們詛咒的對象。這是比任何政治、任何法律、任何審判更有力的判決。在這樣判決下，人就澈澈底底地失去了他的尊嚴、失去了他的所以存在之所，即使在自己的土地上，也只能過著流放和流亡的生活，道道地地形成了飄泊無根的族群。聶華苓的家族和眾多和這類似的家族，就這樣被開啟了他們的厄運。

聶華苓的父親曾是桂系的高級軍官，他有兩個妻子，各有各的兒女，彼此不相往來，甚至怒目相向。夾在這一困局中的丈夫，平日還好，一旦社會的局面改變，這男人往往就也有他淒苦的一面，不得不每天面對各自的仇視和冷漠，妻妾間的，不同母親的孩子間的，甚至親朋、鄰居之間的，也一一地經常出現鉤心鬥角：

我家和黃家相對，顯得陰慘慘的。武漢事變以後，另一房也從武昌搬過來了，和我們一起住在日租界。父親不大說話。我沒有看見他笑過。他好像總在逃，逃政治的迫害、逃家庭的壓力、逃爺爺的嘮叨、逃兩個妻子的爭鬥。兩個妻子的房，隔一條走道，他從沒越過走道，永遠睡在母親房裡。母親在她面前總占點兒上風。

父親另一個婚姻，也是父母之命，媒妁之言而結合的。她腳小身子重，太重了，那隻裹著的小腳負擔不起了，隨時要倒下的樣子。她和母親從沒說過話。看她慢騰騰走來了，我就跑。

她說：我又不吃你！

大哥是長子，一家上下都對他特別優待，尤其是爺爺。他以大少爺自居，處處表現大少爺的威風。母親靈巧解人，對他不即不離，只要他不過分，儘量迎合他的意思，倒也相安無事。

他看到我，就會狠狠罵一句：死丫頭。

生活在這種困局中，並在這困局的瑣瑣碎碎中成長的聶華苓，雖然歷任了人世的煩惱，卻也磨煉她長於在日常生活的雞毛蒜皮中去觀察人生。正由於這種細緻，她才真正懂得事物最隱祕的情味，見出它們的奧祕與魔力。美國《白鯨記》（*Moby Dick*）的作者梅爾維爾（H. Melville）說過：一個作家最重要的不只是選擇事件，而是經由那些事件，見出它們中間所以讓人著迷之處，這才是事件所具有的神祕和美的靈魂。聶華苓很懂得這個道理，她很會看人，也很能從細微處體諒人。這是她厚重的所在。因此在她所經歷的悲歡離合之處，常不時有很多片段讓人感到溫暖。在本書中，她寫下了父親死後整個家族被撕裂的陰狠，也寫下了整個家族在歷經一波又一波的折磨後所產生的相互寬容。也就在這樣的兩相對照中，讓人感到無限親切。

讓我們先看一下這一人家在破敗時分家的爭持：

……

母親房裡嘭的一聲，捶桌子響。

大哥在母親房裡大叫：把所有的帳目和房地產契約全交出來！兩邊平分！

我站在門外，不敢進去。

爺爺交給我的，所有契約，我交給爺爺。母親說。

我是長子！現在是我作主了。

長子也要服從家法！爺爺是家法！

妳算老幾？又是嘭的一聲捶桌子響。妳還談家法？妳是甚麼東西？聶家沒有妳說話的份！名正言順，不是妳，是我媽！

滾出去！母親大聲說：從今天以後，不准進我的房！

要滾，是妳滾！妳滾！妳滾！我開門！滾呀！

放開你的手！

轟通一下，桌子倒了，唏哩嘩拉！杯子茶壺摔在地上。

我衝進母親的房。

死丫頭！大哥橫了我一眼，走了出去。

黑夜。小雨。稀落的街燈。母親帶著我坐在人力車裡。披著簑衣的車夫拖著破舊的車子。打補丁的帆布車篷和車簾，濕漉漉的一股霉氣。車旁一盞小油燈，閃呀閃，隨時要熄滅的樣子。在那個潮濕黝黯的車篷裡，母親摟著我，沒有威脅，沒有咒罵，她的呼吸撩在我的臉上，她的心貼著我跳動，我們沒有說話。

唉！母親突然嘆息了一聲。華苓呀，快點長大吧。

我說，姆媽，我們搬出去嘛？

嗯。

從這樣的撕裂開始，不斷的災難來了，沒有了家，也失去了生活的依靠。隨之而來的是將近四十年的大變亂。經過了世事的摧殘，看盡了人間的是是非非，沒想到，四十多年後，一連串的不幸卻使原本不和睦的家庭學會了諒解：

父親死後四十二年，家和國都翻天覆地變了樣。他的兩個水火不容的妻子也都去了。兩房的兒女就在那樣的平常心情中相見了。沒有尷尬、沒有怨恨。我們只是到後台換了服裝、換了粉墨，臉上畫了皺紋，頭髮撲了白粉。再出場時，角色變了，腔調溫和了，步子沉重了，背有點兒彎了。我們唱的是一台不同的戲了。

……

一九八〇年……那一年……我們去了開封大哥的家。那時他的孩子才告訴我，大哥在文革中被打成右派，背上背著牌子：地主的孝子賢孫。做苦工，搬磚頭，調石灰。一九七八年，我們重見時，他還沒平反。

只是我沒有見到二哥。我們都喜歡他，他個子魁梧，說話慢吞吞的，眼睛笑笑的，和他在一起，覺得安全自在，兒時尤其佩服他，因為他學的是獸醫，懂得如何對付我所怕的動物。

我問起他。

大哥連連擺手：不要問。不要問。不要問任何人。到了武漢也不要問。

為甚麼？

我也不知道他在哪兒。妳回來了，就好。大哥望著我笑笑，笑得很慈祥，往日的霸氣全消了。

後來通過了特殊的管道，她才知道情況，但也「寥寥幾句話就了結了」。

五〇年代，二哥從武漢回應山養牛。忽然有幾條牛死了。有人說牛是他毒死的。他就進了勞改營。他在那兒得了肺病。據說六〇年代被釋放了，但應山沒有他回去的紀錄，武漢也沒有，最後外辦找到一個當年和他一起勞改的人。那人說，他在勞改營裡看見過二哥，骨瘦如柴，因為勞改，沒敢說話。過了一陣子，他走過一堆黃土。土堆前面插了一個小牌子：聶華棣。

這是中國歷史上最普遍、最澈底的一次「大革命」和「大審判」。不僅是人，連土地和土地上的一切，甚至連人的回憶，都連根拔起。不僅是少數人家如此，即連一些高居要位的家族也是一樣，這不能不說是一次民族的大失落。不久前，巴金的侄子李致寫了一本記載巴金老年回鄉的書《我的四爸巴金》，當巴金走進老家想拾回舊夢時，那不但不是衣錦還鄉，卻是曠古未有的茫然和盲然。而從聶華苓爺爺的年代到聶華苓的回鄉，面對那麼巨大的變化，我們感受的已不是一般的感傷，而是一股刻骨的撞擊和失落。同時聽到歷史老人的嘲笑，笑得那麼冰冷。而且，不知道他笑的是自己還是別人？

最讓人掩卷無語的，是她所說的真君。

真君是爺爺的丫頭。在奶奶過去之後便被買來伺候爺爺。爺爺待真君很好，於是她成了這一家的特權階級，甚至惹得孫子們的嫉妒；卻也跟他們像朋友般嬉笑、打鬧。大家共同成為一家人。然而一場歷史的大變動，卻使她只能接受另一種擺布：

一九八〇年，在開封大哥家，我問起真君。

大嫂說：爺爺在抗戰時期就死了，你知道。真君跟著你大哥的媽住，在武昌。解放以後，我們在外地工作，小燕、小斌都是真君扶養的。她把他們照顧得特好。大哥的媽死了，她來開封跟我們住。她叫我姊姊。我們真像姊妹一樣。有一天，組織上叫我去談話，說真君是我們的丫頭，在新社會是不允許的。我解釋說，我們沒把她當丫頭，她一個人，孤苦伶仃，我們要養她，我們和姊妹一樣親。不行，在新社會，組織會安排她的生活。原來他們要把她嫁給一個模範老工人。我沒辦法，最後我只好答應向真君做工作。我回家對她說：「真君，你有個家了。」她點點頭說：「嗯，有。」我說：「不是這個家，另外一個家。」她還是點頭：「嗯，有。」我說不清，只好做手勢。我把她幾件衣服包起來，放在她手裡，牽起她的手，向外走。我說：「到你自己的家。」她哭了起來：「不，我要姊姊。」

大嫂聲音哽住了。我對她說：「好，姊姊跟你一起走。」她才跟我一道出門。我跟她一起去鄭州。唉，一個老頭子，亂七八糟一間小屋子。我對她說：「你在這裡住，常常回來。這是你的家，那也是你的家。」她大哭，要跟我回家。我只好狠心走了。她每個星期都來看我們。每次來，都帶糖呀、糕呀給孩子們。大約一年多以後，老頭死了。組織對她說不清，拿她沒辦法。我請了一個星期假，去鄭州陪她。她見到我大哭，要跟我回來，回來住了一個月，還是不能留下來，還是得走。她回去以後，在醫院當洗衣工。後來他們又把她嫁了，嫁到鄉下去了。文化大革命，就失去聯絡了，我們也自身難保。

在這樣所謂的「新時代」裡，真君被「解放」了。說起來真令人興奮，而實際上那卻是對人的更深一層次的摧殘。有人說，近代社會處人處事的態度是工具主義，於是人的存在也只具有「工具」的意義。然而，即使是當工具吧，用過後總還有對它的珍惜。而「新社會」呢？那根本就是老子所說的芻狗主義。芻狗是一種祭祀用的物品，要用它時，對之抱持崇敬的姿態，利用過後，卻踐踏、摧毀之如同廢物。「天地不仁，以萬物為芻狗。」人世之間再沒有這種政治的作為更傷人的了。它好話說盡，壞事無窮，把人與人的一切紐帶絕對功利化，把世界變得冷酷無情。從真君的身上，我們讀到了最真實的政治哲學。

聶華苓的青少年時代，正碰上中國的抗日戰爭。那是一個亙古未有的艱困時代，卻也是讓人最激動的時代。在〈念故鄉〉這一節中，我們接觸到在湖北恩施的屯堡那一小城中，一群流亡學生的生活。想家、飢餓、貧病，像失家的犬一樣，到處覓取食物，任何機伶鬼巧的手段都使了出來。這是當時一般青年的共同寫照。就在這樣困乏之中，每個人都蘊含著極強烈的浪漫情懷，一激發出來，就是一場難以收場的鬥爭。即使在邊遠的地方，也無法避免。於是，像火一樣，學生運動到處被點燃起來。打校長、罷課、反飢餓……，甚麼反叛的事都幹得出來，那麼直接，那麼坦然而得意。然而，這狂熱的背後是怎樣的呢？一旦明白，真讓人不能不為之驚訝：

> 四十年後，我從愛荷華回到久別的故園，在作家歡迎的酒宴上，主人微笑著舉杯對我說：我要敬你酒，有個原因。你在恩施時，我也在恩施。
>
> 是嗎？
>
> 他得意地點頭笑笑：來，乾杯！我去過屯堡。

我們趕校長，你知道嗎？

當然。那就是我們的工作呀。

啊，當時有人大叫吹燈吹燈。

在黑暗中看不清誰是帶頭造反的人呀！那都是預先計畫好的呀！我的第一個愛人是地下黨。

她就是在恩施被國民黨殺死的。她常常去屯堡，妳知道聞立武嗎？

當然。大美人，誰都知道她。

她也是地下黨。她的姊妹兄弟全是地下黨。

啊！她不像。只是一個天真美麗的女孩子，誰都會喜歡她。

主人哈哈大笑。我們就是吸收那種年輕人！

她後來到那兒去了？

解放前大概去了延安吧。

現在呢？

不知道。來！再來一杯！老朋友！

一九九六年，我終於在北京見到聞立武了。半個世紀以後，她仍然風姿秀逸，脫俗出眾。談起當年屯堡的學生運動，我問她：妳在屯堡是共產黨吧？

她點頭笑笑：後來不是了。

為甚麼呢？

我離開恩施的時候，組織沒給我任何暗號，只是叫我等著，自然有人來找我。幾十年了，也沒人來找過我，我的黨籍就沒有了。

我們根本不知道屯堡有共產黨地下組織。

有。我們那撮人吃飯用左手拿筷子。聞立武突然笑了。

真的。女孩兒家的革命。

我們還是挺認真的。有兩姊妹，都是地下黨。後來國民黨抓了很多人。姊姊跑掉了，妹妹被抓了。她承認將要入黨，但並不是正式黨員，故意抬出一個已被處死的委員的名字。她抬出一個死黨員，後來也成了終生叛徒。

而在〈尋找談鳳英〉一節裡，我們更赤裸裸地接觸了那些當年的所謂「地下黨」活動的自白。她們在當時或在事後，都自恃是一個理想主義者，認為「凡是於國家民族有害的，我都反對。凡是於國家有利的，我都擁護。」在這樣極其簡單的目標下，造謠生事，打壓好人，誹謗殺人，分裂團結……，也都是在高貴名詞的掩飾下進行的。回顧這段歷史，我們不僅為那些人悲哀，更要為那些幕後的推動者感到羞恥。在近代的中國，革命這一行動是難以避免的，但是，如果為了革命，可以顛倒是非、栽贓陷害、排除異己、打壓好人，並且進而混淆歷史、汙辱祖先、毒化青年，則世間還有甚麼事情幹不出來。這種在布爾什維克指揮下的虛假的、染色的、膚淺的英雄主義，這種革命和所謂的地下黨實在沒有甚麼光彩可言。地下黨，地下黨，也許某些人可以自詡為英雄，就整個歷史來看，那該是多麼骯髒下流的名詞。尤其是它們對教育的傷害，是最不可饒恕的。學校是樹立人之所以為人之所，出了學校後，即使種種原因使他們不能有所作為，最起碼他也應該做到「有所不為」。但是中國的某些政治團體，所經由特務、職業學生、地下黨等等所謂冠冕堂皇的作為，卻把各級學校予以澈底的幫會化。於是，教育不僅不能擺脫政治的功利枷鎖，而且日趨於流氓化、痞子化。這是中國教育澈底瓦解的開始。中國近代的新文化運動，不管是左是右，很少不以打倒孔子為手段，然而就國民品質的下降而言，那些所謂政治領導人物都應該老老實實地跪在孔老夫子像前好好懺悔。

這使人不由得想起了李健吾所譯的《福樓拜評傳》。在這本書裡，他引用了巴爾札克等人的資料，告訴人們：在近代法國，特別在巴黎出現著另一型人，那就是「浪子」。他們大多來自巴黎以外的地區，求職無能，生活困苦，乃不得不結合起來或投入各種社團、黨派，形成一股力量，互相依存，也互相打擊。就在這樣的情況下，便產生各種不同性質的「革命浪子」。他們鼓動廣大的青年，給予種種誘惑，用這些人的聲勢把自己塑造成社會的英雄。當革命浪子一旦成為英雄，便也在社會上取得了豐厚的政治資本。監牢對真正的革命先烈來說，是受苦受難之地。對於這批浪子來說，那卻是它們闖蕩江湖的資歷養成所。

就這點來說，近代中國幾個沿海的大城市，特別是上海，便也出現過《福樓拜評傳》中所說的現象，而且比起當年的巴黎更加不如。這原因是由於次殖民地的中國，尤其在租借地裡，多的是國際和國內的冒險客和投機客。他們趁著中國的紊亂，在外來的導師們的引導下，集會結社，互相吹捧，你封我做「大師」，我封你當「先進」，在這樣互捧的「封神榜」中，一批批的各種名人便紛紛出現於江湖。在他們的運作中，便普遍地出現蘇秦、張儀這類的新縱橫家，以及為之煽風點火的人物。對這些人來說，和那些我們所敬佩的革命先烈所不同的，便是：他們只有個人的利益、黨派的利益；而且做任何事都不擇手段。特別在一九二七年所謂的「大革命」挫敗以後，這種混亂、複雜的情況，更加日趨嚴重。本來，租借地是中國大混亂的根據地，而在這些為人所不見的地方，卻還有一個更大、更無孔不入的蘇租界。它隱身於各國的租借地之後，利用各種手段對中國進行各式各樣的蘇維埃運動。於是中國的很多革命浪子便自覺或不自覺地成了多種洋人的幫凶和打手。這樣以來，從鴉片戰爭連續的挫敗中所激發出來的國民的浪漫運動，便在：誘惑↓追求↓狂熱↓挫敗↓幻滅……中，產生了形變和質變。而最大的犧牲者，便是廣大的知識青年。在洋人的指揮下，所謂革命，便實在成了分裂運動，需要統一的中國便愈加陷入混亂和以暴易暴了。今天，我們看到那些談鳳英們在他們看待世間事物時，一直是只有黨派的觀點，而根本沒有國家民族的整體的思考，並且在國家和個人都受盡折磨後，仍然一番無所謂的、毫無反省的樣子，真不能不讓人為之痛心和寒心。

於是，我們在中國走向近代化、現代化的大浪漫中，雖然使人看到狂熱的理想主義的光彩，卻也看到它的薄弱和虛無。這種現象，我們不僅在無名氏的《野獸·野獸·野獸》和《金色的蛇夜》中可以見到，而且就在茅盾的《幻滅》、《動搖》和《追求》，老舍的《貓城記》中都也有所感受。但是，二〇年代以來的中國，受世界經濟大蕭條的影響，很多的政治鬥爭者連同他們屬下的知識分子的所作所為，便像投入賭場一樣，各押其寶，完全失去自身的自主性。有人說，五四是中國走向現代化的啟蒙運動，但這種啟蒙帶給中國的卻是另一種愚昧主義。康德說「啟蒙是人之超脫於他自己招致的未成年狀態，未成年狀態是無他人的指導即無法使用自己的知性的那種無能。」而我們走向現代化的啟蒙卻是澈澈底底和一廂情願地向外來的「神靈」的歸化，先是歐化，後是西化，再後來則是蘇維埃化，甚至有人不僅要「化」，而且還要「全盤」。於是老舍在《趙子曰》和《貓城記》所諷嘲的呀呀夫司基和大家夫斯基（為此老舍死後猶被紅色文評家罵為「無恥」），便一變而為魯迅式的對於史大林的謳歌和膜拜（參閱《舒蕪口述自傳》）；五四的愛國的民族自強運動一步步變質為民族的投降主義。如果這一些只是抽象的文字的議論和論戰倒也罷了，然而在一九四九年以後，那卻是血淋淋的事實，而且把整個民族所賴以生存的一切一切，都毫不留情的毀壞殆盡。這樣普遍的現實，不僅在聶華苓的《千山外，水長流》和《桑青與桃紅》中一次又一次出現，而且在她所接觸的人物中也同樣傷痕累累，成為終身揮之不去的噩夢。那噩夢不但是個人的，同樣也是民族的。它像鬼魂那樣無孔不入，深入到每個人的靈魂裡，即使走出那個被控制的世界，這鬼魂也仍然黏附在人體之內，揮之不去，像毒蛇一樣，不知甚麼時候又來反噬。要不然就會把一個原本熱血沸騰的理想主義者馴服為毫無感覺的麻痺者。

丁玲便是一個例子。

熟悉三〇年代文學的人，誰不知道寫《莎菲女士日記》的丁玲。她反叛舊家庭，從湖南流浪到上海，參加革命運動，她的丈夫胡也頻也因此招來殺身之禍，成為中共的烈士。後來她去了延安，憑著革命的熱情寫下了〈三八節感言〉，揭發了延安的弊病，而被打成右派，關進過長城監獄，被脫光衣服汙辱，接下來又在北大荒改造多年。然而在吃過這麼多苦，受過這麼多折磨之後，她仍堅持著領導她的黨一切都是對的，即使它犯過錯誤，也必能不斷改正。她的小說《太陽照在桑乾河上》得過史大林文學獎，她每寫一章必重讀毛澤東的〈延安文藝講話〉一次，看看自己筆下所寫的是否符合毛主席的指示。後來被整過後，還寫了一本澈底貫徹服從黨的指示（黨要我去哪裡，我就去哪裡；黨要我做甚麼，我就做甚麼）的小說《杜晚香》。一九八一年，丁玲參與了愛荷華國際寫作計畫。在《三生三世》中，我們見到了丁玲的直爽、瀟灑、節約和樸實，然而卻從不反省幾十年來，中國人的苦難是如何造成的。怪不得寫作計畫的主持人、聶華苓的先生保羅·安格爾要對之大惑不解了。

我不懂。Paul說：受了罪，挨了打，坐了牢，沒有一句怨言，還笑得這麼開心，好像談的是別人的事。中國人，中國人，我永遠也不了解。……

不但安格爾不懂得丁玲，恐怕很多人也不會懂得丁玲。她的一生，積極苦幹，沒整過人，也沒有在革命成功後享受特權。她執著於自己的理想，但卻無顧於那些以這種理想誘導人的另一面，卻道道地地是千百萬的人頭落地和無數人的家破人亡。一想到這裡，如果說那是愚忠，不如說那是一種亙古未有的大愚昧。所以，在近代中國的大浪漫的潮流中，所謂理想主義者，實際上是很脆弱的，它不是先做了政客和職業革命家闖天下的犧牲品，便是在功成名就以後被別人收買，乖乖地在眾多暴力、恐怖前把自己的感官蒙混起來，成為道道地地的懦夫。本來，理想主義者一大特色便是：維持人的尊嚴和反抗強權與權威，但是五〇年代以後的中國，我們卻看到很多原來令人敬佩的理想主義者，竟然以反抗舊強權與權威始，而以迎合新強權和權威而死而不已。幾十年來，多少的屠殺、監禁在明目張膽地進行。如果那些理想主義者竟然視而不見，聽而不聞，那表明他們的無知。如果不是無知，而是根本置若罔聞，那就表明了他們的無恥。不管無知還是無恥，都證明：在長期的自我欺騙下：只好聽任他們所從事的「革命」，革掉他們的靈魂。這是多麼令人感嘆啊！

重溫了這些浪漫主義者、理想主義者起起伏伏的歷程，我們真不知道該對他們說些甚麼？

他們的熱情曾燃燒了我們的生命；他們所追求的曾是我們的夢想；他們的受難曾使我們心痛。然而，他們向權貴的妥協、他們在獲得些微名利後的揚揚自得、他們犬儒式的對於歷史的毫不負責，卻可能造成另一次更大的災難。這是在面對近幾十年來，中國理想主義者的變質和墮落，不能不產生的質疑。

雖然近代中國的理想主義者有那麼多的厄運，它的發展遭逢那麼多的扭曲和破滅。但是在聶華苓的生命裡，這火燄卻一直在那裡燃燒著。舊的理想主義衰敗了、腐朽了、變質了，另一股新的理想主義卻又閃亮起來。在《千山外，水長流》和《桑青與桃紅》中，它們所顯現的正是這種起起伏伏的軌跡。關於此，聶華苓曾藉著一個美國人說出她的啟示：

中國的歷史悠久而複雜。戰亂、革命、殺戮、流血、鬥爭、死亡、傷殘……，但是，中國人活過來了，就有一股吸引人的精神力量，是我們安享太平的美國人所沒有的。中國人那股精神魅力把人吸進他們的生活裡，歡樂裡，苦難裡。

所以，我們一方面質疑近代的一些理想主義者，一方面也在質疑中繼續更健康、更誠樸的理想主義的追尋。也因此，我們才懂得這裡所說的「中國人那股精神魅力」，其實就是他們面對種種生存的死結時貫徹不已的掙扎和奮鬥。這就造就了他們個人道德和意志上的死與生，也同時造就了整個民族的死與生。生生死死，死死生生，不管人生充滿了多少災難與折磨，也不管各人生活中要遭遇到多少哀怨與不滿，更不管人必須面對怎樣的絕望，但最後總還是激發出生存下去的力量。

康德曾說：苦難是人往前邁進的唯一力量。想一想，也真有道理。

於是我們把聶華苓的作品串連起來，便形成了一首中國人的受難曲，這當然也包括他們的飄泊與流放。在這些受難的人群中，女性的受難又格外讓人心動。在這些人中，包括聶華苓和她的母親，以及真君和安格爾的第一位太太，甚至《桑青與桃紅》中的丹紅，《千山外，水長流》中的風蓮，都各自擔負著別人無人能懂的悲苦，而又不能不去擔負。這種生命的煎熬使得原應在其中渴望得到的愛情與婚姻往往落空或者變質成為枷鎖。在《三生三世》中，聶華苓一開始便在母親的自白中，申述了對婚姻的埋怨，但是那樣一位老夫人，在她過世之前與女兒的對話中，卻又在她的無奈中說出她的肯定：

妳爹一死，我就老了，只想活到六十歲，你們也都成人了。

你才三十二歲呀！

心老了。三十二歲的老太婆。母親自嘲地笑笑。

姆媽，我叫了一聲，突然止住了。

母親望著我，指望我說下去。

爹死了，你想過再嫁嗎？

沒有，沒有。我有你們呀。……告訴妳，妳爹死了，我從沒有二心。我只想死，磨過來了。漢仲死了，我也想死，也磨過來了。你們都很好，我很滿足。我真滿足。我太滿足了。我就指望熱熱鬧鬧做個六十歲。你們都成人了，都很爭氣，我也對得起聶家了。……

這裡所說的「磨過來了」，其實是一種無償的犧牲和奉獻，也是一種生命最基礎的呈現。而聶華苓自身所擔負的則是更深一層的折磨，它包括：大時代變亂中的逃難、種種挫敗所造成的種種不能適應；而更傷神的則是種種不如意所演發的倫理之間的大隔閡，其中之一她稱之為「婚姻癌症」。這是生命的外在悲苦更深一層地進入內在的悲苦。

我到台灣最初幾年很不快活。我開始寫作，身兼兩份工作，也做點翻譯賺稿費養家。我家庭負擔很重。我的大弟、母親年輕守寡望他成龍的那個弟弟漢仲，一九五一年三月空軍例行飛行中失事，年僅二十五歲。我和正路水火不容的性格在現實中凸顯出來了，不和，也不能分，只有那麼拖下去。……

聶華苓是一個浪漫型的人物，在她的生活裡，正如她那一代的年輕人一樣，在生命中一直都充滿了很多夢、很多嚮往、很多宗教般的狂熱與堅信，而結果卻陷在種種困境裡。而在這些困境裡，最折磨人的則是婚姻。這是一個人生存的基礎，稍有不慎，便會從根柢把人弄得潦倒、疲憊、身心完全癱瘓。女人如此，男人也是一樣。在《鹿園情事》的聶華苓和保羅‧安格爾談話中，對此似乎都仍有餘悸：

Paul：現在回想起來，我才知道。我想過自殺。妳來愛荷華的時候，我給毀得差不多了。我困在籠裡，出不來。

華苓：我遇到你的時候，也是困在籠裡。

Paul：我們剛好在那個時候碰上了。

華苓：Paul，在你遇到我之前，你已經在籠裡困了很多年了。你也不要出來。

Paul：……我也逐漸適應了。

華苓：困成了習慣。日本小說《砂丘之女》，記得嗎？人在砂丘裡困久了，出來之後，又要進去，多可怕！許多婚姻維持下去，不是因為幸福，而是「困」成了習慣。

在這種「困」成習慣或「磨過來了」，固然也會產生值得崇敬的奉獻和犧牲，但所付出的代價卻往往是刻骨銘心的。在這刻骨銘心中，在面對生活的重重折磨後，有時會使人走上自我放逐，有時心存僥倖，有時任人擺布，有時自甘下流；悔恨、無奈……等等，造成了比絕望還要絕望的無望。因此，在亂世的、描寫愛情、倫理破碎的小說中，便往往會讓人見到對人所作的最大摧殘；有時親人分離了，再見面從此成為路人，甚至比路人還要陌生。在這情況下，每個人都是那麼孤獨和無助；要不然就是在性格上充滿狐疑

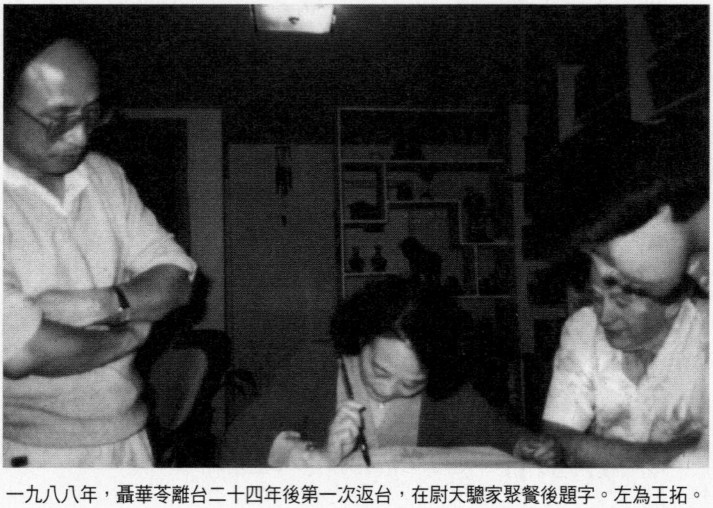

一九八八年，聶華苓離台二十四年後第一次返台，在尉天驄家聚餐後題字。左為王拓。

和歐斯底里。在自己國家的土地上如此，在異國的土地上也是如此。而為了認識這種人的品質的改變，聶華苓便由自己出發，把眾生的悲苦和無奈呈現出來。這就產生了她的《桑青與桃紅》和《千山外，水長流》等幾部作品。

在中國，佛教故事常有「現身說法」這一回事。為了向人群爭取相互了解，佛往往走進群眾中去，變成不同的身分，而就以這不同身分的遭遇而對之說「法」；面對學生，則現身為學生，經由學生的悲苦喜樂而說學生之「法」；面對婦女，則現身為婦女，經由婦女的喜怒哀樂而說婦女之「法」……。一位傑出的作家，也像佛一樣，在作品中現不同之身，說不同之法。在《紅樓夢》中，作者曹雪芹在怡紅院中就現身為賈寶玉，在瀟湘館中就現身為林黛玉，在尼姑庵中則現身為妙玉……，於是在現不同的身、說不同的法之下，對那一家族有了整體的認識和了解。因此，我們不但說《桑青與桃紅》中桑青就是聶華苓，也可以說桃紅也是聶華苓，連《千山外，水長流》中的蓮兒，就某方面而言，也是聶華苓。甚至書中的林醫生、李先生，也無一不是聶華苓的現身。或者說，經由這些人物的形形色色，和他們間的各種糾葛和矛盾，顯示了這一時代的滄桑和種種的無可奈何。夾雜在重重的無可奈何之間，正如那些作品的人物，也正如我們每一個人一樣，大家便可能體會到一個道理，那就是：往往在一個人走投無路時，摸摸索索地也就走出一條路來。也許這也可以叫做追尋。

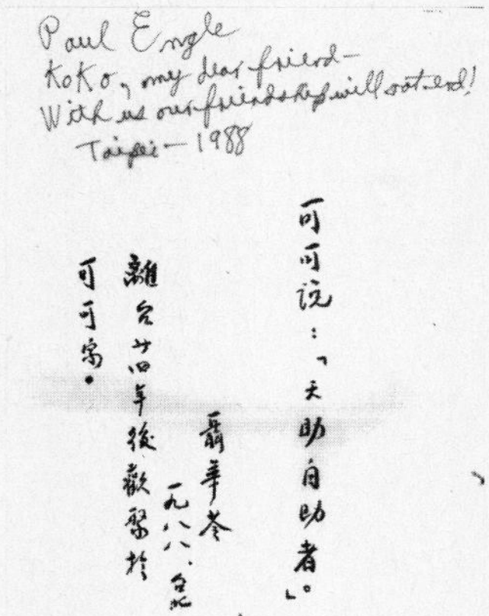
Paul Engle
KoKo, my dear friend—
Taipei—1988
可可說：「天助自助者」。
聶華苓
離台廿四年後敬留於
可可家。

當年聶華苓與保羅．安格爾在尉天驄家紀念冊上的題字。

由於現實社會充滿了如此多的駁雜，於是聶華苓不得不用現代小說的手法，交叉地顯示人與人的衝突以及自己與自己的衝突。在《桑青與桃紅》中，女主角一再說：「我不是桑青，桑青已經死了。我是桃紅。」而且是用生命的嚎叫嘶喊出來的。桑青是她的現實，是她追求的過程，桃紅才是她的夢、她的理想、她的生命所要企求的完成。在她經歷的男人中，江一波、蔡承德，甚至家綱，都只是她的現實，只有小鄧才是她的夢想。然而當小鄧向她說：「桑青姐，我要娶妳，我們一起回大陸，我們一起為國家工作，我們一起扶養孩子，孩子必須在自己的土地上長起來。」她卻說：「小鄧你還年輕，你不能娶一個死了的女人，你不要再見我了。」這是在現實與夢想之間的掙扎。她追尋，也一再面對悔恨與挫敗。這成為她生命的最大的遺憾。所以在小說的末尾她用女媧補天、帝女填海的神話做了收場。這是她個人的無奈，也是整個民族的無奈。於是在無奈之中，《千山外，水長流》中終於獲得了愛情的蓮兒，才是她在無可奈何中的一番寄託吧。然而儘管遺憾，儘管無奈，但並不因之而有所放棄，有所投降。這也許仍然可以算作一種生命的啟悟和完成吧！

千山外，水長流。這就是人生。

這使人不由得想起了《再生緣》，一本清乾隆以來流行於民間的唱本小說。

它是一位女子陳端生所寫的傳奇故事，原名《玉釧緣》，寫到十七回，還沒有結束便去世了。後由另外一位女子梁德繩（號楚生）續成，並定名為《再生緣》。它寫的是女子孟麗君，在當時的官場鬥爭下與未婚夫皇甫少華分散，後女扮男裝，考取狀元，出將入相，歷經重重折磨而終於團圓的悲歡離合。這是一本極為平庸的故事，但其中卻蘊含著一番悽楚，等待著被人發現。

一九四九年的大變動之後，雙目失明的歷史大家陳寅恪先生，遠離北京，隱居式地任教於廣州的嶺南大學，在歷經種種變亂之後，竟然寫出了《論再生緣》一部大作。而且於篇末題辭曰：

地變天荒總未知，獨聽鳳紙寫相思。
高樓秋夜燈前淚，異代春閨夢裡詞。
絕世才華偏命薄，戍邊離恨更歸遲。
文章我自甘淪落，不負封侯但覓詩。
一卷悲吟墨尚新，當時恩怨久成塵。
上清自昔傷淪謫，下里何人喻苦辛。
彤管聲名終寂寞，青丘金鼓又振振。
論詩我亦彈詞體，悵望千秋淚濕巾。

這分明是藉小說中的匹夫匹婦之言，來抒發歷史的沉痛。不知是不是巧合，聶華苓的《三生三世》在一開始的那節〈大江東流去〉中，首先提出的竟然也是《再生緣》。這其中即使是巧合，也應有相互感慨之處。

在《再生緣》中，這「再」字是有著深長意義的。很多人批評中國人的小說、戲曲總是以「大團圓」收場。其實，這是另一番悲苦，代表著人們打心底所企求的願望。團圓不是一件簡單的事，那要付出多少辛酸、多少坎坷。有時說是團圓，實際上卻是遍體鱗傷，更不說心靈上的累累瘡疤了。在世俗中，人們喜歡說「破鏡重圓」、「再一次重新開始」，其實那是根本不可能的，於是大團圓者，實際是對心靈中大缺憾的自我安慰而已。故《再生緣》的一些唱詞也就成了比絕望更無告的聲音：

搔首呼天欲問天，問天天道可能還？
嘗盡世上酸辛味，追憶閨中二十年。

一曲驚絃絃頓絕，半輪破鏡鏡難圓，
失群征雁斜陽外，羈旅愁人絕塞邊。

後知薄命方成讖，中路分離各一天，
天涯歸客期何晚，落葉驚悲再世緣。

孟麗君的一生，正是如此。故事中所說的女扮男裝，考取狀元，出將入相，其實只是那時代的女性的幻想曲而已。在真真實實的世界上，不管是莊周夢蝴蝶，還是蝴蝶夢莊周，都敵不過血淋淋的事實。要不然，夢中相逢、覆水重收，就不會那樣成為千年的唏噓了。在中國民間，劉知遠和李三娘的故事一直引起農村婦女的共鳴，我們與其說那是故事中的主要人物最後當了皇帝、皇后，不如說是他們在女主角的挑水、推磨的哭調中照見了自己的無助。而陳寅恪於年老目盲、家園殘破，感慨著「廿歲光陰憶光宣（光緒、宣統），猶是開元天寶年」之餘，聽人談唱《再生緣》，感悟人世的生生死死、死死生生，對於孟麗君等人的易裝而行和那種並不喜悅的大團圓，能不興歷史的長嘆嗎？所以，他作《論再生緣》，和自言是「聊作無益之事，以遣有涯之生」，實際上蓋有大悲苦存焉。所以才會面對自己的晚年而說出「又至感者，則衰病流離，撰文授學，身雖同於趙莊負鼓之盲翁，事則等於廣州彈絃之瞽女」那一類的話。這已不僅是個人的感嘆，更是時代的悲聲了。

在《三生三世》中，我們看到聶華苓的母親從年輕時代就沉醉在《再生緣》的夢幻裡，喜歡孟麗君的姿態。

芳年十五容顏美，龍鳳之姿不等閒；眉似遠山青淺淺，恨如秋水冷消消。

也同樣喜歡皇甫少華：

兩道秀眉分柳葉，雙痕粉頰映桃花；胸懷壯志承親訓，腹有奇才報國家。

這樣的天生一對，當然容易引發她的同感。使之讀到後來常無法終篇。幼童時代的聶華苓當然不能完全懂得當時的母親，但長大以後，經過幾近一生的流離顛沛，見遍了人世的幾多變幻，她應該更體驗到比自己母親當年更深的辛酸。所以，她的《三生三世》，她的《桑青與桃紅》、《千山外，水長流》，乃至於《失去的金鈴子》，便一一地呈現出比陳端生和梁楚生們更深的感嘆。因此，在這些作品的人物身上，我們看到這時代所給予人的最大的心靈挫傷，也感受到眾多比肉體死亡更沉痛的死亡。於是在更多的艱苦、僥倖、投機、投降之壓迫下，整個人生便經常呈現著頹廢、消極，甚至於被視為墮落的沉淪。正因為如此，我們似乎也可以體認到她和寅恪老人經由《再生緣》所發抒的相近的悲情。這不是一般的悲歡離合，而是歷史的迷惘。

有人批評聶華苓的小說中有著過多的色情的場景。其實那只是沉淪的無奈。當一個人被迫陷入一個倫理澈底遭到摧殘、一切價值澈底混淆不清，而又事事無告之時，人與人的關係只剩下了「性」這一基點，那是一種更可悲、更無可奈何的寂寞。何況，很多時候卻連這一層也無法真的辦得到。

在這樣的現實下，誰不盼望人生再重新來過，而經過一番又一番摧殘的民族，誰不又想到歷史的再重新開始。再生緣！再生緣！緣在何處？再生又在哪裡？既然一切都成過去，無法回頭，於是過去的一切，不管喜怒哀樂，便一一成為每個人心中永遠排除不了的鄉愁。在《千山外，水長流》中，寫到一群流落美國的中國人在美國的國慶日不停地談論著的卻是中國的事，其心情正是如此——

林大夫轉身對客人們說：「……我們這些中國人，在美國國旗下，在美國國慶日，在焰火照亮的陽台上，談的是中國事，爭的是中國事，荒謬！荒謬！」

陽台上的人都笑了——自我放逐的中國人的荒謬感，是他們共同的感受，所以才能一起笑。「老李，你吹笛子湊湊興吧！」林大夫轉向其他在座的人。老李是音樂家，專長笛子，也作

上圖：一九七四年，尉天驄於愛荷華寫作中心。
左圖：一九七三年，聶華苓（前排右二）率愛荷華「國際寫作計劃」的作家們遊密西西比河。聶華苓左後方為詩人張錯。

曲。文革的紅衛兵頭頭，七〇年到香港，來到美國以後，在芝加哥開計程車維持一家四口生活，也常常到外地演奏。

笛子早已由林大夫從屋子裡拿出放在陽台桌子上。老李橫起笛子放在嘴邊，眼睛突然定住了，望著遠方，望斷江南江北，樓前的愛荷華已經不存在了，他那痴痴的眼神就是向人訴說：猶記家鄉舊事。他吹起笛子，思想悠悠而起。一絲笛聲，一份鄉情，一種色彩，一個舞姿，吹出了中國山山水水的風情：雲淡碧天，梧桐細雨，綠水千畦，春江花月，月斜雨細，千樹桃花紅，一樹梅花白⋯⋯笛聲逐漸急促，鑼噹噹敲起來了，輕快、樂歡的歌舞——中國老百姓玩花燈、耍獅子的熱鬧。

而這也正是聶華苓在歷經一次又一次對人世的大缺憾後還諸天地的心情。

綜觀聶華苓對於這將近百年歲月的認識，她的方法大概持有兩種態度，對於現實的敘述，不作議論。

對於人們心靈所遭受到的際遇，則作細微的挖掘。前者見於《三生三世》，後者見於她的小說。這是寫實主義和現代主義手法的交叉運用。也是她的散文和小說的不同表現形式。這二者都可以帶給讀者更寬廣、更深沉的思考空間，在《三生三世》中，她真實地記下一些事件的談話，不作主觀的判斷，但卻引發出更多的判斷和思考。譬如在丁玲的那一節中，所談到的張學良，她只記下當年丁玲親身接觸的東北軍與中共的種種關係，便可以作為對中國當代史的反省。

《三生三世》的這種敘述的方式，也許有人稱之為自然主義的手法，但自然主義的語言常是冷靜的，甚至冷靜到冰冷的地步，但聶華苓則不是這樣。在她的筆下，由於她對任何人、任何事，都能保有「與人為善」的珍惜，於是在其中就常常在不經意之間見到人的溫情。這是對人的最基礎的肯定，她筆下的殷海光就是一個最好的範例。

殷海光是一位學者，也有他的性格，是一位充滿爭議性的人。他受西方實證科學的影響，做事很認真，也很駁板，看去是一個不講情面的人。但是在《三生三世》的那一篇〈一束玫瑰花〉中，卻讓人見到一位感情深沉而細緻的殷海光。

殷海光和我母親之間有一份動人的感情。一九五二年春弟弟漢仲在嘉義飛行失事。我接到消息，忍住悲痛，瞞著母親。總有一天靈敏的母親會發現漢仲完了。殷海光就為她做心理準備工作。每天黃昏，必定邀她出去散步。那時的松江路四周還是青青的田野，他們一面散步，一面聊天。談生死哀榮、談戰亂、談生活瑣事、談宗教——殷海光那時並不信教。（他信奉宗教，還是多年後，他去世以前的事。大概是受了他夫人夏君璐的感召。）這一類的談話，都是為了要在母親精神和心理上加一道防線，防禦終歸來臨的喪子之痛。日日黃昏，他就這樣子充滿耐心和愛心看護了我母親六個月。

而正像面對殷海光這樣的情形一樣。聶華苓總是在現實的種種不如意、種種荒謬中去珍惜每一件事物或每一段生活中所能保存的溫馨，發掘它們各自的靈性；不願它們就此消逝無蹤。《失去的金鈴子》所給予人的惆悵往往也就是如此。而在《千山外，水長流》中，老布郎在妻子臨終時所作的那一番回憶和自白，雖然又長又瑣碎，但卻也顯現出最實在、最真摯、最讓人唏噓不已的倫理的光輝。

除了這些，便不能不順便談到聶華苓與一些中國自由主義者的交往。因為這也是她對之有所關懷，也有所困惑的所在。中國的自由主義者常被一般人認定為國、共兩方之外的知識分子，他們一直受到人們的崇敬，是不用多言的。但這種籠統的看法，有時卻也會有違歷史的事實，而且也未必公道。在近代中國，由於生活的艱難，加上現實政治鬥爭的激烈和相互之間迫害之可怕，就愈來愈增加知識分子對權勢者的依附性和投機性。梁任公說過，中國的亂局，其原因之一常是知識分子在學問方面的淺薄。這淺薄就往往影響到他們的政治投資。再由於五四以來，他們之中很多人以反傳統、反道德表示自己的「摩登」（例如陳端志的《五四運動史之評價》就公開提出「萬惡孝為首」的主張），而缺乏本身的自主性，於是無論他們的投資成功和失敗就只能任人宰割，而鮮少讀書人的骨氣。三〇年代以來的左派知識分子一面倒地迎合蘇俄，右派知識分子無條件地依附美國，便是最顯明的事實。幾十年過去了，到今天，一些剩餘下來的自詡為自由主義者的一些人，以及他們的跟隨者，很多人便打著院士、學人、教授、名士的招牌，遊走於兩岸三地之間，眼看著中國的分裂和野心政客無情地進行「去中國化」、言說著抽象的西方民主政治教條，而不敢對眼前的專制獨裁有所批評；眼看著國民的品質日益下降，竟然不言不語，真使人不禁懷疑他們懂得「尸位素餐」一語的含義。但他們仍然把自己打扮成社會賢達的模樣，沽名釣譽；世界上哪有這樣廉價的自由主義？

我們這樣說並不是一竿子打翻一船人，而是說，近代中國甚多的所謂自由主義者，由於先天、後天的條件不足，在根本上具有嚴重的軟弱性，最大的一點，便是在現實政治中失去人格的尊嚴，這樣的人活在社會上，要他作為政治的花瓶則可，要國人對之寄予莫大希望，到頭來必十九落空。而要他們對現實的種種作出評論，也往往會支離破碎。法國當代學者羅蘭・巴特（Roland Barthes）說過：他所以要進入學院中，主要為的是保持靈魂的清醒。而我們甚多自由主義者則擠入現實政治的「學人從政」中，樂此不疲，日子愈久，愈讓人見出他們小丑的姿態。然而，他們很多人又自恃過高，把群眾當成玩物，把自己當成民粹，於是嘴上叫著民主，骨子裡卻一派法西斯。要不然便依附權勢，失去自己的語言。這是我們最不願意見到的一面。聶華苓的聰明在於她不正面去談政治，如果真談，說不定會被人貼上某種標籤。然而就在她的感嘆中，也可以提供一些笑談之資。譬如胡適先生，自五四以來誰不對之景仰，但是在一九四六年，中華民國憲法制憲的國民大會上，他卻擺脫不了國民黨的人情包圍，提案將憲法原文中的「中華民國的官吏不得當選為國民大會代表」的條文修改為「中華民國的官吏不得在任官所在地當選為國民大會代表」；於是使得行憲以後的國民代表大會一變而為「官員代表大會」，將起草人張君勱先生的苦心，完全付諸東流。他既然對於國家民主建設的根本大法如此兒戲，真讓人不知該怎樣再稱之為「民主導師」？後來他來到台灣，大罵東方文化沒有靈性，而在作了陳誠的「商山四皓」之首之後，卻一言不及陳所執行的白色恐怖。胡適如此，其他人可以想見。

殷海光批評胡適是一個喜歡參加雞尾酒會的人，這正是一般自由主義者的毛病，毛病愈深愈會成為作秀派。當年《自由中國》案發生，原為雜誌發行人，並說要為雷震立碑的胡適竟對雷震的入獄顧左右而言他，使得身為雜誌同仁的聶華苓，終身感到疑惑。聶那時年齡太輕、太純真，她哪裡能認識到政治中故作清高的玄妙。胡適若不是生性軟弱，便是他太老練。不管怎樣，他仍然是一代宗師。這就是當代中國政治界與學術界相互依存的奧祕。所以，要從現實現象來看人，十九不準。聶華苓則僅僅就人看人，反而可以見到人的真實。雖然在其中有很多我們不願意見到而又不能不面對的事實。

雖然如此地經歷了時代的紛紛擾擾，看盡了人世的變化，掙脫了眾多的困擾，而終於在異國獲得了生命的解脫和欣喜，但我們依然會在聶華苓的筆下領略到另一種寂寞。

這種寂寞原也是屬於「花濺淚，鳥驚心」一類的層次，但她卻能忍受層層世俗的折磨，把它們一一提升上去，譬如個人的情慾、倫理的折磨是誰也擺脫不了的，但她卻去用血淚一次一次地予以清洗，予以淨化，開拓另一次新的生活。寅恪老人在目盲的垂老之年，重讀《再生緣》，以大悲大慈之心寫出《論再生緣》，他何嘗不知人生苦短，任何人都不能重來世界一次，但他卻知道，只要人能從悲苦、挫敗中有所堅持，他就可以經由對生命意義的真實體認，懂得甚麼才是親情的意義、愛情的意義。和寅恪老人一樣，我們也就同樣地在聶華苓的顛沛中見到她同樣的可貴的情操。

回想聶華苓的歲月，就一般人來說，那實在是處處讓人氣餒喪志的。想著當年的雄心壯志，想著在這歷史旅程的一開始，大家挽手同行，到後來有的落跑了，有的沉淪了，有的在各自不同的境遇中消失了。這種寂寞真是難以排除的愴然。更何況眼看著當年的夢想竟然完全變了樣子。這是比江淹的〈別賦〉、〈恨賦〉更讓人無奈的情懷。但她並不如此，不管是怎樣的日子，她總想著去努力做一些事，給別人安慰，也給別人鼓勵。就這樣，在一個偏遠的美國中部的愛荷華小城，以她的誠懇、樸實、坦然、無私以及女性的溫柔、把各國作家聯繫在一起，連帶地也為中國繼燃著文學的火苗。

於是，面對聶華苓的這些回顧，便會帶給人不少啟示和反省。這本《三生三世》算不得一部歷史性質的書，然而它卻有另一層面的歷史價值。因為，所謂歷史，特別是政治層面的歷史，常循著一個「成王敗寇」的公式來觀看事物，來評定事物。成者為王，即使流氓如劉邦、殘忍如朱元璋者，一進入「本紀」的世界，就必然被安上眾多神聖的冠冕，甚至製造出各色各樣的神話。否則，敗者為寇，面對任何事物，便都失去發言權，處處接受嘲弄和汙衊，正由於如此，他的一切就自自然然地被趕出了歷史，故鄉成了異鄉，親人成了路人。這是比任何放逐都更悽慘的懲罰。古代如此，現代更是如此。我們不喜歡這樣單一的歷史語言，因為那會讓人真正切斷歷史的臍帶，聽不到歷史的真正聲音。

真正的歷史應該是不斷地發現，不斷地反省，不斷地見到人的虛妄和愚蠢，然後在千絲萬縷的曲折中尋覓出一條生生長流。政治層面的歷史，一開始總先在人們心目中安排一個烏托邦的世界，讓人去追尋。而且在追尋過程中，還讓人產生眾多的「一廂情願」，於是他可以與一切不合理的作為達成妥協，認為那是不可避免的。在這樣的妥協之下，所謂烏托邦的探索便一變而成為天堂主義追求。為了建立天堂，任何手段都是可以被容許的，任何不義也視為是正義的。這樣，「天路歷程」便可以經由無數骷髏堆積起來。而這正是近百年來人們所經歷的事實。在這樣的過程中，即使有甚麼成果，那也是付出極慘痛的代價而得到的。這麼多苦難，這麼多的折磨，難道竟可以用一句「無可避免」就輕輕帶過嗎？革命和革命以後的管理群眾，固然不是溫良恭謙讓，但也不可以隨意變質為屠殺和栽贓。所以，歷史不僅是事實的呈現，它實在也是一種審判。這審判，不管是對於過去還是對於現在，都是一樣。聶華苓的這本《三生三世》和與它相關的作品，正是如此地宣告了嚴肅的意義。

——二〇〇四年十一、十二月《香港文學》

知識分子的自我定位——尉天驄對談劉大任

劉大任（以下簡稱「劉」）：我這次的小說[1]，一般人讀起來一定會覺得比較硬。

尉天驄（以下簡稱「尉」）：你這是夫子自道，算是自己的回憶錄嗎？

劉：不是。是我對海峽兩岸六十年來歷史的回顧，但我選擇的是被人遺忘的這一部分。我寧願大家在閱讀這部小說時，將此看成是歷史的敘述，而非只是文學的。

尉：這兩者不能分開啊！

劉：的確。但我自己寫的時候，心中設定的主角並非雷霆、亦非母親、更不是雷霆的兒子雷立工。我心目中的主角是所謂的「小組」。我覺得中國共產黨的革命，跟俄國布爾什維克的革命有很大的不同。「小組」是中國共產黨的發明，這是共產黨宣言裡面沒有的，同樣的，馬克思主義裡面也沒有這個東西，即使列寧說的職業革命小組或祕密細胞，都和中國革命自己創造的「小組」很不一樣。列寧的組織非常嚴密，講究紀律。但中國共產黨從一開始也有這種形式，之後又有新發展。尤其到了延安以後，這套「小組文化」發展得更加完整，戰後只有幾十萬人的共產黨能夠打敗八百萬的國民黨軍隊，甚至在四年之後把歷史完全倒轉過來，真正致勝的關鍵就是「小組」。後來的「小組」在中國究竟發展到甚麼地步呢？中共中央政治局的組織方式和工作方式就是通過「小組」的形式進行。從中央開始算下來，黨的每個階層都是靠「小組」作為最基本的 operation unit，既是「行動」單位，也是「思想統一」的單位。這套東西一直發展到社會的每個角落，機關、工廠、學校、農村……甚至街坊里弄，到處都有「小組」。年紀稍大的中國人的記憶裡，每個人都有在「小組」裡的生活經驗。

尉：雖然我承認這部小說的確是有一點硬，但有一樣東西卻可以在小說裡感覺到。那些人在所謂的「小組」裡面，表面上好像一起讀書一起討論，但是背後卻有一隻看不到的手控制著他們，即使在睡眠中、在夢裡面似乎都有人悄悄地監視與控制著他們。這本小說把這樣的情形描寫出來了。朋友之間的關係、夫妻之間的關係，都隱隱然被這樣黑暗的手所操縱著，這就是最可怕的地方。

劉：如果不是過來人，未必能看出小說中藏著這一點，你的確是看出來了。我寫這些東西，其實蘊含著反諷的意味。題目選擇「遠方有風雷」，意義在於，不管是台灣或是海外，這套革命組織系統仍然可以影響到遙遠的他方，一旦「小組」運作起來，非常強大的社會行動力量也產生了，那是無遠弗屆的。遠在海外的「小組」，其實是copycat，不過是模仿中國內部的小組，但當一個模仿的制度都可以產生如此龐大力量的時候，真正小組的力量必更難以想像，所以小說的反諷是這樣出來的。也因為這樣的考慮，所以我的角色面目比較模糊，只有雷霆的外形稍微清楚，其他人的形象都不清楚，但有一個人連名字都沒有，就叫「母親」，母親是人間角色的一個通稱，然而，小組的力量碰到母親就不太靈光了，其實這個母親在組織態度一直比較模糊，一開始是因為一見鍾情的愛情力量讓她進入這個環境，但她最後把兒子搶回來，背叛了這個革命小組。

小說設計是採倒敘回顧式的，用第二代來回顧父親的歷史，因此我用了相當多的社會科學

1 劉大任小說〈遠方有風雷〉，全文刊載於第七十四期《印刻文學生活誌》。

與歷史分析，看起來是有點硬的。其實西方的文化圈早就對他們自己的文化現況有所批評與討論，四十幾年前，英國人C. P. Snow提出了「兩種文化」（The Two Cultures）的觀念。他提到西方社會發展到了現代，每當一個事件發生時，社會上往往產生兩種不同的觀點，一種是出自科學家的理科文化，另一種就是文學家或藝術家所產生的觀點。兩者對社會有著完全不同的理解與觀察，彼此的路越走越遠，現代西方社會，科學家完全不懂莎士比亞，而從事文學創作的人則對現代物理一竅不通。兩種不同的人生活在同樣的社會裡，彼此不相往來，卻各自發生自己的影響力，永遠南轅北轍。於是他呼籲世界應該要有「第三種文化」，所謂的「第三種文化」就是通才的教育，科學家對文化藝術及精神生活要有所了解；同樣的從事文學藝術的人，也要對自然科學有一番理解。我覺得台灣文學界很遺憾的一件事就是走了張愛玲這條路，而把魯迅忘了。張愛玲也許結合了心理學的某些觀察角度，將她對人性的敏感度發揮得淋漓盡致，然而，魯迅以學醫的背景，用解剖分析的頭腦寫作，對整體人類文明和中國社會歷史，有一個「總」的觀照，卻因特殊歷史原因，沒有被台灣人所普遍接受。所以即使台灣的新文學創作緊跟西方的寫作思潮，普魯斯特、喬哀思、馬奎斯等等，早已登堂入室，象徵派、超現實、黑色幽默等等，也已司空見慣，就是對自己精神文明的歷史脈絡，不怎麼關心。魯迅的這條路，試圖把社會科學融入文學創作的思想體系之中。這篇小說如果有任何創意的話，或許就在嘗試做這樣的事吧。

尉：我就是在想，到底這種組織它是從蘇聯傳播而來，還是通過本土的方式自己產生的？當年中國的局勢是走投無路的，突然毛澤東說了：「俄國的革命成功了」，一聲砲響之後在中國的影響力是相當巨大的。即使當時在俄國已經有人開始反省布爾什維克的革命中不合常理與恐怖的地方，如第二國際的考茨基的《恐怖主義和共產主義》，在民國十幾年的時候，已經有人翻譯成中文了。但那時候接受共產新思潮的中國人就像追女孩子一樣，一開始都只看到她的美，其他甚麼都不管。如果當時冷靜一下，仔細想想《恐怖主義和共產主義》當中的討論，作者對羅馬帝國、法國大革命一直到俄國的革命，所有的集體主義都做了歷史性的追蹤與調查。甚至在魯迅還沒有死以前，蘇聯的大審判就已經出來了，但那時候中國卻沒有人去理會啊。魯迅自己對布爾什維克就都沒有任何批評，全盤接受，很多知識分子也都是這樣認為的。所以我覺得大任你寫得很好啊，一個團體裡面所有的成員會因為追求整體的理想和目標，而不去思考裡面的矛盾。所以我想多了解你在海外那麼多年，對於組織的觀察的情況是怎麼樣的？其間的來龍去脈又是如何？

劉：小組會造成的就是「一元論」的恐怖，即「世界只有一個真理」。這最終會造成非常大的恐怖。我太太是我的第一個讀者，她不懂文學，她是學電腦數學的，她看完的第一個反應是：「為甚麼那個母親要把小孩偷偷地帶回台灣，為甚麼不找FBI、找警察呢？有很多方式可以解決嘛！她究竟在怕甚麼呢？」其實我想表達的就是這種無形的恐懼，對「一元真理觀」的恐懼。「一元真理觀」的魔咒最後在文革的時候被砸爛了，當時林彪搞「個人崇拜」運動，幾乎弄到全國瘋狂的地步，但林彪竟然突然死掉了，這種極度一元的統治力量就忽然崩潰掉，所以那時中國從中共建黨就整肅起的絕對控制力量也慢慢跟著崩盤，甚至影響到整個海外，於是在中央的控制力量失去後，海外的小組也分解。我沒有辦法寫得很明白，因為如果再明白一點就變成論文了，所以我只能利用人物的心理變化和行為等做安排。我有自知之明的地方是：「這是一本大家看到都不會高興的小說」，共產黨不會高興，國民黨也不會高興，台獨也不會高與。

尉：中國從漢唐開始一直到近代社會都有所謂的幫派組織。幫派組織是很可怕的，當他們要殺一個人的時候，即使是政府的力量也不敢干預。當年國民黨一個元老曾經和我說過，幫會的規矩很嚴，其中有一點是：「不可以調戲自己幫派兄弟的妻子。」當時有人犯了規，他們就把門板拆下來，活活地把人釘在門板上，然後順著長江流下去。沿岸的人都看見了，但沒人敢救。同樣的，曾經也有個姓錢的朋友，他的父親曾經說過自己為甚麼想盡辦法要脫離共產黨，就是因為那時候親眼目睹共產黨在他身邊殺人，先用一條繩子活活把人勒死，過程毫無人性，那時他躲在棉被裡，一句話也不敢說，因為只要吭上一句，自己的老婆孩子可能也會慘遭毒手。我們常說中國人講仁慈，但殺起人來一點也不仁慈。《水滸傳》裡的武松大口喝酒、大塊吃肉，但一次殺兩百多個人毫不手軟。中國的幫會傳統是存在著如此殘酷的文化的。即使鄭成功來台灣也推行這套幫會傳統，每個黑社會也是如此。老蔣同樣把黑社會結構組織以及那種狠勁全部吸收。

劉：你講這個還不是最恐怖。蔣介石再怎樣威權統治，再怎樣法西斯，他的威權統治都畢竟落於外在的統治。最厲害的還是這種「小組」，如何把列寧的細胞組織中國化是一個重要的步驟，例如馬克思、列寧的真理和中國的具體現實產生了結合，在這個過程中儒家的精神被吸納與利用了。儒家強調「修身齊家治國平天下」，當這種精神被收進來之後，小組的每個人都要掏心挖肝，把自己的良知和心理層面的細節都要公開與暴露，並接受大家的檢查與批判，這是最厲害的東西。最後每個人都是百分之百且自願自發地參與小組的任何決策。一個人把自己內心最隱密的部分交給大家討論和批判的過程是非常痛苦的。那比去基督教受洗，比去剃度的過程還要痛苦與嚴厲。所以我覺得這真的是人類世界非常「偉大」的發明。

尉：我個人感覺到，譚嗣同可能當年就已經感覺到這點。中國人說的儒家其實已經法家化，忠孝節義把法家的文化融入。明朝的很多案子，如東廠西廠等，對人的箝制是相當絕對化的。

劉：但那些算是個案，並沒有把它發展到全中國每一個角落每一個階層，變成全民化的瘋狂。

尉：姜貴的小說《旋風》，也寫到這個。到今天為止，台灣社會中對宗教的整體狂熱依然是非常具體的，例如我們絕對無法忽視「一貫道」的力量。不管是菜市場門口賣麵條的、賣餛飩皮的都擁有對宗教同樣的信念，國民黨不敢查禁它，遂跟它合作。日本同樣也有這樣的宗教文化，東方社會皆有。我就覺得共產黨「木馬屠城記」的辦法實在太成功了。我現在手上保留的舊書中，有一批廣州的大學訓導處的教材，表面上是國民黨的文化教材，但裡面訓導學生的條目啊、組織啊，全部都是共產黨的思考模式。

劉：但也不得不承認，這套東西是非常有效的，在改造一個舊社會時將發揮它的力量。在小說的尾端，我曾經提到在社會面臨毀滅的危機意識底下，往往會有一群人開始運作「社會工程」（social engineering）。比如現在歐巴馬便是在搞社會工程，當年的羅斯福也是，共產黨在中國的革命也是搞社會工程，可是中國的工程比起前兩者還要深入得多、規模也大得多。這當中，成功的如羅斯福的新政，但在學術上仍有不少人會批評他，畢竟會有許多個人的自由和私營部門的利益要被犧牲。甚至如布希的反恐戰爭，竟可以通過國會立法開始竊聽，無形中迫害了個人的隱私自由。大的社會工程更是不得了，有可能帶來更大的災難性，但如果實施得好，社會又可以在短時間內完全改變面貌。所以我覺得中國的歷史，是很難批判的，比如說我們知道中國現在崛起了，但這崛起是否算是共產黨的功勞呢？有人說和共產黨完全無關，它只是運氣好，三十年前改革開放，剛好全世界都在找廉價勞工，很多資金沒有地方跑，中國剛好提供了這樣的機會然後就趁勢而起。我覺得這樣說是不全面的。共產黨有很多毛病，對社會造成很大的損害，可是它也把中國的面貌完全改變。魯迅時代看到的中國老百姓跟今天看見的中國大陸老百姓完全不同，尤其是現在到大陸去看中國這二、三十年成長的那一代，完全不同了，連經歷過文革的那一代都無法相信他們現在新的一代是如此現實，如此理性，如此懂得功利計算。共產黨把理性主義通過意識形態的方式貫徹到國民教育系統之中，才能造成新的國民。當這些國民碰觸到新的現實的世界，就懂得怎樣自處。國民性的改造於是產生了。國民黨培養出來的國民和共產黨培養出來的國民就是完全不一樣。

尉：這種功利性的教育當然有它的效果。問題是拉長時間來看，是好是壞我卻非常懷疑。台灣最近翻譯了一本書，德國哲學家洛維特的《一九三三》，說到大國崛起之後帶給德國多大的傷害。所以我認為大陸的大國崛起，以炫耀航空母艦、潛水艇等軍事武器的姿態出現，完全是一副中國帝國主義的模式。如果他們不能從人的根本反省著，一直要維持黨的特權，遲早還是要失敗的。

劉：但我想的卻不太一樣。因為如果真是這樣，就不會有胡錦濤「和諧社會」的觀念。和諧社會的觀念是從新儒家這邊來的，講起來很矛盾。按照毛澤東、周恩來那一代的思想是不可能接受新儒家的。

尉：你說它搞和諧，但共產黨搞了五十年還是逃不出一黨專政的格局。黨在國家之上，他們的貪汙是制度性的，比如像劉少奇，他的子女都變成特權了，都變成大資本家了。共產黨保護自己是很厲害的，專保護他們自己的幹部利益。這哪會有真正的和諧？中國的希望在人民身上，不在任何黨身上。一個國家如果仍然像你前面所說以「小組」那樣的方式對待人，即使強大有力，仍然是一個非人道的國家，沒有人忍受得了。

劉：耶魯有個法律學者Amy Chua，寫過一本書*World On Fire*，介紹美國這二、三十年對外的態度，其實就是把兩種政策往外推，一套是所謂代議制民主政治，另一套是放任的自由市場經濟。受到影響最鉅的往往是第三世界的國家，亞非拉都有，Amy Chua跑到印尼、南美洲等國家去做實地研究，發現了原來美國這兩種思想中所挾帶的意識形態，在發展中國家造就了兩種現象的發生，第一是譁眾取寵的政客，口號喊得越響的越容易搶到選票。另一個最直接的受益者是那些有大資本的財團，因為馬上可以獲得暴利。美國式的民主與當地官商勾結的結果造成那些國家在政治上既沒有優秀的人才，在經濟上也是貧富不均的。美國本身也是經過兩百年來的試驗、磨合與改善之後，才慢慢地找出兩者制衡的方式，因此才行得通。我看海峽兩岸即使救國救了半天，還是脫不了這些影響而產生很多弊病。

尉：所以張君勱在一九四九年說中國面臨的是「百年戰爭」。前五十年是走出共產黨的過程，後五十年是走出美國影響的過程，必須通過兩番痛苦的經驗後，才有新的局面。

劉：我卻認為新的局面很快就要來了。中國在漢武帝時代的財富和人口都占全世界三分之一，到了明朝中葉就開始垮了，鎖國政策是很大的原因。我在美國生活很無聊，就看了一些亂七八糟的怪書，從中國文明的發展歷程看起來，中國人要起來不是虛幻的事情。中國的文藝復興快要到來了，我們這一代可能還不夠，但我們的下一代和下下一代都有可能。

尉：我的意見跟你是一樣的，我覺得若回到自己的路上，中國是有希望的，但我指的文化，而對那些官方可是一點也不抱希望。我現在常常買些哲學、神學、宗教的書來看，發現中國大陸

尉天驄與劉大任對談，攝於二〇〇九年。　攝影／陳建仲

每個月他們出版的書的數量是很驚人的。許多西方的書，不但被翻譯出來，而且還有好幾種翻譯本、注解本等。但那些書的內容其實是反馬克思的，從這些書出版的大量與便宜的情況看來，根本不用上大學，那裡的人自己就可以培養自己成為很好的知識分子。但我知道大陸有個在美國的金融學者叫陳志武，他的理論認為中國要成為大國，就必須全部拋棄儒家的東西，和外人比陰險比滑頭。此外，第二個現象是最近出了本小說《狼圖騰》，在大陸非常暢銷。那就是宣揚「你咬我一口、我咬你十口」的精神，這樣搞下去的話，下一代的人是聰明，是能幹，但品格卻會澈底敗壞。

劉：有錢才會知禮義嘛，應該是很正常的現象。

尉：但有沒有可能「人窮志短，有錢之後飽暖思淫慾」呢？

劉：當然有可能。但還是要看一個文化的主流。

尉：大任就多寫一些好的小說來影響下一代吧。

劉：說到這個，你對我這篇小說有甚麼看法？

尉：我和大任是很老的朋友了，這個月初清華大學有個保釣的籌備會，我和他們的館長說怎麼樣都要找劉大任，可惜你有事情不能參加。我一上台說的就是兩件事，第一是：你們諸位我都久仰大名，很多人沒見過面，但現在見了很高興。第二是我很遺憾當年的幾個好朋友都沒有見到，比如說郭松棻、唐文標和大任。我講著講著忽然很激動，眼淚就掉下來了。我那時候說如果大任他也在這裡，面對一生的過程，不知道他做何感想？

劉：我就想問問你，一九六六年五、六月間我們正在醞釀《文學季刊》，在出國前大家在碧潭歡送我。當時我交了一篇稿子〈落日照大旗〉給你，不知道我從〈落日照大旗〉或更早、更慘緣的時代到現在，你覺得有甚麼不同嗎？

尉：大任當年出來寫東西的時候，正好是我們一個老朋友陳映真〈我的弟弟康雄〉影響大家最劇烈的時候。那是一篇激進、理想、浪漫的作品，是很虛無主義的。但在國民黨的極權統治下，以及台灣在戰亂後又貧窮又落後中，虛無是一種啟蒙。也許我們的反抗很幼稚，但陳映真的確給我們很大的啟蒙，劉大任也是個集浪漫、現代與激進於一身的人，所以我看你那時候的作品多多少少都受到映真的影響吧。但後來在保釣時候的熱情被激起了，大任的小說裡呈現出不被綑綁的、真誠的、發自內心的熱情。我想大任作品中最大的特色就是「真誠」。保釣是一個轉變，即使後來的《紐約客隨筆》寫起了在香港時代的荒唐，但我們仍然在其中看見一種「真誠」，沒有掩飾自己。那時候聶華苓來我家，我跟她說：「大姊，妳來看看大任的文章，他寫得真好。」站在歷史之前，真誠地將自己的墮落寫入文章，生命交關，理想破敗、生活經歷到痛苦的這些過程，大任不去迴避。相反的，在文革垮了以後，我遇見陳映真時曾問他怎麼不寫些東西？他說：「我寫甚麼，我被打垮了。」我說：「打垮了就寫打垮後的感覺。」但他沒有反省，沒有改變。然而大任不然，我看見到他人生態度的轉變，後來開始養花、寫家庭生活。我發現大任的小品，真的有了劉家的風格，我跟大家都說，台灣這幾年最好的散文就是劉大任那篇〈下午茶〉。

劉：我可以來分享一個小故事。其實我兒子一直都不知道我在寫作，他在普林斯頓大學念書時，選了中文。有一天上課，老師發講義，就是〈下午茶〉，他才驚覺，這不是我爸爸嗎？老師也問他：這真的是你爸爸嗎？然後他才知道原來他爸爸業餘是個作家。

尉：另一位好友松棻曾經把到紐約的那種寂寞寫得淋漓盡致。其實在大任你新的小說中也可以看得到這點，你把身在「小組」中人性被壓抑的無奈寫了出來，又把生活中那種細微的東西也寫出來。我記得《文學季刊》剛改成大本的時候，你寫了一篇東西，裡面描述著有一次一群人從美國的西岸開車到東岸，大家在車上睡著了，沒想到一醒來，拉開窗子居然下雪了。就是在這些細微的片段裡，驚見大任敏銳的觀察力，這方面沒有別人可以寫得比你更好。大任已經從政治的大環境回到細微的生活之中。我要強調的是，那樣的轉折絕非逃避，而是從細微之中感受到人生的哲理。那天有人問我：「你覺得劉大任將來還能不能寫啊？」我說：「當然可以啊。」他又問：「那會寫成甚麼樣子啊？」我說：「那要看他自己啊。」前大半輩子如此的追求又如此的幻滅，但這些年他整個活過來了，你看這幾年他寫那些微小的東西，越是細微越是清明，感情變得很溫柔很細膩。比如像寫和媽媽之間的情感，我都覺得非常感人。雖然現在強調的是科技社會，但我卻認為一切都要回到人的根本。

劉：我自己對給自己的定位，大概和陳映真給他自己的定位不太一樣。陳映真是要改造世界的，而我給自己的定位是一個知識分子。知識分子觀察世界的任務或許要比親自捲起袖子來改造世界的任務還要大一點，因此也就多一些退路。我了解陳映真晚年心境的苦悶，那種熱情還在但卻無能為力的感覺是很痛苦的，我也聽說過陳映真對中共官僚主義的腐化是深惡痛絕的。但基本而言，在對待文學、對待人生的態度方面，我們雖然是那麼好的朋友，從二十幾歲開始交往到現在，但每個人的命運卻不一樣，映真是更不幸一點，我相信如果我沒有出國的話，也許沒有映真那麼堅強，可能活不過牢獄之災，就會被摧毀掉了。也因為大家的命運不一樣，我選擇維持知識分子的自我定位，除了保釣那段時間。但說真的，那也是硬被人家拱上檯面的，那時候胡秋原的兒子胡卜凱從普林斯頓大學到柏克萊做客，然後到了我家，接著把那些印出來的宣傳品給我們看。我們當時也是認為應該要行動，但是不想自己出頭，推了半天。當時在我們家的那些朋友當中有一部分是香港人，他們說：「你們台灣的事情自己卻不出頭，要我們香港人出頭，太不像話了吧。」所以就硬被拱出來了。除了這件事以外，我一直維持知識分子的自我定位。到了一九七六年，我就調差到非洲去，脫離直接參與政治的環境。從非洲回來以後，社會的公開活動與政治活動也不太參加了。不參加不代表自己變成一個對政治冷漠的人，相反的，我非常關注政治的情勢，每天都會閱讀報紙和重要的雜誌，前些年也學會上網，通過網路也可以了解世界的發展。這些年來從來也沒脫離這個關係，在《壹週刊》寫專欄時也有這樣的需要。雖然也可以寫非政治的文章，但我還是不時會發表和兩岸時局有關的文章，台灣內部的問題也還是會拿出來討論。從我退休以後的這些年來，評論和雜文類寫了將近五百篇，「印刻」也出了六本。我給自己認定的道路是「兩周之間」的：一個是周樹人（魯迅），另一個則是周作人。周作人是寫散文的，我也寫散文也寫小說，從他們身上我學到滿多的。

尉：其實大任你的身體很好，我覺得你應該來嘗試個大一點的小說，《齊瓦哥醫生》那種東西你寫不出來嗎？我不相信。

劉：光寫這篇小說我就四個月不出門了啊。嘔心瀝血大概就是這樣吧。

尉：但你的身體好。

劉：這真的是內行人的話。真的要寫長篇的話，是需要體力的。

尉：還要有歷史思考的深度。我們這一代，到現在都七十多了，有人風光一陣子，像彗星閃爍一下就過去了，你看我們這些老朋友到老年之後一個一個垮掉了，有的人寫的詩連句子都不是句子，但報紙還不能不發表，因為有名啊。但是自己通常都有自知之明，寫得是好還是壞，活到這個年紀難道自己還不知道，拿出去反而凸顯了老年的醜陋。有的是窮，生活就挫敗了，有的則是富裕了，生活都很好，但是還是垮掉了。所以也印證了我們這個老朋友大任啊，你是真的能寫的。

劉：我曾經發過謬論，人生的黃金時代是從六十歲到九十歲。從出生到三十歲當中，有幾個人能知道一輩子要做甚麼嗎？大概也都是胡打亂撞。三十歲到六十歲追求的是功名利祿，六十歲到九十歲，上面的一輩差不多過去了，下面的一代也差不多獨立成長，生活也差不多輕鬆了。唯一要注意的就是自己身體的健康，還有容易犯的毛病就是「憶舊」。所以我覺得還是要不停地為自己增加燃料與資源，往前看，至少就還可以製造一些東西。如果六十歲到九十歲時可以做到「不追悼過去也不寄望來生」的話，那大概就是你的黃金時代。

尉：我沒有大任那麼絕頂聰明。也是到六十歲才開始找到自己讀書的路。以前不懂的現在懂了，我現在比以前還用功。很多問題以前都糊裡糊塗的，像我常常問學生：「甚麼是愛情？」學生也都糊裡糊塗地回答不出來，很多關於人生的大問題都要等到六十歲之後才慢慢開始了解。我跟我的小孩說，大任叔叔沒問題，他的名字叫大任，天將降大任於斯人也。當初幫我兒子取名的時候，我的姑父姑母說叫「大任」好了。我說不行啊，大任是我的好朋友怎麼變成我兒子，怎麼可以呢？後來取名「任之」，希望他任由自己發展。

劉：我一直對國共鬥爭的歷史很有興趣，也覺得中國近代歷史上面最典型的悲劇人物是瞿秋白，我是非常喜歡他的。魯迅的很多雜文可能是他寫的，他是戴金絲眼鏡的標準白面書生，死前寫的〈多餘的話〉讓我感觸良多。他被時勢莫名其妙地趕到政治這條路上，原本他只是想要在學院裡當個教授，但在那時候得到機會到俄國去留學，剛好接受到那邊的思想教育，〈國際歌〉就是他翻譯出來的。我記得台灣的野百合運動也唱了〈國際歌〉。他死前在牆壁上寫的那首集句詩：「夕陽明滅亂山中，落葉寒泉聽不同。已忍伶俜十年事，心持半偈萬緣空。」是很感人的。他的死至今還是個懸案，他從上海被調到贛南去，原本他在于右任辦的上海大學社會系教書，後來中共把他調到瑞金的蘇維埃政府，去作個閒差事。中共在第五次圍剿開始撤退準備長征之時，奇怪的是瞿秋白夫婦並沒有跟著長征的隊伍走，中共只派了十幾個人跟隨他往福建那個方向走，最後被國民黨抓到。抓到的時候是用化名，但在監牢裡面被另外的俘虜認出來，身分也就暴露，一九三七年被槍斃。國共鬥爭的歷史裡面，戲劇的張力和殘酷的程度，遠遠超過托爾斯泰的《戰爭與和平》。

尉：寫《瞿秋白傳》的司馬璐認為當時瞿秋白本來應該往另外的路走，但是共產黨有意借國民黨的手槍斃他。這應該是很有可能的，不管是老蔣、老毛都很會這一套。那時候有人批判他的左傾盲動路線，但也有人專對他的《多餘的話》批評，因為他們認為這些文字太軟弱了。

劉：但那卻是有「人」的面孔和味道的共產主義。接觸到國共內戰中人性和戲劇張力議題的作家並不多，茅盾是一個，他的三部曲中，中間的那部《動搖》寫的還不錯。

尉：無名氏，你知道嗎？

劉：寫《北極風情畫》的嗎？

尉：對，但除了《北極風情畫》、《塔裡的女人》之外，要注意的是他後來寫了一套《無名書》，第一部《野獸‧野獸‧野獸》寫參加左派的運動，非常像你說的茅盾的背景。但後來幻滅了，開始寫到上海的墮落，就是另外一部小說《金色的蛇夜》，最後寫道：「今天我們只有兩條路可走，不是腐爛就是死亡。」寫到那麼絕望。這兩部小說把派系間的惡鬥等寫得很詳細，但寫完了，共產黨來了，共產黨找到他就開始被關，一關之後才體認到真正的共產黨生活，後來他就偷偷地寫，寫完後用複寫紙郵寄到香港，而後被發表出來。政治理想絕望以後，他到了南洋把精力投注到寫愛情，於是寫了《海豔》，之後開始接觸宗教而寫了《死的巖層》，他的小說人物常常在遇到問題時就到山裡去反省。再下一部是《開花在星雲之外》，最後是《創世紀大菩提》。這六部小說，每一部兩本，十二大本我都把它仔細讀完了，我想看完的人一定不多，沒人知道實在很可惜。後來我請政大幫他辦了個文學會議，自己寫了一篇兩萬多字的論文介紹他。他的背景和巴金、茅盾的背景類似，剛開始的《北極風情畫》還有點濫情，但到後來死裡逃生逃到台灣，經驗了很多，風格也不一樣了。

劉：我想，到我這個年紀，「大河小說」可能不太實際，而且，我現在的藝術觀，也不太允許，也許是動腦筋寫點「枯山水」的時候了。

——二〇〇九年十月《印刻文學生活誌》

劉思坊記錄整理

文學叢書 306

INK PUBLISHING

回首我們的時代

作　　者　　尉天驄
總 編 輯　　初安民
責任編輯　　陳健瑜
美術編輯　　黃昶憲
攝　　影　　尉任之
校　　對　　尉天驄　吳美滿　陳健瑜

發 行 人　　張書銘
出　　版　　INK 印刻文學生活雜誌出版有限公司
　　　　　　新北市中和區建一路 249 號 8 樓
　　　　　　電話：02-22281626
　　　　　　傳真：02-22281598
　　　　　　e-mail : ink.book@msa.hinet.net
網　　址　　舒讀網 http : //www.sudu.cc

法律顧問　　巨鼎博達法律事務所
　　　　　　施竣中律師
總 代 理　　成陽出版股份有限公司
　　　　　　電話：03-3589000（代表號）
　　　　　　傳真：03-3556521
郵政劃撥　　19000691 成陽出版股份有限公司
印　　刷　　海王印刷事業股份有限公司

港澳總經銷　泛華發行代理有限公司
地　　址　　香港新界將軍澳工業邨駿昌街 7 號 2 樓
電　　話　　852-27982220
傳　　真　　852-27965471
網　　址　　www.gccd.com.hk

出版日期　　2011年 11 月 24日　　初版
　　　　　　2017年 3 月 30日　　初版五刷
ISBN　　　　978-986-6135-54-5

定　價　　450元

國家圖書館出版品預行編目資料

回首我們的時代／尉天驄 著.--
初版. --新北市中和區：
INK印刻文學，2011.11
面；17 × 23公分. --（文學叢書；306）
ISBN 978-986-6135-54-5（平裝）
1.作家 2.臺灣傳記

783.324　　　　100018677